U0553600

BLUE BOOK

智库成果出版与传播平台

人工智能蓝皮书

BLUE BOOK OF ARTIFICIAL INTELLIGENCE

中国通用人工智能发展报告
（2024）

ANNUAL REPORT ON ARTIFICIAL GENERAL INTELLIGENCE

DEVELOPMENT IN CHINA (2024)

生成式人工智能的发展与创新

主　　编／朱烨东

副主编／唐　杰　朱　军

社会科学文献出版社

SOCIAL SCIENCES ACADEMIC PRESS（CHINA）

图书在版编目（CIP）数据

中国通用人工智能发展报告.2024：生成式人工智
能的发展与创新/朱烨东主编；唐杰，朱军副主编.
北京：社会科学文献出版社，2024.11.--（人工智能
蓝皮书）. -- ISBN 978-7-5228-4282-0

Ⅰ.F492

中国国家版本馆 CIP 数据核字第 2024R08Q82 号

人工智能蓝皮书

中国通用人工智能发展报告（2024）
——生成式人工智能的发展与创新

主　　编／朱烨东
副 主 编／唐　杰　朱　军

出 版 人／冀祥德
责任编辑／高　雁
文稿编辑／田正帅　李铁龙　张　爽　王雅琪
责任印制／王京美

出　　版／社会科学文献出版社·经济与管理分社（010）59367226
　　　　　地址：北京市北三环中路甲29号院华龙大厦　邮编：100029
　　　　　网址：www.ssap.com.cn
发　　行／社会科学文献出版社（010）59367028
印　　装／天津千鹤文化传播有限公司

规　　格／开本：787mm×1092mm　1/16
　　　　　印　张：19.25　字　数：288千字
版　　次／2024年11月第1版　2024年11月第1次印刷
书　　号／ISBN 978-7-5228-4282-0
定　　价／138.00元

读者服务电话：4008918866

指导单位 北京市经济和信息化局

支持单位 北京市数字经济促进中心
北京人工智能产业联盟
北京区块链技术应用协会

参编单位 （排名不分先后）
国家工业信息安全发展研究中心
北京市医药卫生科技促进中心
中国移动通信有限公司研究院
中关村创新研修学院
北京工业职业技术学院
北京百度网讯科技有限公司
华为技术有限公司
阿里云（北京）科技有限公司
淘天有限公司
北京智谱华章科技有限公司
北京中科金财科技股份有限公司
度小满科技（北京）有限公司
北京旷视科技有限公司
科大讯飞股份有限公司
第四范式（北京）技术有限公司
北京市商汤科技开发有限公司
北京快手科技有限公司
北京中科金财信息科技有限公司
东方财富信息股份有限公司
京东方科技集团股份有限公司

中国移动通信集团北京有限公司

北京瑞莱智慧科技有限公司

北京海天瑞声科技股份有限公司

北京中科金财软件技术有限公司

北京奇虎科技有限公司

优刻得科技股份有限公司

北京生数科技有限公司

北京赛智时代信息技术咨询有限公司

北京华职教育科技集团有限公司

湖南中科金财智算科技有限公司

上奇产业研究院

主要编撰者简介

朱烨东　北京大学金融学硕士、政治经济学博士，清华大学五道口金融学院 EMBA，北京中科金财科技股份有限公司董事长、创始人。北京区块链技术应用协会会长、新三板企业家委员会首席区块链专家。获得中国软件和信息服务业十大领军人物、2015 年中国互联网金融年度人物、2016 年度中国金融科技创新人物、首届中国创客十大年度人物（2016）、2017 年度中国金融科技最具影响力人物、2018 区块链行业十大领军人物、2018 中国新经济产业百人、2021 中关村科学城创新工匠等称号。自 2016 年起，陆续担任《中国金融科技发展报告》《中国监管科技发展报告》《中国区块链发展报告》《中国元宇宙发展报告》蓝皮书执行主编，《中国通用人工智能发展报告》主编。

唐　杰　清华大学计算机系微众银行讲席教授、大模型研究中心主任，国家杰出青年，国际计算机学会会士、国际人工智能学会会士、国际电气和电子工程师协会会士。研究兴趣包括通用人工智能、超大规模预训练模型 ChatGLM 等，研究被《自然》期刊撰文报道，获邀在国际表征学习大会、国际万维网大会上做大会特邀报告。曾获 ACM SIGKDD Test-of-Time Award（十年最佳论文）、IEEE ICDM 研究贡献奖、国家科技进步二等奖。

朱　军　清华大学计算机系 Bosch AI 教授、国际电气和电子工程师协会会士，国际人工智能学会会士，清华大学人工智能研究院副院长，曾在卡内基梅隆大学从事博士后研究。于 2005 年和 2009 年分别获得清华大学计算机科学与技术专业学士和博士学位，主要从事机器学习研究，担任国际著名期刊《IEEE 模式分析与机器智能汇刊》的副主编，担任国际机器学习大会、神经信息处理大会、国际表征学习大会主席 20 余次。获陈嘉庚青年科学奖、求是杰出青年奖、科学探索奖、中国计算机学会自然科学一等奖、吴文俊人工智能自然科学一等奖、国际表征学习大会国际会议杰出论文奖等。入选中国计算机学会青年科学家、MIT TR35 中国先锋者等。

摘　要

《中国通用人工智能发展报告（2024）：生成式人工智能的发展与创新》为首部人工智能蓝皮书。本报告归纳、总结和梳理了近五年中国人工智能及以生成式人工智能为现阶段代表的通用人工智能发展的特征与趋势，并结合政策与市场情况及生成式人工智能在银行、医疗、内容生成、智能制造、汽车、电商、通信、算力调优等领域的实践经验，探讨当前生成式人工智能发展热点、核心特征及未来走向，为促进中国人工智能行业的持续发展提供战略指导，为政府、企业和研究机构提供智库参考。本报告分为总报告、政策篇、专题篇、应用篇、附录五个部分。

报告指出，我国人工智能产业规模自 2019 年起开始快速增长，2021 年同比增长 33.3%，2022 年人工智能产业规模达到 5080 亿元，同比增长 18%。2023 年人工智能产业规模达到 5784 亿元，增速为 13.9%，人工智能企业数量超过 4500 家。2023 年全年共发生融资事件近 600 起，融资金额逾 700 亿元人民币。2022 年我国累计申请人工智能专利近 8 万项，在 GitHub 上创建的具有超高影响力（分支数大于 100）的人工智能项目超过了 1000 个。在人才培养方面，2017 年中国科学院大学成立了我国第一所人工智能技术学院。2019 年，北京大学、清华大学先后设立人工智能本科专业。教育部《2018 年度普通高等学校本科专业备案和审批结果》显示，新增最多的本科专业是与人工智能相关的一些专业。在区域方面，截至 2023 年底，京津冀地区人工智能相关企业数量达到 2300 余家。2023 年，京津冀地区人工智能融资事件近 180 起，融资总金额 260 多亿元，申请相关发明专利 1.8 万项。

报告提出，自 2017 年以来我国出台了《新一代人工智能发展规划》《关于加快场景创新以人工智能高水平应用促进经济高质量发展的指导意见》《国家新一代人工智能标准体系建设指南》《生成式人工智能服务管理暂行办法》等一系列的政策法规。北京、上海、广东等省市率先出台支持人工智能相关产业发展的新措施，随后浙江、河南、贵州、云南、四川、山东、陕西等省份也纷纷发布相关政策规划，协同推动人工智能产业发展。

报告阐述了生成式人工智能技术的重心之一大语言模型方面的情况，我国的人工智能企业、相关高校和科研院所在这方面投入了极大的热情。截至 2024 年 5 月，我国已备案的生成式人工智能服务产品有 117 个。目前我国各类生成式大模型、行业大模型以及端侧大模型已在多个领域取得了应用成果。在金融、医疗、智能制造、电商、汽车、通信等领域，大语言模型已成为提升服务质量和效率的重要工具。

报告建议，要统筹政策支持及服务，培育大模型产业生态，通过采用云计算、物联网、区块链等技术，实现人工智能全产业链的数据共享和交互，鼓励打破信息孤岛，进而加强产业链上下游之间的紧密合作，促进国内人工智能行业形成一个开放而有序的产业生态圈。结合产业发展阶段和企业需求，围绕人才、基金、产业生态等方面，发挥各部门资源优势，加强地区联动，推动相关政策形成合力、加快落地。同时建议构建完善的算力服务平台，实现云计算、大数据、大模型等行业间的互联互通与即时合作，提高计算与数据资源池的整体效率和竞争力。

关键词： 生成式人工智能　通用人工智能　大模型　数字经济

目　录 ⟍⟍

Ⅰ　总报告

Ⅱ　政策篇

Ⅲ　专题篇

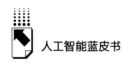

Ⅳ　应用篇

皮书数据库阅读**使用指南**

总 报 告

B.1

通用人工智能发展历程与前景：
基于生成式人工智能的视角

唐建国　朱烨东　曾　嘉　王震军　李轶夫*

摘　要：　人工智能的快速发展已经对人类社会产生了深远的影响，且在众多领域得到应用。随着社会对 AI 能力需求的不断增长，现有 AI 技术的局限性日益凸显，这促使研究者和开发者向更高级别的智能——通用人工智能迈进。AGI 在完成现实世界任务中的效率和取得的效果可与人类智能相媲美，这是 AI 发展的重要里程碑。目前，以算力和数据驱动的大语言模型和生成式 AI 成为迈向 AGI 的重要技术路径。"通用算法"向"通用模型"的转变意味着全新的研究和开发范式的形成。本报告重点介绍了大模型以及生成式 AI 这一新范式的发展概况、特点、面临的挑战、发展趋势，并提出相关建议。本报告旨在通过深入探讨 AGI 的现状和未来发展方向，促进研究人员和从业者对 AGI 的整体理解，并引发更广泛的关注与讨论。

---

* 唐建国，北京市经济和信息化局；朱烨东，北京中科金财科技股份有限公司；曾嘉、王震军，华为技术有限公司；李轶夫，北京百度网讯科技有限公司。

关键词： 通用人工智能　生成式人工智能　大模型

一　2023年生成式人工智能的发展概况

尽管目前尚无统一的严格定义，但学术界、产业界甚至整个社会普遍认为，通用人工智能（Artificial General Intelligence，AGI）是一种能够与人类智力相媲美的人工智能系统。早在1994年，一群心理学家对智能进行了定义，将其视为一种普遍的心理能力，涵盖推理、规划、问题解决、抽象思维、理解复杂概念、快速学习以及从经验中吸取教训。[①] 这一定义指出智能并非仅限于特定领域或任务，而是广泛的认知技能和能力的综合体现。

从20世纪70年代的早期原型系统到近期的高级系统，AI得到迅速普及和发展。AI系统分别在1996年和2016年攻克国际象棋和围棋等特定复杂的任务难题，在完成图像识别等领域任务上的水平也逐步超越了人类。但这一时期的人工智能系统大多只能完成特定任务，几乎没有通用性可言，并且在图像识别、语音识别、自然语言处理等实用领域多用于实现样本辨别和分类，因此被称为"辨别式人工智能"。直到2022年底，随着ChatGPT及其后续版本GPT-4[②]等"生成式大语言模型"的出现，人工智能系统的工作方式出现了重大变革，人工智能系统在各领域的通用能力实现了跨越式提高。本报告将简要介绍生成式人工智能发展的核心领域与研究方向，并对2023年生成式人工智能的发展特点以及中国尤其是北京市在推动人工智能产业发展方面的努力进行梳理。

人工智能的一个重要分支聚焦于模拟人类大脑的构造与功能，借鉴大脑的复杂性及功能区域的划分来设计AI系统的架构。该架构主要分为四个核心部分：感知、推理、记忆和元认知。它们分别对应人类认知的关键领域。

---

① Gottfredson L. S.，"Mainstream Science on Intelligence：An Editorial with 52 Signatories，" *Intelligence* 1（1997）：13-23.

② "GPT-4"，OpenAI，March 14，2023，https：//openai.com/index/gpt-4-research/.

感知是 AI 与环境互动的关键，涵盖对视觉、听觉、触觉和嗅觉等感官信息的整合与解析。AI 的感知能力包括对这些感官数据的深入处理和分析，帮助人工智能构建对周围环境持续和动态的理解。自然语言作为人类交流的主要方式，已经发展成为如大语言模型（Large Language Modles，LLM）这样的复杂系统。① 多模态智能的融合，如文字、图像、视频和音频，是实现人机交互的关键。例如，OpenAI 发布的 GPT-4o 模型②，通过整合多种模态信息，提升了人机交互的逼真度。

推理是理顺逻辑和系统思考的过程，是 AGI 发展的核心。研究表明，大语言模型已展现出在多种自然语言处理任务（包括数学）上的推理能力。然而，当前大语言模型在处理复杂的多步骤推理任务时仍面临挑战，需要进一步发展相关技术以解决幻觉、不确定性评估和模糊性问题。

记忆管理能力使大语言模型能够进行复杂的多步骤交互。记忆可以分为短期记忆和长期记忆，以及文本记忆和参数记忆。AI 利用记忆技术如检索增强生成技术和长上下文大语言模型，可以提高语言生成能力。③ AGI 智能水平的内存实现需要一个高效的管理系统，该系统能够动态地组织信息，并具有自我更新和扩充内存的功能。

元认知是一系列高级认知和情感能力的结合体，它在提高组织效率方面起到至关重要的作用。AGI 系统的元认知能力，如自我意识和心智理论，是实现真正通用智能的关键。④ 自我意识的发展，尤其是在机器人领域，依赖于自我反省和元认知等。AGI 意识能力的发展，将使其能够更自然更有效地与人类

---

① Ashish Vaswani et al., "Attention Is All You Need", 2017, https://arxiv.org/abs/1706.03762；Alec Radford et al., "Improving Language Understanding with Unsupervised Learning", 2018, https://openai.com/research/language-understanding.

② "Hello GPT-4o", OpenAI, 2024, https://openai.com/index/hello-gpt-4o/.

③ Iz Beltagy et al., "Longformer: The Long-Document Transformer", 2020, https://arxiv.org/abs/2004.05150.

④ Sébastien Bubeck et al., "Sparks of Artificial General Intelligence: Early Experiments with GPT-4", 2023, https://arxiv.org/abs/2303.12712；I. Sutskever, "It May Be That Today's Large Leural Networks Are Slightly Conscious", 2022, https://twitter.com/ilyasut/status/1509655841070577665.

交互。未来的 AGI 将会展现出巨大的潜力，能够实现自我进化和开放式学习。这种能力由好奇心和内在动机所驱动，能使 AGI 迅速地实现自我提升，自主设定目标，创新策略，并不断突破现有的界限。然而，要实现这一宏伟愿景，还需要进行大量的研究和开发工作。

AGI 的发展蓝图将这一进程划分为三个阶段，目前我们正处于以生成式人工智能系统为代表的 AGI 初级阶段。在这一阶段，AGI 在特定任务上的表现已经超越人类或与人类相当。例如，OpenAI GPT-4 在自然语言处理领域展现了卓越的能力，包括语言理解、生成和复杂推理等。

进入第二阶段，即 AGI 成熟阶段，AI 将能够在现实世界任务中完全替代人类。这些系统在准确性、问题解决技巧、处理速度、数据吞吐量及安全性方面的能力都将有显著提升。它们能够从少量数据中学习并跨领域应用知识，并在较少人工干预下适应新环境，展现出创造性和创新性。此外，它们还能参与复杂的决策制定过程，综合多种因素，优化结果以实现预定目标。应准备好在现实世界中独立部署成熟的 AGI，完成复杂的现实世界任务。

第三阶段是 AGI 终极阶段，尽管成熟 AGI 能在许多任务中替代人类，但其发展仍需人类参与。终极 AGI 系统将能够自主进化，无需人类干预，代表着 AGI 开发水平的顶峰。这一级别的 AGI 将具备超越人类水平的学习、推理和决策能力，使人类从 AGI 系统开发过程中解放出来。在这一阶段，确保终极 AGI 与人类价值观和目标的一致性变得尤为关键。终极 AGI 可能展现出深层次的人类情感，如同理心、社会意识，甚至自我意识。然而，终极 AGI 实现的可行性仍在持续研究和讨论之中。①

二 2023年生成式人工智能的发展特点

（一）2023年全球生成式人工智能发展情况

自 2022 年底 OpenAI ChatGPT 面世以来，大语言模型已成为全球公认的

---

① Tao Feng et al. , "How Far Are We from AGI", 2024, https：//doi. org/10. 48550/arXiv. 2405. 10313.

通用人工智能发展的重要标志。进入 2023 年，各国以大语言模型为核心，持续加大研发力度，并推动其在实际应用中的广泛部署，这进一步加快了人工智能技术迈向通用人工智能的步伐。

在科技研发领域，2023 年全球正式发表的人工智能科技论文数量超过 24 万篇，相较于 2010 年的约 8 万篇，增加了两倍，并呈现持续增长趋势。[①] 特别值得注意的是，由于大语言模型技术的迅猛发展，机器学习领域的论文数量持续增加。在专利领域，近年来全球人工智能专利的数量也呈现爆炸性的增长。最新的统计数据显示，2022 年全球人工智能专利授权量同比增长62.7%[②]，而专利申请量也大幅增长。这些数据不仅反映了人工智能领域的创新活力，也预示着该领域未来的广阔发展前景。

2023 年，全球发布了 150 多个大语言模型。与此同时，围绕接续预训练（Continuous Pre-train 或 Post Pre-train）、各类精调、人类价值观对齐等二次开发的大语言模型项目数量激增。著名人工智能模型托管平台 HuggingFace 托管的模型数量从 2022 年底的 7.5 万个增长到 2023 年底的逾 30 万个。著名开源社区 GitHub 上的大语言模型项目数量从 2022 年底的约 120 万个增长到 2023 年底的 180 多万个，同期总评星数从约 400 万星增长到 1200 万星。随着算力、算法、数据领域的技术快速发展，数据领域资源的快速增加，以及应用场景多元化需求的增加，模型参数规模也在持续增长。2023 年发布的最大规模语言模型参数已突破万亿。参数规模的增大必然使计算资源的消耗增加。2023 年发布的领先语言模型训练消耗的计算资源已接近千亿 PFLOP。算力消耗的增加必然导致经济成本上升，2023 年谷歌 Gemini Ultra、OpenAI GPT-4 等领先基础模型的训练成本已经高达 1 亿美元。在数据方面，全球人工智能学术界预测，高质量语言数据大概率将在 2025 年"耗尽"，而图像数据则可能会在 2050 年前后"耗尽"。在这一背景下，合成数据（由生成式模型生成的用于

---

① "HAI AI Index Report 2024"，https：//aiindex. stanford. edu/report/.
② "HAI AI Index Report 2024"，https：//aiindex. stanford. edu/report/.

模型训练的数据）崭露头角，成为模型训练数据新的来源。2023 年，基于大语言模型的人工智能系统在自然语言理解、图像分类、视觉推理等方面的基准测试中已经全面超越人类基线水平，仅在数学竞赛、视觉常识推理和规划等更复杂的任务上暂时略逊于人类。ImageNet 等传统人工智能测评基准已无法满足人工智能系统的评测需求，学术界已开始着手研发更加先进、复杂的评测基准。

2023 年，大语言模型在应用技术方面呈现三个趋势。一是继续向多模态方向发展。2023 年初，大语言模型技术和产品主要面向自然语言这种单一模态的信息，到 2023 年底，主流的大语言模型产品都能接受并生成文字、音频和图像甚至视频等多种模态的信息。二是 AI 智能体（Agent）有望成为新的应用破局点。AI 智能体是指具有自主推理、规划、记忆、行动以及从外界接受反馈能力的 AI 软硬件实体，可以自主完成一定的工作任务。相比历史上的 AI 智能体，基于大语言模型的 AI 智能体具有更强的通用能力，具备自主完成更多种工作的潜力。以 OpenAI GPT Store 为代表，目前世界主要的人工智能企业都在布局建设基于智能体的 AI 原生应用开发平台。三是 AI 编写程序代码已经走进现实。2023 年，用大语言模型生成程序代码的研究取得了长足进展。领先的大语言模型在 HumanEval 基准上一次生成代码的成功率已经提升到 90% 以上。GitHub Copilot、百度 Comate 等商用 AI 代码工具产品已经大量涌现并迅速得到推广应用。

（二）2023年中国生成式人工智能发展情况

我国已将促进人工智能发展上升为国家战略。2017 年，国务院发布的《新一代人工智能发展规划》明确了人工智能发展的三步走战略目标，即到 2020 年、2025 年和 2030 年分别实现与世界先进水平同步、部分技术与应用达到世界领先水平，人工智能理论、技术与应用总体达到世界领先水平。

2021 年颁布的《中华人民共和国国民经济和社会发展第十四个五年规划和 2035 年远景目标纲要》（以下简称"十四五"规划）对"十四五"时

期及之后十年我国人工智能的发展目标、核心技术突破、智能化转型与应用，以及保障措施等多个方面都做出了部署。总体目标方面，"十四五"规划提出了"质量效益明显提升""产业基础高级化、产业链现代化水平明显提高"等经济社会发展目标。实现该目标，智能化既是手段，也是结果。人工智能作为新一轮科技革命和产业变革的重要驱动力量，必将推动产业现代化、智能化水平提升。同时，2035 年实现"关键核心技术实现重大突破，进入创新型国家前列"的相关要求，也为我国人工智能前沿理论、核心软硬件等领域指明了未来的发展方向和目标。

为积极响应《新一代人工智能发展规划》和"十四五"规划等国家顶层设计，全国各地因地制宜，出台了一系列人工智能产业扶持政策，仅2023 年，北京市就先后出台了《北京市加快建设具有全球影响力的人工智能创新策源地实施方案（2023—2025 年）》《北京市促进通用人工智能创新发展的若干措施》《人工智能算力券实施方案（2023—2025 年）》等多项政策，从产业协同、技术创新、基础设施、算力补贴等各个方面大力扶持本地人工智能产业发展。

在良好的政策环境下，2023 年我国人工智能产业规模达到 5784 亿元，人工智能企业数量超过 4500 家。全年共发生融资事件近 600 起，融资金额逾 700 亿元。

2023 年，我国累计申请人工智能专利近 8 万项，在 GitHub 上创建的具有超高影响力（分支数大于 100）的人工智能项目超过了 1000 个，全社会编写人工智能研究发行物约 22 万份。这反映出全国上下积极研究人工智能技术的热潮。

在人工智能人才培养方面，为响应《新一代人工智能发展规划》，2017年中国科学院大学成立了我国第一所人工智能技术学院。2019 年，北京大学、清华大学先后设立人工智能本科专业。教育部《2018 年度普通高等学校本科专业备案和审批结果》显示，新增最多的是与人工智能相关的一些专业。截至目前，我国开设人工智能本科专业的普通高等院校已达 537 所。

在区域方面，形成了以京津冀为核心引领、长三角协同发展、粤港澳优

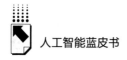

势互补的态势。其中，京津冀是我国人工智能产业规模最大、最具活力的区域。截至 2023 年底，京津冀地区人工智能相关企业数量达到 2300 余家。2023 年，京津冀地区人工智能融资事件近 180 起，融资总金额 260 多亿元，申请相关发明专利 1.8 万项。①

在当前通用人工智能技术的重心生成式大语言模型方面，我国的人工智能企业、相关高校和科研院所也具有极大的热情。同时，我国在先进制造、政务、金融、医疗等领域有广阔的人工智能应用空间，非常适合人工智能技术与产品的落地应用。2023 年，我国先后推出各类大语言模型项目 300 余个，被媒体称为"百模大战"，一时间热度空前。截至 2024 年 5 月，我国已备案的生成式人工智能服务产品有 117 个，其中北京已备案的生成式人工智能服务产品有 51 个，上海已备案的生成式人工智能服务产品有 24 个。②

随着人工智能企业不断进行以应用场景需求为核心的商用落地探索，目前我国各类生成式大模型、行业大模型以及端侧大模型已在多个领域取得了应用成果。在金融、医疗、政务等领域，大语言模型已成为提升服务质量和效率的重要工具。但是，大模型应用也存在"蹭热度"的情况。一些厂商未深入挖掘企业用户的需求，只是对传统人工智能模型进行简单替换，或者在低价值场景中应用大模型，未能体现出该场景对大模型的刚需，进而难以为企业用户降本增效，带来实际经济效益。这分散了宝贵的社会数据和算力资源，阻碍了大语言模型技术的进步和产品质量的整体提升。

三　当前通用人工智能发展面临的困难

打造人工通用智能系统极具挑战性，它涉及多个关键要素，包括模型设计、计算能力和数据管理。目前，AGI 的研究方向正从寻找单一的"通用算

---

① 深圳市人工智能行业协会、深圳市易行网数字科技有限公司：《2024 人工智能发展白皮书》，2024 年 4 月，https：//www.douban.com/note/861589563/？_i=9585811s52bO0B。
② 《国家互联网信息办公室关于发布生成式人工智能服务已备案信息的公告》，国家互联网信息办公室网站，2024 年 4 月 2 日，https：//www.cac.gov.cn/2024-04/02/c_1713729983803145.htm。

法"向构建广泛的"通用模型"转变。尽管这些模型完全成为 AGI 的要素仍然是一个有待解决的问题，但我们仍假设 AGI 模型的架构创新，如 GPT，已经基本完成设计。在这一假设下，当前的主要挑战转向了算力和数据方面。

大模型训练、推理、降低成本以及计算平台的发展成为核心挑战。此外，需要一个更复杂和自动化的数据处理流程，从不同来源采集、选择、结构化、清理和整合数据（包括未来大量的模型合成数据），以实现高效的模型训练。除了算力和数据方面的挑战，AGI 系统与人类价值观的一致性也是其成功产品化的关键因素。这种一致性要求 AGI 系统能够深刻理解社会规范和个人偏好，从而做出符合道德标准的决策。

（一）大模型的扩展定律挑战

新型计算系统在发展过程中面临的挑战，在很大程度上与 GPT 模型的扩展定律有关。AGI 领域长期存在的一个关键问题是如何构建规模更大、功能更全面的模型。这种规模的扩展需要考虑多个方面，包括模型参数的增加、训练数据集的扩大，以及有效的上下文长度的增加和服务能力的提升。优化技术首先在模型架构层面得到应用，然后逐渐转变为一种更加独立于模型本身的训练和推理过程。

自注意力机制是大模型 Transformer 架构的核心组成部分,[1] 它允许模型在处理序列数据时捕捉长距离依赖关系。然而，自注意力的计算复杂度随着输入序列数据长度的增加而呈平方级增长，在现有硬件的内存和内存带宽限制下，模型处理长序列上下文的能力很难提高。为了提高效率，研究者们常常需要限制自注意力的作用范围或降低模型的分辨率，但这通常会导致性能的损失。不同规模的模型在计算瓶颈上可能存在差异，这些瓶颈可能发生在 Transformer 架构的自注意力层或全连接层。混合专

---

[1] Ashish Vaswani et al., " Attention Is All You Need ", 2017, https：//arxiv.org/abs/1706.03762.

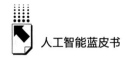

家（Mixture of Experts）模型则采用了一种不同的策略，它将 Transformer 中的密集层替换为由多个专家子网络组成的集合，并通过一个门控机制动态地选择专家参与模型的前向传播，以提高模型的效率和灵活性。[①] 此外，状态空间模型（State Space Model，SSM）作为一种新兴的模型架构，最近被引入序列到序列的转换模型中，为改进 Transformer 架构提供了新的思路。[②]

高质量数据的缺乏成为严重掣肘大模型行业应用的因素。大语言模型极速的发展对数据的品类、规模和质量不断提出更高的要求。在这一背景下，高质量的行业数据集成为企业之间的重要竞争方面。此外，对行业知识和业务逻辑的深入理解已成为促进大语言模型落地应用的重要因素。从技术供给端和需求端看，目前市场上缺乏高质量公开的细分领域数据集，大语言模型厂商无法准确面向行业落地场景训练大模型，多数拥有丰富行业数据的企业用户又缺乏自研大模型的能力，这严重掣肘行业模型研发和应用落地。例如，政务、医疗、智慧城市等领域数据获取难度大、隐私性要求高、权属不清晰、利益难分配等问题阻碍了大模型应用落地的进程。

（二）基础设施的挑战

硬件加速器的持续进步是提升大语言模型先进性和实用性的关键因素之一。英伟达（NVIDIA）GPU 作为一种硬件加速器，非常适合应用于现代深度学习任务。它们具备强大的向量和矩阵乘法处理能力，这使它们在处理复杂的神经网络模型时表现出色。然而，在现代 GPU 硬件上扩展大模型的训练依旧面临巨大挑战。随着模型规模的增长，其内存需求也增加，这可能导致模型无法适应单个 GPU 的内存限制。此外，尽管使用更多的计算单元可以加速模型的训练过程，但要实现这一点并保持最小的开销（线性扩展）

① Noam Shazeer et al.，"Outrageously Large Neural Networks：The Sparsely-Gated Mixture-of-Experts Layer"，2017，https：//arxiv. org/abs/1701. 06538.
② Albert Gu，Tri Dao，"Mamba：Linear-Time Sequence Modeling with Selective State Spaces"，2023，https：//arxiv. org/abs/2305. 10454.

则是一个技术难题。此外，有效地利用分散的计算资源，也是实现高效训练的关键。

英伟达的 Hopper、Blackwell 和 Rubin GPU 架构增加了张量内核，增加了高带宽存储器（HBM）内存容量，增加了 GPU 互联（NVLink）带宽，计算速度和效率大大提升，使构建高性能的 AI 超级计算机成为可能。例如 GB200 NVL72 超级计算机[①]，通过 NVLink 互联多个 GPU 从而形成一个 GPU。这些 GPU 支持多种算术精度，包括 16 位、8 位、6 位和 4 位浮点数，以及不同的数据格式。这样的设计能够兼顾数值精度和运算效率，以适应不同的应用场景和性能需求。通过灵活选择精度和格式，用户可以根据特定任务的要求，优化模型的性能，减少资源消耗。除了英伟达之外，其他 AI 芯片制造商也在投资深度学习应用的专用加速器，例如昇腾[②]、TPU[③]、Cerebras[④]、Groq[⑤] 等，它们各自具有独特的优势。这些技术的发展将有助于提升大模型训练和推理的效率，同时也为解决能耗和成本问题提供了新的可能性。

英伟达的硬件技术创新使摩尔定律依旧有效，每瓦特算力显著提升，例如 2023 年发布的 H100 芯片每瓦特算力是 1.4Tflops，到了 2024 年发布的 B200 芯片算力提升到了 2Tflops，提升约 43%。服务器机架散热从风冷转向液冷，维谛技术作为英伟达独家制冷合作伙伴，提供机架式混合冷却系统方案，这是业界首次将两种液冷技术"冷板液冷"和"浸没液冷"联合运用到同一系统中的解决方案，可冷却运行环境高达 40℃的机架式数据中心，支撑单机柜功率可达 200kW，是目前常规服务器单机柜功率的 25 倍。[⑥]

---

① "Explore Breakthroughs from the 2024 GTC AI Conference", NVIDIA, 2024, https：//www. nvidia. com/gtc/.

② 《昇腾社区-官网｜昇腾万里让智能无所不及》，Ascend，2024，https：//www. hiascend. com/。

③ 《Google Cloud TPU 简介》，Google，2024，https：//cloud. google. com/tpu/docs/intro-to-tpu? hl=zh-cn。

④ "Cluster-Scale Performance on a Single Chip", Cerebras, 2024, https：//www. cerebras. net/product-system/.

⑤ "Fastest AI Inference", Groq, 2024, https：//groq. com/.

⑥ 《数据中心的液冷技术》，VERTIV，2024，https：//www. vertiv. cn/zh-CN/solutions/learn-about/liquid-cooling-options-for-data-centers/。

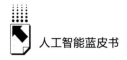

能耗大也成为 AI 基础设施建设主要的瓶颈。例如，微软和 OpenAI 最近公开了星际之门第五阶段的计划，预计在 2028 年实现 100 万 GPU 的互联，能耗约为 5GW，相当于五个核电站能耗的总和。[①] 为了应对这一能耗挑战，在 2023 年 5 月 10 日，微软与 Helion 签订世界首份核聚变购电协议，新设施旨在提供至少 50MW 的电力，并计划在 2028 年前开始发电，大幅缩短实现商业化可行的聚变能源的预期时间。Helion 的电力生产成本预计为每千瓦时 0.01 美元。

中国算力资源持续供不应求。2023 年初，大模型热潮兴起之后，市场上算力需求剧增，英伟达芯片一度供不应求，国内云厂商提供的商业化算力供应紧张，价格不断上涨，各大云厂商算力均面临一定程度紧缺的情况，出现供不应求的局面。尽管目前少部分龙头企业和头部初创企业能够租到算力资源，但成本过高，大量中小型企业仅持有少量英伟达高性能算力。算力资源供不应求已成为大模型企业创新研发面临的重要挑战。国产算力崛起已刻不容缓。

（三）系统安全性挑战

AGI 系统的安全性、可控性以及与人类价值观的一致性，正在成为人工智能领域中一个日益重要的研究方向。[②] 我们追求这种价值观的一致性，是因为未来 AGI 系统在开发和部署过程中将面临众多复杂的挑战。我们的核心目标是确保 AGI 系统能够与人类的价值观念、目标和道德准则相吻合。这要求 AGI 系统不仅要深刻理解社会规范和个人偏好，还要能够做出既有利于人类社会又符合道德标准的决策和行动。确保这种一致性对于引导 AGI 系统起到积极的作用，降低出现意外后果的风险。

为了实现这一目标，研究者们已经提出了多种人工智能对齐

---

① "Microsoft and OpenAI Plot ＄100 Billion Stargate Supercomputer", The Information, 2024, https：//www.theinformation.com/articles/microsoft-and-openai-plot-100-billion-stargate-ai-supercomputer.

② "Introducing Superalignment", OpenAI, 2023, https：//openai.com/superalignment/.

（Alignment）策略，包括价值学习、逆强化学习以及合作逆强化学习等。这些策略的目的是确保人工智能系统与人类的偏好和价值观保持一致。此外，制定综合了广泛文化、哲学和伦理视角的伦理框架和指导原则也是至关重要的。这种包容性的方法有助于减少偏见，确保全面体现人类价值。

AGI 系统的部署还需要进行全面的测试和验证，以确保其在各种情境下都能符合人类的价值观。这包括技术模拟和现实世界的控制实验，该实验可用于评估 AGI 与人类及其环境的相互作用。在 AGI 系统上建立约束机制同样至关重要，尤其需要注重它们与外部接口和环境的交互。通过定义严格的操作限制、实施实时监督以及整合故障安全机制（当检测到偏离安全行为时停止 AGI 系统操作），降低系统漏洞被潜在利用的风险。

交互式监督对齐模型的目标是调节超越人类智能的系统。可扩展的对齐方法是一种有前景的策略，旨在完成监督复杂任务或完成超人类模型的挑战。相对较弱的监督者（例如人类）能够利用渐进式进化的信号来监督复杂的任务或系统，可扩展的对齐方法能够为完成那些超出人类能力范围的任务提供解决方案。

四 通用人工智能发展趋势预测及建议

（一）通用人工智能产业发展趋势

OpenAI 前首席科学家 Ilya Sutskever 对现代 AGI 的发展有着深刻的思考，他认为深度学习或者神经网络是 Digital Brains，[①] 自监督学习能够通向 AGI。随着算力的提升和数据的进一步扩展，AGI 发展趋势越来越快。进一步考虑

---

① Alex Krizhevsky et al., "ImageNet Classification with Deep Convolutional Neural Networks", 2012, https：//proceedings. neurips. cc/paper/2012/file/c399862d3b9d6b76c8436e924a68c45b - Paper. pdf；Tomas Mikolov et al., "Distributed Representations of Words and Phrases and Their Compositionality", 2013, https：//proceedings. neurips. cc/paper/2013/file/9aa42b31882ec039965f3c4923ce901b - Paper. pdf；Ilya Sutskever et al., "Sequence to Sequence Learning with Neural Networks", 2014, https：// proceedings. neurips. cc/paper/2014/file/a14ac55a4f27472c5d894ec1c3c743d2 - Paper. pdf.

AGI 的研究与开发，特别是关于如何以负责任的方式推进 AGI 的发展，仍然有大量的研究问题亟待解决，虽然这些问题可能目前没有明确的答案，但持续探索如何克服现有的假设的限制，有助于我们更接近实现 AGI 的目标。

1. 自回归生成与 AGI 的关系

自回归生成，特别是基于 next-token 预测的方法，已成为许多成功大型基础模型的核心。这种自监督学习形式通过预测文本中的下一个单词，能够完成从语法到常识推理的一系列任务。然而，关键问题在于，这种方法是否能够捕捉到知识的全部谱系，包括直觉、情感等隐性知识，并学习所有因果关系。这是一个持续争论的话题。

2. 扩展定律的极限

扩展定律表明，随着模型规模的增加，回报递减，需要更多的资源来实现改进。某些能力，如创造性思维和伦理推理，可能无法仅通过规模扩展获得，因为它们需要更复杂的机制。这强调了开发可扩展模型架构和获取高质量数据的重要性。

3. 合成数据的优势与风险

AGI 的成功依赖于访问大型、多样化和高质量的数据集。合成数据提供了一种大规模生成人工数据的方法，但同时也带来了挑战，如传播偏见或误导性信息。未来的研究应专注于提高合成数据的质量，增强其多样性，并探索其适用的比例法则。

4. 计算优越性与智力优越性

在棋类游戏等领域，基于搜索的计算已经具有超越人类的表现。然而，这种计算优势是否等同于真正的智能仍然是一个争论点。大语言模型系统虽然不具备通用计算搜索能力，但许多人认为它与其他人工智能系统具有同等智能水平。

5. 走向完全自治的道路

随着向 AGI 迈进，对 AI 系统自主学习新技能和创新工具的期望增加。这需要复杂的自我评估能力，应重视自律、安全和风险预防措施的重要性。

6. 将人类价值观融入 AGI

AGI 的发展为将道德原则编码到智能形式中提供了机会。有道德的 AGI 系统将能够应对复杂的道德景观，并做出反映全球文化多样性价值的决策。

7. 平衡风险与收益

随着 AI 技术的进步，需要更加重视安全和道德约束。虽然有呼声要求停止可能导致 AI 失控的研究，但也需要确保 AI 的有益潜力得到挖掘。我们提倡负责任地推进 AI 的发展，确保所有强大的系统都以负责任的方式构建和部署。

（二）通用人工智能产业发展建议

建议下一步以《新一代人工智能发展规划》、"十四五"规划为指导，进一步统筹资源，充分发挥我国场景优势，强化大模型生态要素集聚，积极推动大模型产业化应用，持续引领大模型产业发展，加快培育国际一流的大模型创新生态。

一是统筹政策支持及服务，培育生成式大模型产业生态。结合产业发展阶段和企业需求，围绕人才、基金、产业生态等方面，发挥各部门资源优势，加强地区联动，推动相关政策形成合力，加快落地。研究制定人工智能人才相关政策措施，加强高端人才的引进和培养，支撑大模型技术创新。发挥人工智能产业基金支持作用，引导和撬动社会资本重点投向大模型产业，鼓励大模型企业在多层次资本市场开展股权融资。支持布局人工智能大模型产业集聚区，汇聚创新资源，发挥集聚效应，促进资源共享及交流合作。

二是加强创新要素供给，提升大模型研发支撑能力。系统构建大模型等通用人工智能技术体系，开展大模型创新算法及关键技术研究，进一步提高自主创新能力水平。全力夯实人工智能底层基础，积极引导大模型研发企业应用国产人工智能芯片，加快提升人工智能算力供给的国产化率。提升算力资源统筹供给能力，落实算力伙伴计划，建立算力资源调度平台，通过各种方式，支持自主可控的大模型技术体系建设。鼓励各类企业建设高水平行业

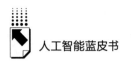
数据集，加强行业数据流通交易，增加高质量行业数据供给，繁荣行业大模型商业生态。

三是加快创新应用场景建设，牵引成果落地应用。依托社会创新潜能和资源优势，打造标杆型示范场景。以行业大模型创新应用大赛为抓手，建立常态化机制，在政务、金融、医疗、文化旅游等领域，引导行业用户向大模型厂商开放有价值的核心业务场景，进一步整合并开放行业数据，开展大模型应用试点，推动大模型在应用中不断提升能力。鼓励大模型团队找准行业或场景数据优势进行错位发展，探索大模型商业化模式和产业化发展路径。

参考文献

Gottfredson L. S., "Mainstream Cience On Ntelligence: An Ditorial with 52 Signatories," *Intelligence* 1 (1997): 13–23.

"GPT-4", OpenAI, March 14, 2023, https://openai.com/index/gpt-4-research/.

"Creating Video from Text", OpenAI, 2024, https://openai.com/index/sora/.

Tao Feng et al., "How Far Are We from AGI", 2024, https://doi.org/10.48550/arXiv.2405.10313.

Ashish Vaswani et al., "Attention Is All You Need", 2017, https://arxiv.org/abs/1706.03762.

Alec Radford et al., "Improving Language Understanding with Unsupervised Learning", 2018, https://openai.com/research/language-understanding.

"Hello GPT-4o", OpenAI, 2024, https://openai.com/index/hello-gpt-4o/.

Jason Wei et al., "Chain-of-Thought Prompting Elicits Reasoning in Large Language Models", 2022, https://arxiv.org/abs/2201.11903.

Iz Beltagy et al., "Longformer: The Long-Document Transformer", 2020, https://arxiv.org/abs/2004.05150.

Sébastien Bubeck et al., "Sparks of Artificial General Intelligence: Early Experiments with GPT-4", 2023, https://arxiv.org/abs/2303.12712.

I. Sutskever, "It May Be That Today's Large Leural Networks Are Slightly Conscious", 2022, https://twitter.com/ilyasut/status/1509655841070577665.

A. C. Clarke, "Profiles of the Future: An Inquiry into the Limits of the Possible", 2000, https://www.amazon.com/dp/B0000CKYXJ.

Rich Sutton，"The Bitter Lesson"，2019，http：//www. incompleteideas. net/IncIdeas/ BitterLesson. html.

Jared Kaplan et al.，"Scaling Laws for Neural Language Models"，2020，https：// arxiv. org/abs/2001. 08361.

Alex Krizhevsky et al.，"ImageNet Classification with Deep Convolutional Neural Networks"，2012，https：//proceedings. neurips. cc/paper/2012/file/c399862d3b9d 6b76c8436e924a68c45b-Paper. pdf.

Kaiming He et al.，"Deep Residual Learning for Image Recognition"，2015，https：// arxiv. org/abs/1512. 03385.

Geoffrey Hinton et al.，"Deep Neural Networks for Acoustic Modeling in Speech Recognition"，2012，https：//ieeexplore. ieee. org/document/6296526.

"Weak-to-strong Generalization"，OpenAI，2023，https：//openai. com/index/weak - to-strong-generalization/.

Anthony Brohan et al.，"RT-2：Vision-Language-Action Models Transfer Web Knowledge to Robotic Control"，2023，https：//arxiv. org/abs/2307. 07962.

Danny Driess et al.，"PaLM-E：An Embodied Multimodal Language Model"，2023，https：//arxiv. org/abs/2303. 03378.

Noam Shazeer et al.，"Outrageously Large Neural Networks：The Sparsely-Gated Mixture-of-Experts Layer"，2017，https：//arxiv. org/abs/1701. 06538.

Albert Gu，Tri Dao，"Mamba：Linear-Time Sequence Modeling with Selective State Spaces"，2023，https：//arxiv. org/abs/2305. 10454.

"Explore Breakthroughs from the 2024 GTC AI Conference"，NVIDIA，2024，https：// www. nvidia. com/gtc/.

《数据中心的液冷技术》，VERTIV，2024，https：//www. vertiv. cn/zh-CN/solutions/ learn-about/liquid-cooling-options-for-data-centers/。

《昇腾社区-官网丨昇腾万里让智能无所不及》，Ascend，2024，https：//www. hiascend. com/。

《Google Cloud TPU 简介》，Google，2024，https：//cloud. google. com/tpu/docs/intro-to-tpu？hl=zh-cn。

"Cluster-Scale Performance on a Single Chip"，Cerebras，2024，https：//www. cerebras. net/product-system/.

"Fastest AI Inference"，Groq，2024，https：//groq. com/.

"Microsoft and OpenAI Plot $ 100 Billion Stargate Supercomputer"，The Information，2024，https：//www. theinformation. com/articles/microsoft-and-openai-plot-100-billion-stargate-ai-supercomputer.

"Introducing Superalignment"，OpenAI，2023，https：//openai. com/superalign ment/.

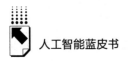

Tomas Mikolov et al. , "Distributed Representations of Words and Phrases and Their Compositionality", 2013, https：//proceedings. neurips. cc/paper/2013/file/9aa42b31882ec 039965f3c4923ce901b-Paper. pdf.

Ilya Sutskever et al. , "Sequence to Sequence Learning with Neural Networks", 2014, https：//proceedings. neurips. cc/paper/2014/file/a14ac55a4f27472c5d894ec1c3c743d2-Paper. pdf.

政策篇

B.2
人工智能法规政策梳理与分析

莫灵笛　邓道正　赵　刚*

摘　要:　人工智能作为 21 世纪最具影响力的技术之一，正深刻改变着各行各业的业务模式，它通过大数据分析、机器学习、大模型计算等实现智能决策，提高企业生产效率，开拓新的服务领域，给经济社会发展带来巨大变革。生成式人工智能通过训练生成模型，能够创建出大量的、多样化的数据，这对于许多机器学习任务是至关重要的。当前，人工智能已经成为全球各国关注的热点。生成式人工智能并不能完全替代传统的人工智能技术，如分类、聚类、预测等，两者可以相互补充，共同推动人工智能的发展和应用。基于此，各国纷纷出台促进人工智能发展与生成式人工智能发展的相关政策，但同时也制定出监管措施，确保人工智能与生成式人工智能应用符合法律法规和伦理原则，防范数据使用风险、人工智能生成内容滥用风险、人工智能算法滥用风险及其他风险。本报告通过对 2023~2024 年度全球相关国家和组织的人工智能相关法规政策进行比较分析，梳理人工智能法规政策的发展脉络和主要特点，并对

---

* 莫灵笛、邓道正、赵刚，北京赛智时代信息技术咨询有限公司。

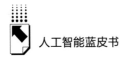

政策效果进行初步评估，提出了加强国际合作、完善法规体系、构建监管体制等方面的建议，旨在为我国人工智能产业的健康发展提供有益参考。

关键词： 人工智能　生成式人工智能　法规政策　人工智能监管

一　人工智能法规政策概述

（一）人工智能法规政策出台意义

2023 年 9 月，习近平总书记在黑龙江考察时首次提到"新质生产力"，指出要"整合科技创新资源，引领发展战略性新兴产业和未来产业，加快形成新质生产力"，这为打造经济发展新引擎和构建国家竞争新优势指明了方向。[①] 新质生产力是由技术革命的重大突破、生产要素的创新配置以及产业的深度转型和升级形成的。人工智能是培育新质生产力的重要驱动力，加快发展人工智能有利于做强做优做大数字经济，扎实发展新质生产力。

人工智能法规政策出台对发展人工智能具有重要意义。一是促进人工智能技术创新与产业发展。政府制定明确的法规政策，既能为人工智能企业提供稳定的发展环境，减少不确定性风险，也能安排支持人工智能创新的政策性措施，鼓励企业探索新技术和新的业务模式，促进产业健康有序发展。二是保障人工智能技术应用中的公民权益与安全。政府制定明确的法规政策，奠定数据保护、保障隐私权和个人信息安全的法律基础，防止滥用人工智能技术侵犯个人权利，确保技术发展不以牺牲公民基本自由和安全为代价。三是建立人工智能伦理规范与社会信任。政府制定明确的法规政策，确立人工智能伦理原则，能保障算法的公平性、可解释性和公正性，增强公众对人工

---

① 《第一观察｜习近平总书记首次提到"新质生产力"》，人民网，2023 年 9 月 12 日，http：//politics. people. com. cn/n1/2023/0912/c1001-40075615. html。

智能技术的信任，促进技术与社会价值观和谐共生。四是提升监管效率，促进国际合作。政府制定明确的法规政策，践行分级分类的风险治理理念，促进监管机构精准施策，高效管理不同风险级别的人工智能应用。同时，国际上相似法规的出台，有利于标准的对接，促进跨国数据流动和人工智能技术的国际交流。五是预防与应对潜在风险。政府制定明确的法规政策，明确禁止某些危害社会安全、侵犯人权的人工智能应用，如无差别面部识别和情感操控技术，有助于防止技术被恶意使用，维护社会稳定。

出台生成式人工智能法规政策具有深远的意义，法律规范为生成式人工智能技术的研发、应用和发展提供清晰的指导和有力的保障。生成式人工智能法规政策的出台不仅有助于规范行业秩序，促进公平竞争，还能够有效保障国家安全、社会公共利益以及用户的合法权益。同时，鼓励技术创新，推动生成式人工智能技术在各领域的广泛应用，为经济社会发展注入新的活力。

因此，人工智能法规政策与生成式人工智能法规政策的出台不仅是对新兴技术、新兴产业和未来产业发展的积极响应，更是对社会秩序、伦理道德与国际合作等多方面长远利益的综合考量与保障。

（二）人工智能法规政策适用范围

人工智能的法规政策的适用通常涉及多个维度，包括地域范围、行业范围、人工智能相关主体的范围以及生成式人工智能的应用范围。

从地域的角度看，人工智能的法规政策包含可跨国使用的法律，如欧盟发布的《通用数据保护条例》和《人工智能法案》，其不仅适用于欧盟成员国，还可能影响到向欧盟提供产品或服务的非欧盟企业；有适用于某个国家的法规，如我国的《中华人民共和国网络安全法》《中华人民共和国个人信息保护法》等，适用于中国境内的所有组织和个人，涉及人工智能系统的网络安全和个人信息处理；还有适用于某个地方的法规，如深圳市发布的国内首部人工智能法规《深圳经济特区人工智能产业促进条例》，直接适用于深圳市的人工智能产业和相关活动。

从行业的角度看，人工智能的法规政策适用于人工智能产业以及人工智能应用涉及的各个行业领域。例如，欧盟为确保人工智能行业健康发展，已经制定了一系列相关法律法规，其中《人工智能法案》根据人工智能系统可能带来的风险的程度，将其分为四个等级，分别是不可接受风险、高风险、有限风险和最小风险。根据这四个等级，针对不同行业的监管规定也会有所不同，以确保人工智能技术的合理和安全应用。[①] 再比如，北京市推出的《北京市促进通用人工智能创新发展的若干措施》，是支持通用人工智能行业发展的优惠政策，主要涉及通用人工智能这个细分行业。

从主体范围角度看，人工智能的法规政策有适用于人工智能开发者与供应商的监管法规，如负责人工智能系统的开发、供应的企业或个人需遵守相关的开发标准、数据保护准则和伦理准则；有适用于明确监管机构的相关法规，对负责监督和执行人工智能政策的政府机构和组织提出了要求。

生成式人工智能法规政策的适用范围通常涵盖利用该技术生成的文本、图片、音频、视频等内容，并要求服务提供者遵守相关的法律法规，包括数据保护、隐私安全、内容合规等方面的要求。

综上所述，人工智能法规政策的适用范围广泛，旨在确保人工智能技术的安全、合规与负责任地发展，同时保护个人权利和社会利益。随着人工智能技术的进步和应用的拓展，人工智能法规政策也在不断更新和完善。

二 国际法规政策分析

（一）总体概况

人工智能已经成为全球竞争的热点领域，其技术进步和应用与人们的日常生活紧密相连。相关研究机构根据人工智能在科研领域的应用、产业发展的贡献、人才培养情况、基础设施建设、市场接受度和数据资源等六个核心指标进行评估，发现美国、中国和欧盟在全球人工智能领域占据优势。为推

---

① 王威：《〈布莱奇利宣言〉：人工智能国际合作监管的新起点》，《服务外包》2023 年第 12 期。

动人工智能持续发展并确保关键信息的安全，相关国家和组织纷纷制定和实施相关的人工智能法规。在人工智能国际协同监管机制下，就人工智能技术不完善所引发的潜在风险而言，各国也先后出台具有原则性、协同性以及多元主体性等特点的"软法"，主要表现为指导性政策、伦理规范以及国际标准等。例如，目前美国对人工智能监管的总体方向是通过人工智能伦理与法律体系的完善来促进人工智能技术的创新，并降低潜在风险。同时，美国也通过发布一系列政策文件来促进和规范人工智能技术的发展与应用。①

各国也加强推动人工智能法规政策合作。2023 年 11 月 1 日，中国、美国、英国、日本、德国、印度等 28 国及欧盟在英国布莱奇利庄园签署首个全球性人工智能生成内容声明《布莱奇利宣言》（The Bletchley Declaration）。《布莱奇利宣言》被视为国际社会首次就人工智能风险监管的必要性和迫切性做出的正式声明，是全球第一份针对人工智能的国际性声明，旨在关注对未来强大人工智能模型可能对人类生存带来的风险的担忧，以及对于人工智能当前可能加剧有害或带有偏见的信息传播的担忧。② 2024 年 5 月，习近平主席应法兰西共和国总统马克龙的邀请，对法国进行了国事访问，两国元首在人工智能方面达成相关共识，并开辟了新的合作渠道。中法两国将充分致力于促进安全、可靠和可信的人工智能系统发展，坚持"智能向善"（AI for good）的宗旨，通过全面而包容的对话，探索人工智能的潜能，同时控制其潜在风险。中法两国将依托联合国层面开展的工作，致力于加强人工智能治理的国际合作，以及各种人工智能治理框架和各项倡议之间的互操作性。

（二）法律监管类

1. 美国

2024 年 4 月，美国政府发布《人工智能创新未来法案》，为美国保持在

---

① 饶晗：《中美欧生成式人工智能政策法规比较研究及启示》，《中阿科技论坛》2024 年第 3 期。

② 宋思源、李秋静：《人工智能发展机遇与安全治理》，《服务外包》2023 年第 12 期；沈毅斌：《"郭德纲英语说相声"背后的危机感》，《IT 时报》2023 年 11 月 10 日。

全球人工智能和其他新兴技术领域发展竞赛中的领先地位奠定了基础。该法案纳入了关键的网络安全建议,包括制定国际标准和指标,建设人工智能测试平台,加强公私部门与国内外政府之间的合作,加强信息共享,推动安全的人工智能技术研究和开发等。美国国家电信和信息管理局于2024年3月发布《人工智能问责政策报告》,有效推动人工智能系统的透明度提升,敦促政府为人工智能系统的发展提供指导和法规。该报告强调,制定标准对于构建安全、可靠的人工智能技术至关重要,该报告建议在风险等级、模型性能、内部控制治理、数据质量、利益相关者参与度、安全性、透明度、测试、监管等人工智能治理方面制定相关标准。2024年5月,美国众议院两党议员公布《增强关键出口海外限制国家框架法案》(简称"ENFORCE法案"),提出要限制美国AI系统(包括AI相关的所有软件和硬件、AI模型、与AI技术实现相关的所有数值参数)的出口,以防止外国竞争对手使用美国的AI技术。目前,美国通过了部分与生成式人工智能有关的特定主题法案,例如,《保护选举免受欺骗性人工智能法案》提出,禁止在联邦选举的政治广告中使用欺骗性的人工智能生成内容;《人工智能标签法案》要求开发人员在AI生成的内容上添加明确且明显的通知,将责任落在AI系统的开发人员身上。此外,美国政府还有对生成式人工智能相关产品实行严格进出口管制的趋势。

2. 欧盟

欧盟的人工智能监管政策,充分利用了其一体化的市场优势,在全球范围内推动人工智能技术的监管和治理标准化,确立了人工智能治理的高标准。2024年3月,欧盟发布《人工智能法案》,这是全球第一部尝试建立人工智能全球标准的严格监管法律。该法案在保护尊严、自由和人权等方面树立了价值导向,并提供了法律依据,促进欧洲在人工智能领域的创新潜力的发掘,并支持在欧洲推广符合伦理的可靠的人工智能技术和应用。该法案尤为引人关注的是,它不仅明令禁止开发和部署那些可能对人类安全带来不可接受风险的具体的人工智能系统,还为高风险的人工智能系统搭建了具体的监管框架。该法案旨在改善内部市场的运作,促进以人为本和值得信赖的人工智能的应用，同时提供健康、安全保障，保护《欧盟基本权利宪章》中提到的基本权利，包括民主、法治和环境等，使其免受欧盟内人工智能系统的负面影响，并支持创新。欧盟的《人工智能白皮书：通往卓越与信任的欧洲之路》提出，应以监管和投资为指引，实现推动人工智能应用发展及应对应用风险的双重目标。欧盟对生成式人工智能的监管较为严格，主要体现在其逐步构建的监管体系中。《人工智能法案》草案采用了"基于风险的方法"，将人工智能系统分成四类。应分析风险，对人工智能应用进行分级分类，并制定不同程度的合规要求，以风险为导向构建人工智能监管框架。对于生成式人工智能，欧盟也提出了相应的透明度义务等要求。

3. 韩国

韩国科学技术信息通信部于 2023 年 5 月推出"建立数字新秩序行动计划"，其中包含了数据普遍化时代应追求的普遍价值、各主体（公民、企业、政府等）的权利和责任等内容。2023 年 6 月，韩国个人信息保护委员会与英国、德国、日本等国家的个人信息主管部门，以及欧盟、经济合作发展组织等国际机构一起开展了人工智能相关个人信息政策讨论会，该委员会提出了三大政策方向：一是保障落实人工智能服务提供商提供的安全保障措施，确保经营者的责任，经营者在开发人工智能模型、提供服务过程中，应尽最大努力确保不会侵犯信息主体的权益，采取预防和事后措施等；二是规制方式从之前的以详细规则条款为中心（rule-based）转为以原则为中心（principle-based），由于人工智能以各种形式在各个行业中应用，提出核心原则并根据不同情况进行实际应用是必要的；三是对人工智能伴随的风险进行登记分类，政府和私人部门需共同建立评估各种类型和具体情况的敏感性和风险的标准和模型。韩国在生成式人工智能领域的法律法规主要体现为促进人工智能产业发展的法律、规范人工智能技术应用的法律以及针对生成式人工智能内容管理的法律等。例如，韩国修订的《道路交通法》赋予了户外移动机器人行人身份，允许其在人行道上通行，并要求其遵守道路交通法规。这为自动驾驶送货机器人在人行道上的行驶提供了法律保障，并促进了相关技术的发展和应用。2023 年 11 月 17 日生效的《智能机器人法》允许

公司使用移动机器人提供送货和巡逻服务，为户外移动机器人开展新业务提供了法律保障。

（三）支持政策类

1. 美国

美国人工智能政策十分注重人工智能技术的科学性和适应性，旨在为企业和创新活动提供更广阔的发展空间，鼓励人工智能技术的革新与应用，维护消费者、患者和学生的权利，支持推动创新和竞争，以及提高美国的全球领导力，确保政府能够负责任地、有效地使用人工智能技术。美国白宫于2023年3月发布的预算草案便包含对2024财政年度人工智能和量子计算研究领域的资金支持计划。2023年5月，美国政府发布了多项新政策和工作措施，旨在指导和推动美国人工智能技术的发展。同时，美国更新并发布了《国家人工智能研发战略计划》，对各项战略的优先级进行了调整和优化。在新的第9项战略中，强调了国际合作的重要性。2023年10月30日，美国白宫推出首套有关生成式人工智能的监管规定，要求大公司在人工智能系统正式发布之前与美国政府分享安全测试结果，对人工智能进行新的安全评估，对劳动力市场影响进行研究。同时，该规定提出美国商务部将制定为人工智能生成的内容加水印的标准。

2. 欧盟

欧洲在应对快速发展的技术方面迈出了关键的一步，欧盟率先对人工智能实施强制性规定，2023年10月欧盟计划采取全面的三级体系来监管生成式人工智能模型和系统，对不同级别的模型采取不同方式的监管和测试。同时，欧盟出台一系列战略、政策、法规、倡议和行动计划，促进人工智能产业发展，并应对人工智能广泛应用可能带来的社会问题和伦理风险，不断强化对人工智能的治理。欧盟委员会在2019年将人工智能列为欧洲必须掌握和拥有的关键技术。2020年，欧盟颁发《人工智能白皮书》《欧洲数据战略》等政策文件，将人工智能视为强化欧盟"技术主权"（technological sovereignty）和"数字主权"（digital sovereignty）的关键领域。①

3. 韩国

韩国于 2016 年发布《应对第四次工业革命的智能信息社会中长期综合对策》，这是全球范围内较早从国家层面出台的专门针对人工智能技术的政策文件。2023 年，韩国举行了第四次国家战略技术特别委员会会议，审议并通过了人工智能、先进生物两大未来核心创新领域的"以任务为中心的战略路线图"，聚焦于技术领域之间的联系、融合，以加入全球竞争为目标，提出到 2030 年要完成的国家任务和相关的核心技术项目、投资以及政策方向，并强调该"战略路线图"用以配合 2023 年 2 月通过的《国家战略技术特别法》的全面实施。目前韩国尚未就生成式人工智能出台专门的政策。

4. 日本

2024 年 1 月，日本发布《人工智能运营商指南（草案）》，为日本人工智能治理提供统一指导方针，促进使用者安全可靠地使用人工智能。该指南鼓励在各种商业活动中利用人工智能技术的主体，包括人工智能研发者、提供者和使用者等，正确认识人工智能的风险，并与其他各方和利益相关者合作，在人工智能的整个生命周期中自愿实施必要的措施，从而实现创新并积极共同创建一个框架。该指南要求运营主体加强与其他各方和利益相关方合作，既促进创新，又降低人工智能的整个生命周期的风险。目前日本尚未就生成式人工智能出台专门的政策。

三 中国法规政策分析

（一）总体概况

党的十八大以来，以习近平同志为核心的党中央把发展人工智能提升到

---

① 陈敬全：《欧盟人工智能治理政策述评》，《全球科技经济瞭望》2023 年第 7 期。

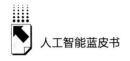

战略高度，习近平总书记围绕加快发展人工智能、推动高质量发展发表了一系列重要论述，指出我国经济已由高速增长阶段转向高质量发展阶段，正处在转变发展方式、优化经济结构、转换增长动力的攻关期，迫切需要新一代人工智能等重大创新添薪续力。发展人工智能，将为我国构建现代化经济体系、实现高质量发展提供重要支撑。① 为加快人工智能发展，自 2017 年以来，我国出台了《新一代人工智能发展规划》《关于加快场景创新以人工智能高水平应用促进经济高质量发展的指导意见》《国家新一代人工智能标准体系建设指南》《生成式人工智能服务管理暂行办法》等一系列的政策法规。

（二）法律监管类

我国人工智能法规的整体架构以《中华人民共和国网络安全法》《中华人民共和国个人信息保护法》《中华人民共和国数据安全法》等为基础，推动我国人工智能产业安全高效发展，保障人工智能发展过程中的国家、企业与个人信息安全。

我国出台了一系列有关人工智能的治理规范，加强对人工智能技术的监管和指导。2023 年，中央网信办联合国家发展和改革委员会、教育部、科学技术部、工业和信息化部、公安部、国家广播电视总局七部门发布《生成式人工智能服务管理暂行办法》，这是我国首部专门针对生成式人工智能产业健康发展的法律监管文件，有助于推动生成式人工智能健康发展和规范应用，维护国家安全和社会公共利益，构建数据监管体系。

未来，国家还将通过立法在推进人工智能技术发展的同时有效规避风险，探索具有中国特色的人工智能治理路径。我国相关学者在 2024 年 4 月齐聚北京举办首届"AI 善治论坛——人工智能立法重大问题产业研讨会"，国内主要政法院校联合北京航空航天大学、中国信息通信研究院等发布了《中华人民共和国人工智能法（学者建议稿）》，为国内人工智能领域的法律规范搭建起了研究框架，也为我国人工智能立法提供了参考。

---

① 段雨晨：《以人工智能赋能高质量发展》，《红旗文稿》2024 年第 7 期。

（三）支持政策类

我国主要采用设计顶层规划，制定产业政策和技术标准等方式支持人工智能发展。早在 2017 年 7 月，我国就印发《新一代人工智能发展规划》，推动我国人工智能发展战略部署落地，加速推进创新型国家及世界科技强国建设。算力是推动人工智能发展的动力，工信部等六部门于 2023 年 10 月印发《算力基础设施高质量发展行动计划》，提出了六项关键工作，包括完善算力综合供给体系、提升算力高效运载能力、强化存力高效灵活保障、深化算力赋能行业应用、促进绿色低碳算力发展、加强安全保障能力建设，旨在全力推进算力基础设施高水平发展。2024 年 1 月，工业和信息化部等七部门发布《关于推动未来产业创新发展的实施意见》，提出运用人工智能、先进计算等手段精确发掘并培养具有巨大发展潜力的未来产业，推动 5G、算力基础设施、工业互联网等领域的建设，构建起高速泛在、集成互联、智能绿色、安全高效的新型数字基础设施体系。市场监管总局会同中央网信办、国家发展改革委等 18 部门在 2024 年 3 月联合印发《贯彻实施〈国家标准化发展纲要〉行动计划（2024—2025 年）》，提出在人工智能、智能网联汽车、北斗规模应用等关键领域集中攻关，聚焦脑机接口、量子信息、生成式人工智能、元宇宙等领域，布局未来产业标准研究，加快研究制定一批重要技术标准。

四　我国地方法规政策分析

（一）总体概况

近年来，北京、上海、广东等省市率先出台支持人工智能相关产业发展的新措施，随后浙江、河南、贵州、云南、四川、山东、陕西等省份也纷纷发布相关政策规划，协同推动人工智能产业发展。各地的政策侧重点各不相同，例如，北京市侧重于人工智能核心软硬件的提升，上海市注重激活民营资本投资人工智能，深圳市则重视人工智能赋能各行各业，贵州则比较侧重

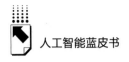

算力提升。算力供给是各地发展人工智能产业的重要抓手，2023 年我国各地出台政策，大力推动智能算力中心建设。例如，贵州省在算力管理领域开展先行先试，印发了《贵州算力券管理办法（试行）》，对算力券申领范围、使用期限、发放原则等方面进行了相关规定，通过"算力券""模型券"等帮助相关企业有效降低算力成本，缓解资金压力；同时吸引下游企业主动购买大模型服务，加快推动人工智能赋能新型工业化。各地人工智能产业错位发展态势明显，且都围绕当地的经济特点展开，打造适合自身的人工智能发展道路。

同时，我国地方生成式人工智能法规政策总体概况具有多元化、创新性和规范性的特点。明确鼓励和支持生成式人工智能技术在各行业、各领域（电商、医疗、教育等）中的创新应用，促进生成式人工智能的健康发展。浙江省加强安全管理，推动生成式人工智能服务合规发展；吉林省鼓励平台企业运用生成式人工智能打造面向未来的多元应用场景；湖南省推动依托生成式人工智能做强长视频业务；宁夏回族自治区则主张打造宁夏"生成式人工智能+医疗健康"模型基座。未来，随着技术的不断发展和政策的持续完善，生成式人工智能将在更多领域发挥重要作用，推动经济社会的高质量发展。

（二）法律监管类

近年来，各省市纷纷出台本地化的人工智能条例来确保人工智能使用安全，促进人工智能发展。如北京发布《北京市数字经济促进条例》，创新性地提出针对人工智能的"监管沙盒"监管方式；上海市发布《上海市促进人工智能产业发展条例》，明确提出人工智能的定义，同时界定人工智能产业的范围，包括软硬件产品开发、系统应用、集成服务等；深圳市出台《深圳经济特区人工智能产业促进条例》，这是我国首部针对人工智能产业的专项法律，针对人工智能基础研究与技术开发、人工智能产业基础设施建设、人工智能应用场景拓展、人工智能规范治理等方面做出一系列制度设计。

（三）支持政策类

我国大部分地区都发布政策支持人工智能发展。北京市发布《北京市加快建设具有全球影响力的人工智能创新策源地实施方案（2023—2025年）》和《北京市促进通用人工智能创新发展的若干措施》积极促进北京市人工智能产业发展，还发布《北京市算力基础设施建设实施方案（2024—2027年）》，为人工智能发展构建基础设施底座。《上海市推动人工智能大模型创新发展若干措施（2023-2025年）》提出上海正力图打造世界级人工智能产业集群；《上海市加大力度支持民间投资发展若干政策措施》提出，充分利用人工智能创新发展专项等政策进行引导，为民营企业参与人工智能基础设施建设提供有力支持。安徽省科学技术厅印发《加快场景创新构建全省应用场景一体化大市场行动方案（2023—2025年）》，提出在下一代人工智能领域优先探索构建深度学习、脑机接口、图像识别、语音识别、语音合成、机器翻译等场景。深圳市发布《深圳市加快推动人工智能高质量发展高水平应用行动方案（2023—2024年）》，提出要推动人工智能优质发展，加强人工智能在各个领域的高效应用，打造国家新一代人工智能创新发展试验区和国家人工智能创新应用先导区。[①]芜湖市发布的《芜湖市建设算力中心城市促进办法》是全国范围内第一部直接以算力命名、聚焦算力全生命周期发展的市政府规章，创造性地提出建设算力中心城市、数据要素创新示范区、算力公共服务平台等内容，同时还致力于构建"算力券"扶持政策体系，促进数据要素市场发展。

五　效果评价与建议

（一）总体评价

尽管各国在人工智能的监管重点、政策导向和政策法规的实施力度上存在差异，但都关注产业发展、数据隐私保护、算法伦理、责任界定等核心问题。我国从国家层面与地方层面发布人工智能政策，稳步推进人工智能产业

---

① 苏德悦：《人工智能立法加快　产业布局提速》，《人民邮电》2023年6月12日。

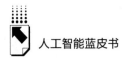

发展。根据中国信息通信研究院发布的数据，我国人工智能产业规模自2019年起开始快速增长，2021年同比增长33.3%，2022年人工智能产业规模达到5080亿元，同比增长18%。2023年人工智能产业规模达到5784亿元，同比增长13.9%。我国通过推行一系列政策促进算力基础设施建设与应用，实现了一系列重大工程项目的推进。截至2023年底，我国在算力总实力上居世界第二位，并且在过去5年中，算力规模的年平均增长速度维持在30%左右。中国科学院自动化研究所人工智能伦理与治理研究中心、远期人工智能研究中心联合发起制定了 AGILE 全球人工智能治理评估指数，并针对首批14个国家开展评估，评估结果显示，我国位列第一梯队，人工智能发展水平处于领先地位。人工智能治理评估指数达到68.5，居全球第二位，仅次于美国。

当前，我国已拥有多个具有国际竞争力的生成式人工智能大模型，如百度的文心一言、阿里的通义千问等，这些模型在自然语言处理、图像生成等领域展现出强大技术能力。随着生成式人工智能技术的不断迭代和升级，生成式人工智能在各行各业的应用也日益广泛，包括智能制造、医疗健康、金融服务、教育娱乐等多个领域，显著提高了生产效率和服务质量。中国电子信息产业发展研究院数据显示，2023年，我国生成式人工智能的企业采用率已达15%，市场规模约为14.4万亿元。预计到2035年生成式人工智能有望为全球贡献近90万亿元的经济价值，其中我国生成式人工智能贡献的经济价值将突破30万亿元。整体而言，我国生成式人工智能技术正处于快速发展阶段，未来有望在更多领域发挥重要作用，推动经济社会高质量发展。

（二）主要问题

随着人工智能技术的飞速发展，人工智能法规政策面临的挑战日益凸显，目前发布的人工智能法规政策中存在一些问题。

一是技术更新与法规滞后的矛盾。法律体系的更新速度落后于人工智能技术的迭代速度。新技术、新应用不断涌现，现有的法律法规难以及时覆盖或适应新兴的人工智能应用场景。例如，生成式 AI、自动驾驶汽车、医疗诊断 AI、智能合约等技术的法律地位、责任归属、安全标准等问题，在现行法律中缺乏明确规定。

二是跨境数据流动与监管协调难。人工智能系统的高效运行往往依赖于大规模数据的收集、分析与共享，这涉及数据的跨境流动。不同国家和地区对数据隐私保护、跨境数据传输有着不同的法规要求，如欧盟的 GDPR 与美国的数据本地化政策。这种差异性给跨国人工智能业务带来挑战，企业需要在遵守各地法律法规的同时，保证数据流动的合法性和安全性。协调各国间的人工智能监管政策，建立统一或互认的数据保护标准，成为促进全球人工智能合作与发展的关键。

三是算法偏见与公平性问题。训练数据中的偏见可能会影响人工智能系统的决策，进而加剧社会不公。通过法规确保算法的公平性、透明度和可解释性，防止歧视性决策，是当前人工智能法律法规制定面临的重大挑战。这要求法律法规不仅要跟上技术发展的脚步，还要深入理解人工智能技术的工作原理，设定相应的评估标准和纠正机制。

四是随着生成式人工智能技术的快速发展，数据隐私保护、伦理道德、法律法规、版权归属等方面的挑战也不断增加，产业快速发展的同时，也出现了不少版权纠纷，这需要行业内外共同努力，加强监管和治理，确保生成式人工智能健康发展。

面对这些挑战，人工智能政策与法律制定者需要采取前瞻性的视角，加强跨学科研究，建立灵活且适应性强的法律体系，同时加强国际合作，携手应对全球性难题，保障人工智能科技的健康成长。

（三）发展建议

针对目前政策法规存在的问题，本研究提出如下建议。

一是国家及地方层面加快出台人工智能法律法规，推动人工智能行业活动正向发展。以完善立法为基础，以严格执法为核心，以公正司法为保障，出台相关人工智能法律，有效解决因人工智能技术发展产生的问题；健全人

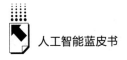

工智能政策法规，明确技术的中立性，明确技术在特定使用情况中的风险，构建事前、事中规制体系，同时明确研发者的技术伦理和制作者、运营者、使用者等的相关法律地位与责任。

二是在监管方面构建以数据、算法为核心的人工智能监管体制，在建立数据、算法法律规制场景化的基础上，发布适宜的政策法规，促进算法技术与法律理论的结合研究，应对未来的全球挑战。

三是要加强人工智能法规政策国际合作，探索人工智能算法、数据安全法律法规口径统一的途径。人工智能技术的发展是全球性的，为了确保立法的通用性和有效性，需加强人工智能法规政策的国际合作，共同建立人工智能跨国监管机制与统一数据标准。同时，增强人工智能进出口监管立法，健全国际合作机制，保护国家利益。

参考文献

陈洲：《人工智能中国电信扬帆科创助力 AI 走深走实》，《通信信息报》2023 年 12 月 20 日，第 5 版。

专题篇

B.3
国内外人工智能产业发展态势分析

——人工智能早期阶段到生成式人工智能的产业变迁

武洲铭　赵哲　杨燕　孙艳鹏　冯亚军*

摘　要：　近年来，随着科技的不断进步和全球经济的深入融合，人工智能产业已成为推动全球经济增长的重要引擎，是引领新一轮科技革命和产业变革的战略性技术，也是新型工业化的重要推动力，全球诸多国家均高度重视人工智能。随着高性能计算和深度学习算法的发展，现阶段人工智能领域已经进入了生成式人工智能的全新时代。但是，当前我国人工智能产业存在数据集紧缺、核心技术突破困难等现实问题，与国外相比仍存在较大差距。本报告通过对国内外人工智能重点企业进行分类分析，透过各国人工智能产业的扶持力度与产业链布局情况，发现发展较快的国家都拥有海量数据、专用算法、高性能算力等驱动因素，但部分国家仍存在基础算法创新能力不足、伦理规范缺失、跨学科合作较少等问题，未来需实施加强数据资源整合与共

---

* 武洲铭、赵哲，国家工业信息安全发展研究中心；杨燕，北京市商汤科技开发有限公司；孙艳鹏，中国移动通信有限公司研究院；冯亚军，优刻得科技股份有限公司。

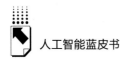

享、鼓励跨业态技术协作、提升算力资源供给、完善相关法律法规等举措，以实现人工智能技术的全面进步和广泛应用。

关键词： 生成式人工智能　算力　大模型

一　人工智能产业概述

（一）人工智能创新型突破性技术不断涌现

人工智能技术的起源可以追溯到 20 世纪中叶，1950 年，艾伦·图灵发表了《计算机器与智能》，并提出了著名的"图灵测试"。"图灵测试"用于评估机器是否能够展现出与人类相似的智能行为。在 1956 年的达特茅斯会议上，约翰·麦卡锡等人正式提出了"人工智能"这一术语，标志着人工智能作为一门独立学科诞生。自此以后，人类开始探索如何令机器变得更加智能并拥有自主判断决策的能力，而此项探索的主要基础是认知心理学与计算机科学。认知心理学中对感知、注意、记忆、思维、语言等人类认知过程的研究，为人工智能技术的发展提供了强大的理论支撑。同时，计算机科学领域的进步，驱动人类思考如何编写计算机程序，从而实现机器能够复制、模仿、学习人类的行为与思维方式的目标。

人工智能技术的萌芽可以追溯至 20 世纪 50 年代，然而其产业化进程则在人工智能技术萌芽半个世纪以后，直至机器学习技术兴起，人工智能技术才在真正意义上走出实验室，着手解决人类社会的真实问题。在此之后，机器学习技术的每一次重大突破，都如同一股强劲的动力，引领着人工智能产业经历一次又一次的革新浪潮，不断开拓新的应用边界，推动经济和社会的全面进步。

机器学习是人工智能技术发展的一个分支，它使计算机系统能够利用数据和算法，模拟人类学习的方式，通过经验学习逐步提高自身的性能和准确性。换句话说，机器学习区别于之前所流行的专家系统，它主要关注开发算法，让计算机能够解析数据，获得学习能力，并对真实世界中的事件做出决策或预测，而不需要明确的编程指令。虽然这一个概念自 20 世纪 50 年代就被提出，但直到 1980 年美国卡内基梅隆大学举行第一届机器学习国际研讨会（IWML），才正式标志着机器学习研究在世界范围内得到了认可，机器学习本身作为一门独立的学科才真正兴起。此后，各种机器学习算法被提出，机器学习研究得到了快速发展。

2012 年是机器学习技术发展的关键节点，一款基于卷积神经网络（CNN）的算法 Alexnet 在当年 ImageNet 大规模视觉识别挑战（LSVRC）中取得了突破性的成绩，其识别准确率高达 85%，显著领先于之前所有机器学习算法，创造了计算机视觉识别领域的世界纪录。得益于 ImageNet 广泛的数据积累，深度神经网络才有用武之地，由此之后，作为机器学习的分支，深度学习开始兴起，成为人工智能研究的主流方向，推动了人工智能产业进入了早期发展阶段。在这一时期，生成式人工智能也经历了从传统方法向深度学习方法的转变。可以说，深度学习加速了生成式人工智能算法迭代。例如，生成对抗网络（GANs）的引入是生成式人工智能领域的重大突破，它通过引入一个生成器网络来生成数据，并通过引入一个判别器网络来评估数据的真实性，从而促进了生成模型性能的快速提升，其后包括变分自编码器（VAEs）、循环神经网络（RNNs）、长短记忆网络（LSTM）、扩散模型（Diffusion Models）、基于注意力机制的 Transformer 等在内的网络架构在文本、语音、图像等生成方向上不断增强人工智能能力。

2020 年，GPT-3（Generative Pre-trained Transformer 3）模型的发布标志着生成式人工智能技术出现重大转折，这也是人工智能产业发展的重要拐点。GPT-3 是 OpenAI 研发的一种基于 Transformer 架构的大规模预训练语言模型，具有庞大的参数规模（1750 亿参数）和广泛的训练数据（45TB）。相对于前序 GPT 系列（GPT-1 和 GPT-2），GPT-3 具有强大的语言生成和理解能力，在多项自然语言处理（NLP）任务中取得了显著成

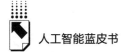

果，能够生成流畅、连贯且具有逻辑性的文本内容，包括文章、代码、对话、翻译、问答等。GPT-3 的成功不仅验证了 Google 于 2017 年提出的 Transformer 架构的技术突破性和前瞻性，让 Transformer 成为人工智能研究的主流架构，也进一步加强了业界对 Scaling Law（尺度定律）的技术"信仰"，随着模型规模（如参数量）、数据规模（训练数据量）和计算资源（训练算力）的增加，人工智能模型的性能和能力也会随之提升。从此，基于 Transformer 架构的 AI 大模型时代正式开启，将人工智能产业发展推向了人工智能生成式阶段。

（二）人工智能基础设施建设快速发展

与人工智能早期阶段不同，人工智能生产范式的根本性转变，对生成式人工智能基础设施建设也提出了全新要求，其中最为典型的即是以 MaaS（Model as a Service，模型即服务）为代表的全新的人工智能云服务范式，也就是将大模型作为人工智能基础设施的核心组成部分，与开发工具、数据管理等一系列功能封装在一起，以云服务方式供开发者一站式调用，从而大幅节省用户从零自建大模型所耗费的时间和成本。目前，国内提供 MaaS 服务的厂商有两类，一类是单纯的大模型厂商，以商汤科技为代表。基于人工智能大装置 SenseCore 和"日日新"大模型体系，商汤科技面向行业伙伴提供自动化数据标注、自定义大模型训练、模型增量训练、模型推理部署、开发效率提升等多种 MaaS 服务。另一类是以阿里、百度、腾讯为代表的云计算厂商。据赛迪顾问《IT 2023》，MaaS 将成为云服务市场新的增长点，2023 年由 MaaS 推动的中国大模型云服务市场规模达到 261 亿元，占中国云服务的 10.3%。

随着大模型的广泛应用，对高性能人工智能算力的需求不断增加，这推动了全球智算中心的规模化建设。例如，亚马逊计划未来 15 年投资 1480 亿美元在全球各地建设数据中心，满足人工智能需求；Google 宣布投资 30 亿美元用于建设或扩建位于弗吉尼亚州和印第安纳州的数据中心园区；微软、OpenAI 也正在进行一项分为五个阶段的超级计算机建设项目，拟动用的资金将超过1150亿美元,其中大部分将用于采购驱动 AI 所需的算力设施。目前,我国在 8 个地区建设国家算力枢纽节点,并规划了 10 个国家数据中心集群,以构建国家算力网络体系。截至 2023 年底,国内智算中心项目为128 个,其中 83 个项目披露规模,规模总和超过 7.7 万 P。另外,2024 年共有 39 个智算中心项目已投产。

二 人工智能企业分类分析

(一)企业

1.重点行业企业

国企主要分布在国民经济的重点行业,是国民经济的"压舱石"和"稳定器"。当前,国企正在加快推进"AI+"专项行动,不断实现行业智能化转型,这推动了我国人工智能产业协同创新发展。

(1)技术特色

一是全栈技术布局和融合型创新,涵盖智算中心、大小模型、平台、应用及运营技术。一方面,部分国企自建智算中心,构建研发基座和行业大模型,布局服务本企业和本行业的人工智能平台;另一方面,国企在基于小模型的行业算法方面的积累较为丰富,拥有较多的技术专利,大小模型协同是未来发展的主要技术路线。

二是人工智能技术与行业主责主业深度融合,解决重点行业生产、管理等复杂系统的智能化问题。一是发挥具有海量业务场景和特色数据集等资源的独特优势,通过人工智能提升行业的智能化应用水平,实现现有业务降本提质增效。二是通过人工智能加速打造新业务、新产品、新业态,实现智能化转型升级,提升整个行业的生产率和生产效益。

(2)产业链定位

国企在人工智能产业链中的作用体现在四个方面。

第一,国企是人工智能科技创新主体。近年来,国企不断增加人工智能科技创新投入,人工智能人才队伍不断壮大,专业化研发机构数量持续增加,已形成大量技术专利等创新成果。部分领先企业准确把握生成式人工智能发展机遇,坚决增加投入,自研基座大模型和行业大模型,例如,中国移动"九天·网络"大模型和中国电信"星辰"大模型已通过国家网信办算法和服务双备案,开始对外提供服务。

表1 部分央国企行业大模型研发情况

企业名称	所属领域	行业大模型	发布时间
中国石化	石油化工	油气大模型"胜小利"	2023.12
中国移动	通信	"九天·网络"大模型	2023.10
南方电网	电力	电力大模型"大瓦特"	2023.9
中国航信	航空	"千穰"大模型	2023.8
中国商飞	飞机研发	"东方·翼风"大模型	2023.7
山东能源	能源	"盘古矿山"大模型	2023.7
中国电科	办公	党政行业大模型"小可"	2023.6
美亚柏科(国投)	信息安全	公共安全大模型"天擎"	2023.6

资料来源:《央企布局大模型:向新而生,落地行行》,《国资报告》2023年第8期;企业官微资料。

第二,国企是新型智能基础设施建设的主力军。国企拥有技术、政策和资金优势,具备丰富的基础设施建设经验。中国移动、中国电信、中国联通三大运营商2024年投资智算中心的金额超655亿,智算规模超20EFLOPS,布局算力网络,为人工智能发展提供了重要支撑。

第三,国企是"AI+"应用创新的实践者。国企深入分析行业智能化转型需求,通过开放海量业务场景,开放数据资源,与人工智能企业开展广泛合作,汇聚业界优秀技术成果,深度推进行业智能化创新。

第四,国企是产业生态的培育者。国企通过加大人工智能算力、框架和平台等基础要素投入,持续扩大国产人工智能软硬件的使用规模,提升其应用强度,联合产学研用各界开展人工智能关键技术攻关,推进标准建设,通过与上下游企业开展协同合作,培育人工智能自主生态。

（3）服务对象

国企的人工智能技术与产品既服务于自身企业管理、生产、客户服务等领域的智能化转型升级，也对外部客户提供新型智能化服务，部分国企也积极承担社会责任，向科研院所、高校、行业应用开发者等提供开放普惠的社会级平台服务。

2. 科技型企业

（1）技术特色

我国人工智能产业中的头部企业，如百度、阿里巴巴、腾讯、华为等，都具备显著的技术特色。这些企业通常拥有强大的研发团队，不断在人工智能的核心领域，如深度学习、自然语言处理、计算机视觉等方面进行探索和创新。他们注重自主知识产权的建立，通过持续的技术研发和创新，形成了各自的技术优势。

例如，百度在自然语言处理、深度学习等领域有着深厚的积累，其自主研发的飞桨（Paddle Paddle）深度学习平台已经成为业界广泛使用的工具。阿里巴巴则在大数据分析方面表现突出，其阿里云平台具有强大的计算力和数据存储能力。腾讯在计算机视觉和语音识别方面有着卓越的技术实力，其微信和 QQ 等社交产品已经集成了众多人工智能技术。华为则在芯片设计、云计算和边缘计算等方面有着领先的技术，其 Ascend 系列人工智能芯片已经广泛应用于各种场景。

（2）产业链定位

在人工智能产业链中，头部企业通常处于核心地位。他们不仅提供基础的人工智能技术和服务，还通过与上下游企业的合作，构建完整的产业链生态。他们的产业链定位主要包括技术研发、产品开发、市场推广和生态建设等方面。

通过技术研发，头部企业不断推动人工智能技术的进步和创新，为产业发展提供源源不断的动力。在产品开发方面，他们结合市场需求和自身技术优势，开发出一系列具有竞争力的人工智能产品和服务。在市场推广方面，他们利用自身品牌影响力和渠道优势，积极拓展市场份额，提升产品知名

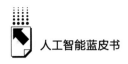

度。在生态建设方面，他们通过与合作伙伴的紧密合作，共同构建良好的产业生态，推动人工智能技术的广泛应用和产业升级。

（3）服务对象

我国人工智能产业中的头部企业服务对象非常广泛，不仅为大型企业和政府机构提供定制化的人工智能解决方案和服务，还为中小企业和个人开发者提供便捷的云服务和 API 接口。服务内容覆盖了各个领域和行业，如智能制造、智慧城市、智慧医疗、智慧金融等。

对于大型企业和政府机构，头部企业通常提供全面的人工智能解决方案和服务，包括需求分析、系统设计、软硬件开发、实施部署和后期维护等。头部企业凭借丰富的行业经验和专业知识，能够满足这些客户的多样化需求，帮助他们提升运营效率、优化决策流程。对于中小企业和个人开发者，头部企业则提供便捷的云服务和 API 接口，这降低了使用人工智能技术的门槛和成本，有助于激发创新活力。

3.服务集成商

（1）技术特色

服务集成商在我国人工智能产业中扮演着至关重要的角色。这些公司通常不直接从事人工智能技术的研发，而是专注于将现有的人工智能技术集成到特定的应用场景中，通过为客户提供一站式的人工智能解决方案，推动人工智能技术的广泛应用和产业升级。因此，其技术特色主要体现在系统集成和应用落地上。

服务集成商拥有丰富的行业经验和专业知识，能够深入理解客户的需求和业务场景，擅长将不同的人工智能技术融合在一起，构建高效、稳定的系统解决方案。同时，服务集成商还具备强大的项目管理和实施能力，能够确保项目的顺利实施和交付。

（2）产业链定位

在人工智能产业链中，服务集成商的定位主要是连接技术供应商和终端用户的桥梁。通过与技术供应商建立紧密的合作关系，获取最新的人工智能技术和产品信息；同时又紧密贴近终端用户，深入了解用户的需求和痛点。

服务集成商的产业链定位决定了其核心价值在于为客户提供一站式的人工智能解决方案，不仅能够帮助客户选择合适的技术和产品，还能够负责项目的实施和后期维护，确保客户能够充分利用人工智能技术提升业务效率和竞争力。

（3）服务对象

服务集成商的服务对象非常广泛，包括各行各业的企业、政府机构以及社会组织等。不同的客户有着不同的需求和应用场景，因此，服务集成商需要具备较强的服务能力。对于企业客户，服务集成商通常提供定制化的人工智能解决方案，帮助企业提升生产效率、优化管理流程、增强市场竞争力。例如，在智能制造领域，服务集成商可以帮助企业实现生产线的自动化和智能化；在智慧城市领域，服务集成商可以帮助政府部门提升城市管理和服务水平。对于政府机构和社会组织，服务集成商则能够提供更加综合性的解决方案，包括政策咨询、项目规划、系统实施和后期维护等。例如，在智慧医疗领域，服务集成商可以帮助政府机构构建完善的医疗信息化体系，提高医疗服务的普及率和质量。

（二）科研机构

1. 技术特色

我国人工智能产业中的科研机构，如清华大学、智源研究院等，都具备显著的技术特色，拥有国内外顶尖的科研团队，长期致力于人工智能的基础理论研究和应用技术开发。

在基础理论研究方面，科研机构注重算法创新、模型优化等方面的研究，为人工智能技术的发展提供了坚实的理论支撑。在应用技术开发方面，科研机构紧跟市场需求，积极开发具有自主知识产权的人工智能技术和产品，如智能机器人、智能语音助手、智能医疗影像诊断系统等。

2. 产业链定位

在人工智能产业链中，科研机构的定位主要是技术研发和创新中心。通过承担国家科技重大专项、企业横向课题等项目，不断推动人工智能技术的

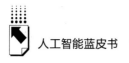
进步和创新。同时，科研机构还与高校、企业等合作，共同构建人工智能技术创新体系，推动产学研深度融合。

此外，科研机构还承担着培养高素质人才的重要任务。他们通过开设相关课程、举办学术会议、开展实践活动等方式，为我国人工智能产业输送了大量优秀的人才。

3.服务对象

科研机构的服务对象主要包括政府机构、企业和社会公众。对于政府机构，科研机构提供政策咨询、战略规划等服务，帮助政府制定科学合理的人工智能发展政策。同时，科研机构还承担政府购买服务项目，为政府提供定制化的人工智能解决方案。对于企业，科研机构提供技术研发、成果转化等服务，帮助企业提升技术创新能力和市场竞争力。科研机构还通过与企业建立产学研合作关系，共同开展技术研发和产业化工作。对于社会公众，科研机构提供科普教育、技术咨询等服务，普及人工智能知识，提高公众的科学素养。同时，科研机构还积极促进人工智能技术的公益应用，为社会发展做出贡献。

三 国内外人工智能产业发展对比

（一）各国均积极部署与扶持人工智能产业

人们对人工智能的认知水平日渐提高，推动人工智能从初始实验研究到大规模商业应用的飞跃。如今，人工智能不仅深入农业、工业、医疗、金融等众多传统领域，革新了业务运作方式，还催生了全新的业务形态，赋能各行各业升级转型。美国、英国、日本和中国等纷纷对人工智能产业给予前所未有的重视，将其提升至国家战略层面，强力推动其发展。

美国政府大力倡导并积极推动人工智能在各领域的迅猛发展，积极激励企业及科研机构进行深度创新，致力于构建一个以科技创新巨头引领的多元化发展模式。美国凭借其在基础研究和应用探索方面的投入，在大型模型研发和生成式人工智能领域取得显著进步，已经成为全球领先者，成功研发出具有划时代意义的生成式人工智能产品，并将人工智能技术广泛地融入各行各业，推动生产力的革新。2023 年，白宫推出全新升级版的《国家人工智能研发战略计划》，其核心理念聚焦于在严格管控安全风险的前提下，积极推动人工智能的深入研究与创新实践。此计划特别强调了对人工智能研发领域的资金投入，旨在促进人才培养，以及行业间紧密的合作，以驱动科技的发展。

当前，欧洲地区深受石油和天然气价格飙升、高通胀压力、劳动力和专业技能的紧缺以及供应链断裂等多重困境困扰，欧盟更为深切地认识到技术创新在降低成本、提升效率方面的关键价值，对智能化技术的需求与日俱增。自 2010 年起，欧盟便将智能化作为一个核心战略，将其列为推动经济增长的三大重要目标之一。在 2018 年，欧盟委员会发布了《人工智能白皮书》，制定了欧盟人工智能行动计划，这一战略规划前瞻性地布局了其在人工智能领域的未来发展路径。同年，一份名为《人工智能合作宣言》的重要文件发布，象征着欧盟人工智能迈入了协同创新的新纪元。然而，尽管欧盟在人工智能，特别是生成式人工智能方面取得了显著进步，但仍拘囿于安全与隐私等问题。鉴于此，目前欧盟更倾向于优先推进与这些领域相关的法规体系的构建与严格执行。2023 年，欧盟全面推动科技立法，正式通过了一项前瞻性的《人工智能法案》。该法案着重强调了深度依赖大量数据训练的人工智能系统的透明度标准，并实施严格的风险评估机制。同时，欧盟强化了对人工智能伦理道德的国际监管，致力于维护个人数据隐私和信息安全。对于日益普及的生成式人工智能技术，欧盟实施了严谨的监控与审核措施。此外，法案还深入关注人工智能应用对自动驾驶技术、教育领域、移民政策实施以及就业决策实施的影响，对人工智能应用进行持续而细致的评估与管控。

在亚太区域，中国、印度、新加坡、韩国和日本等国家纷纷表现出较强的积极性，积极制定国家层面的人工智能发展规划，推动了一系列的具有前瞻性的生成式人工智能项目落地实践。韩国政府高度重视人工智能领域，积

极投资人工智能基础设施建设，致力于将人工智能广泛应用于各行各业；日本政府同样通过大规模的资金投入和政策激励，推动生成式人工智能的研发，并且为企业发展提供专门资金支持，以完善高性能计算设施的前瞻布局。中国政府加强对生成式人工智能的政策扶持，企业与科研机构也重点布局人工智能领域，共同推动其深入研究与实际应用，重点关注如何将人工智能与实体经济、社会治理以及提升民众生活质量深度融合。这种趋势不仅显著提升了我国人工智能的创新速度，还在东南亚地区产生了显著的辐射效应，有力地推动了周边国家相关产业的技术升级。在我国具有全球规模最大且相对成熟的互联网市场环境背景下，人工智能在互联网领域展现出巨大的潜力。中国是全球领先的制造业强国，各产业分支均处于升级转型的关键期，对人工智能技术的需求较大。

（二）产业链布局对比

人工智能产业链可以划分为三个主要层面：基础层、技术层和应用层。

当前，基础层主要由人工智能芯片、高效传感器、海量大数据和云计算平台构成，提供数据资源、硬件设施和计算力平台等一系列基础支持。其中，高效传感器肩负着关键的数据采集职责，而人工智能芯片和云计算平台则负责数据处理和计算任务。这些领域的技术要求高，相应的生态系统已经初步稳定建立起来。目前，浪潮、戴尔、HPE 占全球人工智能基础设施市场份额较大，位居前三，浪潮所占份额为 16.4%。关于通用计算芯片 CPU，目前，全球 GPU 市场在很大程度上由美国的 Intel 和 Nvidia 等公司主导，其技术和专利优势显著。华为麒麟、巴龙、昇腾和鲲鹏这四大创新芯片有望成功突破当前的技术瓶颈。在接下来的几年里，预计全球范围内的知名芯片制造商、互联网巨头以及新兴的创业公司，都将深度参与 CPU 市场并成为推动这一市场发展的重要角色。根据最新的算力指数排名，美国居于榜首，其强大的综合实力体现在其拥有的全球最多的超大规模数据中心上，这无疑是支撑其拥有顶尖算力水平的关键基石。中国在人工智能算力领域位居世界第二，处于领先地位。日本在最新排名中位列第三，德国、英国紧随其后，分别居第四、第五位。尽管全球计算平台市场仍由一些企业巨头主导局面，但小公司通过提供更具竞争力的报价，仍能在某种程度上维持其生存与发展。

技术层是人工智能产业发展的核心，包括通用技术、人工智能技术框架以及算法模型等。这一层级依托深度挖掘海量数据并运用机器学习算法进行模型构建，以开发实用技术切实解决各类实际问题，计算机视觉、自然语言处理、语音识别、机器学习、深度学习、知识图谱为这一层级的代表性技术。优势企业如谷歌、亚马逊、Facebook 加快部署机器学习、深度学习底层平台，建立产业事实标准。目前，业内已有近 40 个各类人工智能学习框架，生态竞争异常激烈，各科技公司先后推出用于深度学习模型训练的开源框架，众多工具的出现，如 Caffe、Theano、Torch、MXNet 和 TensorFlow 等，显著地降低了人工智能实际应用的难度。在中国，百度推出开源项目飞桨，清华大学的科研产物计图（Jittor）亦崭露头角，而华为则推出了其自主研发的 MindSpore，共同丰富了人工智能技术的生态。谷歌、阿里巴巴、百度和腾讯等已积极开展多元化布局，与此同时，商汤科技、旷视科技和科大讯飞等专业公司也深化了其在技术领域的专业探索。

应用层是指人工智能技术在各不同场景下的商业化应用。人工智能已在金融、教育、交通、医疗、家庭生活和商业推广等多个细分行业取得了较大的发展。在服务层面，智能设备、技术如移动终端、模型预测控制系统、个性化推荐系统、空间定位与地图构建系统等实现了飞跃发展；在产品层面，无人驾驶汽车、飞行器、智能机器人以及智能语音助手等设备也快速崛起。鉴于人工智能技术的运用涉及环节广泛且短期内获益难度大等原因，部分科技企业已倾向于将提供垂直领域专用的软硬件服务作为解决方案，众多人工智能公司已从专注于单一技术创新，转向构建综合性的场景生态，此举显著推动了人工智能技术与实际商业运用的融合。国外应用企业以苹果、IBM 等为代表，中国在应用层面展现了强大的活力，以华为、小米等企业为典型。除了这些大型企业外，众多中小企业也积极参与这一竞争。总的来看，我国人工智能在基础层和技术层与世界顶端人工智能稍有差距，但在应用层较为领先。

四　人工智能产业发展趋势分析

目前，全球的人工智能行业展现出强劲的发展势头。人工智能作为一个新兴产业开始对经济社会产生广泛而深远的影响，并逐步向各行业渗透。在人工智能技术的研发和应用推广领域，美国和欧洲的先进国家走在前列，其人工智能产业已经变成了推动全球经济增长的关键因素。随着各国政府对科技投入力度加大，企业不断提高自主创新能力，世界主要国家和地区相继建立起了各具特色的智能硬件平台，并通过政策扶持促进本国乃至整个世界人工智能产业的快速健康发展。与此同时，发展中国家也在努力推进其人工智能产业的发展，积极地参与全球的人工智能产业竞赛，推动该产业走向更为智能化、融合化与普适化的发展路径。人工智能与其他技术结合将进一步扩大其应用领域，尤其是在自动化、决策辅助和创新设计等方面，它将对社会、经济和文化等逐步产生深刻的影响。

（一）人工智能与边缘计算的融合

边缘计算是一种新兴的分布式计算架构，其核心理念是将计算和数据处理任务从中心化的云端智能地分布到网络的边缘地带，即数据产生和消费的源头以及终端设备附近，以提升效率并加快响应速度。边缘计算倾向于在数据生成或被需求的瞬间执行计算任务，从而降低数据传输的时延并缓解网络压力。分布式计算架构在人工智能领域尤为突出，它显著提升了计算效率并有助于推动实时应用的实现。

边缘计算与人工智能的深度融合，将极大推动智能化应用的革新与发展。在经典的云计算架构中，数据通常经由网络传输至遥远的云服务器进行精细计算，随后这些计算结果被送回至用户的终端设备，这往往伴随着明显的延迟现象，这使其不太适用于对实时性有严格需求的应用场景。而边缘计算作为一种新兴技术，其核心理念是将计算和数据处理能力前置到网络的边缘节点，这样可以有效地缩短数据传输距离，显著降低时延，增强应用的即时响应能力。目前,边缘计算与人工智能的深度融合已深入各行各业。在智能交通领域,边缘计算将处理和决策的力量前置到交通基础设施和车辆周边,从而实现高效且实时的交通监控与智能化的交通管理。在工业领域,边缘计算将计算和控制力量渗透至生产线的终端设备,如工业机器人,从而实现了高效实时的自动化操作和智能化生产。在医疗领域,边缘计算技术显著提升了计算与诊断功能,使其能直接渗透到各类终端设备,从而实现高效实时的健康监控和精准智能诊断。伴随物联网与人工智能的迅猛发展,边缘计算对打造未来智能应用将起到不可或缺的作用。随着边缘计算的日渐普及,智能化应用发展将迎来一个显著的加速期,效率、速度与安全性将得到提升,给我们的生活和工作带来更多便利和创新。

(二)人工智能与量子计算的结合

在当前全球科技舞台上,量子计算领域呈现多元化的技术发展趋势,主要包括超导、离子阱、光量子、中性原子和半导体量子等多种技术路径。这些路径依据量子门的数量、量子体积以及量子比特的数量等关键性能指标,构建了较为完善的评估框架。量子计算云平台巧妙地将量子计算机硬件、量子模拟器和传统云计算技术融为一体,涵盖软件工具、通信设备以及强大的信息技术基础设施,具备便捷的量子计算资源访问能力和即时计算能力,从而使计算效率得到显著提升。在软件层面,量子算法研究日新月异,尤其是在现有硬件条件下,关键在于优化 NISQ(Noisy Intermediate-Scale Quantum)算法,在确保其容错方面的可行性的同时追求高效性能。目前,量子软件生态系统尚处于初级发展阶段,随着技术的不断迭代,将逐渐趋于成熟。

相较于传统的计算方式,量子计算凭借其显著的并行处理优势和高效能的能源利用,尤其是其运算能力随量子比特数量增加呈指数级提升的特点,为人工智能技术的发展开辟了前所未有的可能性,展现出巨大的发展潜力。IBM、微软和谷歌先后发布量子计算路线图,中国量子计算有关方面在追赶国际巨头的进程中稳步前行。2024 年 1 月 16 日,我国自主研发的第三代超

导量子计算机"本源悟空"正式投入运行，它具备一次处理高达 200 个量子线路运算的能力，这使它在性能上相对于国际同类设备展现出显著的速度优势，这种技术突破无疑是我国量子计算领域的重要进展。

（三）注重多模态学习与泛化能力

2022 年前，大模型研究主要集中在单模态预训练阶段，其核心任务主要是针对文本输入和输出的深入探索。2017 年，Transformer 模型的诞生革新了深度学习领域，引领了后续大规模模型设计；2018 年，BERT 模型凭借其卓越性能，创下了突破 3 亿参数的新纪录；随后，GPT 系列的相继发布持续推动着技术的革新。直至 2022 年底，ChatGPT 横空出世，在全球范围内掀起了前所未有的大模型创新热潮。2023 年，大模型的发展劲头迅猛，不再局限于单一的文本或图像处理，而是朝着支持多模态并能执行多项任务的方向前进，这种转变更贴近人类实际感知和理解世界的方式。如今，各大模型公司之间的竞争焦点逐渐转向了多模态信息的深度整合与精细挖掘，致力于揭示各类型数据之间微妙的联系。具体而言，2023 年 9 月，OpenAI 发布了革新性的多模态大型模型 GPT-4V，其显著提升了视觉辅助功能，在处理错综复杂的多种模态任务时展现出卓越性能。这些发展趋势预示着多模态模型有希望引领人工智能迈向通用人工智能时代。

五　总结与展望

随着人工智能技术的不断发展与产业结构的深刻变革，人工智能领域已经跨越了以规则为驱动力的人工智能早期阶段，来到了现阶段以数据为基础、以模型为核心的生成式人工智能时代，在各行各业的生产方式与服务模式的改变过程中，整个人工智能产业发生了巨大变迁。展望未来，更高水平的通用人工智能无疑将成为人工智能发展的必然趋势，但此过程将充满挑战且漫长。一是跨领域跨模态的学习理解、多领域技术融合集成等技术层级难题将会接踵而至，通用人工智能要求系统理解更深层次的人类语言和情感，灵活应对复杂多变的环境和任务决策，突破现有人工智能技术框架的局限，实现算法、模型、数据以及计算能力的全面升级。二是监管和治理机构需要进行更多的调整和创新，生成式人工智能在伦理与安全性方面仍面临众多挑战，包括保护隐私、确保数据安全以及可能出现的算法歧视等问题，因此应明确人工智能在道德和法律方面的责任和义务。

展望未来，我们应积极关注生成式人工智能的最新进展，加强跨学科合作与交流，共同推动人工智能技术的健康发展与广泛应用。一是模型合作。这既包含用通用大模型训练行业模型，也包括用行业模型赋能业内玩家。目前，行业模型是在通用大模型基础上，引入行业数据和知识进行训练的。因为行业模型在产品应用中可能涉及语音形式、视觉形式等，若底层的通用大模型只是单模态的，就会涉及多个大模型的协作调用。即使某一家的通用大模型能力是全面的，在单独场景中也未必能取得最优的效果，也会出现使用多家大模型的情况。

二是数据合作。人工智能需要大量行业数据与知识，一些企业虽然积累了一定的行业数据，但是面临数据零散、重复度高等数据质量低的问题，未来可制定此类数据治理方法、构建数据标签框架，为有需求的企业提供解决方案。另外，为了保持人工智能行业的与时俱进、实现更多的场景覆盖，生态圈中的企业可以联合进行数据训练，通过联邦学习等方法，采用"数据不动、模型动"的方式，在使各企业保障自己数据安全的同时，又让大模型能使用各家的数据进行训练。

三是算力合作。人工智能对算力要求高。可以通过云—边—端算力协同等方式实现算力合作维度的提升。合理增加算力规模，优化算力布局，丰富算力结构，推动算力布局与网络架构协调发展，加强区域互补，加快构建"云边端"协同、"算存运"融合的算力基础设施体系。

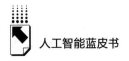

参考文献

何诗霏主编《英国稳步发展人工智能产业》，《国际商报》2024 年 5 月 10 日。

顾男飞：《生成式人工智能发展的产业促进与风险规制——以 Sora 为例》，http：//kns. cnki. net/kcms/detail/44. 1306. G2. 20240508. 1109. 004. html。

B.4
通用人工智能核心技术发展概述

袁志华　马艳军　郝玉峰　邹权臣　刘微*

摘　要： 通用人工智能将会深刻改变人类生产生活方式和思维模式，成为经济发展的新引擎。近年来，人工智能已经上升为国家战略。国务院和多部委分别印发了《新一代人工智能发展规划》《促进新一代人工智能产业发展三年行动计划（2018—2020年）》《国家新一代人工智能开放创新平台建设工作指引》等，明确提出聚焦人工智能核心技术、重点产品、公共支撑能力的自主可控和协同发展。人工智能的发展离不开三个关键要素：算力、算法和数据。这三者相互依存、相互促进，共同推动人工智能技术的进步和应用的拓展。突破算力的瓶颈、推动算法的创新、拓宽数据的边界，是人工智能发展的必由之路。生成式人工智能是通用人工智能在现阶段的主要表现，本报告在研究通用人工智能所需要的核心技术的基础上，着重阐述生成式人工智能的技术发展情况。

关键词： 算力　算法　数据　人工智能安全

一　算力发展现状与挑战

人工智能基础设施作为推动各国社会和经济智能化发展的新动能，正在全球范围内蓬勃发展。美国、日本、中国等国家，都在新一代人工智能基础

---

* 袁志华，华为技术有限公司；马艳军，北京百度网讯科技有限公司；郝玉峰，北京海天瑞声科技股份有限公司；邹权臣，北京奇虎科技有限公司；刘微，阿里云（北京）科技有限公司。

设施发展上有所布局，通过统一战略指引，加速基础研究，推动新型计算架构、芯片技术、系统软件、应用软件等的创新研发，以保持国家科技及经济发展的全球竞争力。

当前美国投入大量资源，有规划成体系地建设国家人工智能计算系统，大型科技公司也建设规模巨大的自用计算系统。在其领先的产品技术和成熟的产业生态加持下，美国当前已规划或建成的人工智能基础设施从算力规模、技术领先性、应用创新性等方面均位居全球前列。美国在人工智能基础研究和关键核心技术方面，依托英伟达、英特尔、超微半导体公司（AMD）等美国本土高端芯片巨头企业，凭借已成熟的 X86 通用处理器技术和 GPU 加速器技术，加快超大规模人工智能计算中心建设。

现阶段，人工智能算法一般以深度学习算法为主，也可以包括其他机器学习算法。AI 芯片主要包括三种。

（1）NPU（Neural Processing Unit），神经网络处理器，是基于神经网络算法加速的新型处理器。国内人工智能训练芯片如华为昇腾芯片、寒武纪思元芯片等的技术路线多是 NPU 路线。

（2）GPU（Graphics Processing Unit）的设计和应用均已成熟，擅长大规模并行运算，可并行处理海量信息。在全球范围内，美国英伟达形成寡头垄断，占全球人工智能芯片市场份额的 80% 以上，在我国高端人工智能芯片市场所占份额在 90% 以上。美国英特尔和超微半导体公司也有人工智能芯片产品，但市场体量远远不及英伟达。谷歌设计并自用其 TPU 人工智能芯片，但并未向市场发售。

（3）ASIC（Application Specific Integrated Circuit）是面向特定人工智能需求设计的定制芯片。由于需要底层硬件编程，ASIC 需要大量的物理设计、时间、资金及验证，但在量产后，其性能、能耗、成本和可靠性都优于GPU。目前，ASIC 芯片市场竞争格局比较分散，主要用于端侧推理。

我国具有相当数量的人工智能芯片初创企业，同时大型 ICT 企业和互联网企业也针对人工智能芯片进行布局。人工智能芯片初创企业有地平线、寒武纪、燧原科技、天数智芯等约 20 家。大型企业开发的人工智能芯片则包括华为昇腾、阿里含光、百度昆仑等。其中，华为、寒武纪等开发的人工智能芯片在硬件性能上基本能够对标英伟达当前主流量产芯片。

随着算力需求不断增长，算力产业迎来重要发展机遇。我国不断加大对计算、存储和网络等基础设施的投入，高度重视数据中心、智算中心、超算中心以及边缘数据中心等算力基础设施的高质量发展。

二 算力发展趋势与展望

算力作为支撑人工智能高速发展的关键要素，包括 AI 芯片、智算中心、AI 云中心等，为人工智能技术和产业发展提供了强有力的支撑。当前，以深度学习为代表的人工智能技术需对海量数据进行处理，这对算力提出了较高的要求。传统算力因其技术架构限制，处理人工智能计算任务时效率低、能耗大，以 AI 芯片为基础的 AI 算力中心，针对人工智能的各类算法和应用进行了专门优化，使其能够在终端、边缘端、云端等不同应用领域发挥重要作用。

据测算，到 2030 年全球每年产生的数据总量将达到 1YB，相比 2020 年增长 23 倍，到 2030 年 AI 计算的算力将会达到 105 ZFLOPS，相比 2020 年增长 500 倍，迈向百 ZB 算力时代。

（一）人工智能从感知走向认知是必然趋势，对算力支撑提出新的技术挑战

认知智能是人工智能技术发展的高级阶段，旨在赋予机器数据理解、知识表达、逻辑推理、自主学习等能力，使机器成为人类改造世界、提升能力的得力助手。认知计算的应用需要在算法上解决海量稀疏信息检索、不定长的知识引入、知识注意力、大规模图式计算等方面的问题；在训练模式上，需要解决训练推理时高频度知识检索等问题；在计算上，需要解决高频度的随机检索训练与推理、高速数据通路，诸如随机漫步、结构采样的图式计算等问题。

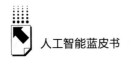

（二）寻求物理层突破，不断提升计算效能与存储密度

通过探索模拟计算、非硅基计算，研发新型存储器，优化芯片工程技术，持续提升计算能效和存储密度。例如，量子计算在数据表达和并行计算能力上具有指数级优势，模拟光计算在特定计算中展现出低能耗和高性能的特点；二维材料和碳纳米管具有载流子迁移率高、沟道短的特点，有望成为替代硅基的新材料；铁电、相变材料和器件结构取得较大突破，存储密度和读写性能大幅提升，多层多维的光存储在冷数据长期保存上有较大潜力。DNA 存储等也将不断突破。这些物理层关键技术的不断突破，将为计算和存储领域带来革命性改变。

（三）突破冯·诺依曼结构瓶颈，实现海量数据高效处理和多样性算力

冯·诺依曼结构，需要把数据搬移到 CPU 进行处理，这种数据搬移消耗了大量的系统算力和能量，而且数据在处理和交换过程中，存在着大量的反复的内存格式、存储格式、传输格式的转换，这种格式转换消耗大量CPU 时间，而且能率很低；同时，受到硬件发展的制约，数据爆发式增长凸显了 IO、算力、网络等方面的瓶颈，这些瓶颈影响数据搬移的速度和处理效率，影响整体的系统能效。因此，突破冯·诺依曼结构瓶颈，系统性提升数据处理能力和计算效率，可从以下几个方面着手。

1. 对称计算架构。计算架构将走向泛在的近数据计算（近内存计算、近存储计算），使数据在最合适的地方，以最合适的算力来计算，减少数据搬移，提高整体系统的性能。

2. 计算总线从板级走向 DC 级。随着算力和数据的成倍增长，建立以AI、HPC 和大数据为主要业务的大型集中数据中心成为发展趋势。而连接整个数据中心的网络，相比节点内总线有巨大的时延、带宽"鸿沟"和较大的网络软件栈开销，这制约了算力的发挥。"内存语义"总线将高带宽、低时延和内存语义的轻量软件栈，从板级平滑扩展到全数据中心，实现全数

据中心性能和能效比最优。

3. 存算一体。这是计算单元和存储单元紧耦合的一种方式，即存储介质既能做存储单元又能做计算单元，打破算力和存储的边界，有效改善功耗墙和内存墙，相比传统冯·诺依曼架构，预计能效提升在十倍以上。

4. 软件栈全面重构。以特定领域专用硬件、特定领域编程语言、开放式架构、原生安全架构为代表的新计算范式将会成为下一代计算系统的主流。未来十年，智能科学计算将深入科学研究和技术创新的各个方面。将AI算法与科学计算高效融合，面临前所未有的挑战和机遇。

（四）加大算力基础设施建设投入，集约化绿色化建设成为趋势

全球数据中心能耗约占电力需求的1%，通用计算的总能耗每3年增长1倍，碳中和目标将驱动算力提升百倍的同时也提升能源利用效率。在芯片方面，新的封装和架构持续优化，不断提升算力密度和能源效率，芯片出光减少高频数据交换损耗。

1. 一体化数据中心利用人工智能实现供电、服务器、负荷的协同，形成更优的PUE，并不断突破PUE极限，甚至向小于1发起挑战。通过算力网络将提供对等服务的分布式部署的数据中心资源统一起来，更好应对时延、绿电、成本等差异，实现全局最优的PUE和碳排放。

2. 跨地域的分布式数据中心的算力协同调度。不同地理分布的多个算力中心将联结在一起，为新型分布式融合应用提供支撑。超大模型的训练可能需要协同多个算力中心的资源才能完成，复杂的融合应用可能利用不同算力中心的多种算力与数据集协同才能完成。应用的差异性、算力中心资源的异构性以及不同管理域的管理策略将给调度系统带来新的挑战。调度系统需要感知应用所需算力与存储资源，感知应用所需数据的所在位置以减少数据移动开销，感知应用的通信模式以减少通信开销；调度系统还需要实时地感知不同算力中心资源的可用性与异构性，算力中心间的网络状态；此外，由于不同算力中心的资源定价、碳排放等标准的差异，调度系统还需要在性价比与能效比的约束下做出最优决策。调度系统需要具备发现全局的资源的能

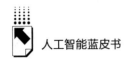

力、感知应用特征和算力中心的软硬件异构性的能力，以及局部管理策略的能力，从全局视角出发，获得最优的计算效率、数据移动效率与能耗效率。

三 人工智能算法发展现状与挑战

（一）人工智能算法发展现状

人工智能技术历经几十年的发展，从早期的人工撰写规则，到后来统计机器学习，逐步实现自动从数据中学习。但解决不同场景的问题需要不同的算法，演进到深度学习时代，算法的通用性大大加强，深度神经网络的一套架构和技术便可以解决多种问题。大模型时代，除了算法，模型也变得更加通用和统一。

人工智能的目标是模拟、延伸和扩展人的智能。大模型为通用人工智能带来曙光，主要表现为两点。一是人工智能技术的通用性，二是能力的全面性。在技术方面，大模型在面向不同任务、语言、模态、场景时，通用性越来越强。以自然语言处理为例，之前有分词、句法分析、语义匹配、机器翻译、问答、对话等很多子方向，现在一个大语言模型就可以完成绝大多数任务。同时，大模型也可以实现多模态的统一建模，广泛赋能各行各业应用。总体上，人工智能技术的通用性越来越强。从能力上看，大模型具备理解、生成、逻辑、记忆四项基础能力，同时具有创作、解题、代码、规划、决策等典型能力，这些能力越强，就越接近通用人工智能。

Transformer 架构、监督式微调、基于人类反馈的强化学习、提示学习等是大模型算法的共性关键技术。为了进一步提升大模型任务表现和交互体验等，一些新技术不断出现并被广泛认可，如检索增强、知识增强、对话增强、智能体等。

国内外大模型普遍采用 Transformer 架构，自注意力机制模型成为主流。Transformer 架构是一种基于自注意力机制的模型，该架构有三方面特征。一是并行能力，由于自注意力机制可以并行处理整个序列，Transformer 架构可以高效地利用现代硬件的并行计算能力。二是长距离依赖，通过自注意力机制，Transformer 架构能够有效地捕捉序列中长距离的依赖关系。三是灵活性，Transformer 架构的灵活性使其适用于各种 NLP 任务，包括机器翻译、文本摘要、文本生成等。

监督式微调（Supervised Fine-Tuning）通过对预训练模型进行微调，提升特定任务表现。监督式微调是一种用于对预训练语言模型进行微调的技术，它在自然语言处理领域被广泛应用。这种微调技术的主要作用是对预训练的通用语言模型进行调整以符合特定任务或领域的要求，使其在特定任务上表现更好。在微调过程中，模型的权重会根据与真实标签的差异进行调整，以使模型更好地适应任务特定的要求。

基于人类反馈的强化学习（Reinforcement Learning from Human Feedback，RLHF）将人类偏好作为奖励信号，以提升模型对话能力。基于人类反馈的强化学习技术是一种将强化学习与人类反馈相结合的方法。在这种技术中，人类的偏好被用作奖励信号，以引导模型生成高质量的语言输出，它在增强大语言模型的对话能力方面起到了重要作用。基于人类反馈的强化学习的训练过程通常分为训练监督模型、训练奖励模型、强化学习几个步骤。

提示学习利用提示函数，增强模型小样本学习能力。提示学习主要利用预训练的语言模型，通过定义新的提示函数，使模型能够进行小样本甚至零样本学习。这意味着即使只有少量标注数据或没有标注数据，模型也能进行学习，执行任务，这种学习方法使大模型更加灵活，可以适用于多种任务和场景。

检索增强生成将检索与生成相结合，提高生成内容的准确性和相关性。检索增强生成是一种将检索和生成相结合的大模型技术，通过引入搜索结果，并将这些信息整合到生成过程中，可以为大模型提供时效性强、准确率高的参考信息，更好地满足用户需求，有效地缓解大型语言模型知识更新不及时和幻觉等问题。

知识增强通过向大模型输入额外知识，增强其在特定任务中的表现能力。知识增强通过整合知识图谱、行业知识库或专家系统，为模型提供丰富

的背景知识和事实依据，从而帮助模型更准确地理解和回应复杂查询。知识增强可通过知识内化和知识外用两种方式实现。

对话增强技术聚焦提升大模型交互能力和用户体验。该技术通过优化模型的对话管理、上下文理解和情感分析能力，使模型能够更自然地与用户进行多轮对话，并生成更加贴切、个性化的回复。对话增强技术的应用场景广泛，包括智能客服、聊天机器人等，可为用户提供更加流畅、高效的对话体验。

智能体通过"思考模型"实现像人一样思考、学习并调用工具完成任务。智能体在基础模型上，进一步进行思考增强训练，包括思考过程的监督式微调、行为决策的偏好学习、结果反思的增强学习，进而得到思考模型。智能体的思考模型像人一样，会阅读说明书，学习工具的使用方法，进而可以调用工具来完成任务。如代码智能体结合深度学习、软件工程等多领域技术，专注于代码编写、理解和调试，有望极大地提升软件开发的效率和质量。

（二）人工智能大模型算法发展挑战

大模型算法显著提升了 AI 系统的性能，然而随着模型规模持续扩大以及大模型逐渐在各行业深入应用，计算资源消耗巨大、权威评估体系缺乏、对国外框架依赖严重等问题也日益凸显，大模型算法也面临着诸多问题和挑战。

1. 先进算法训练成本高昂

大模型算法通常需要庞大的计算资源和存储空间来支撑其训练和推理过程，高昂的硬件成本和维护费用限制了大模型算法的广泛应用和普及。根据 AI Index 的评估报告，目前最尖端的人工智能模型所需的训练成本已非常高，谷歌的 Gemini Ultra 的计算成本花费预估为 1.91 亿美元，这充分显示了先进 AI 模型训练的巨大成本。

2. 全面客观的评估体系有待建立

当前，评估体系对大模型更强大能力及更广泛价值的考量相对较少，难以更好地挖掘其价值并实现大规模应用。目前已有一些评估方法，但缺少综合考虑模型能力和应用场景的统一、全面、客观的多维评估框架，评估框架指导大模型基础研究和应用的作用尚未充分发挥。此外，自动评估技术尚处于发展初期，人工评估标准仍需达成共识，存在依赖国外大模型对国产大模型进行自动评估的系列问题和风险。

3. 核心算法依赖国外深度学习平台

深度学习框架在 AI 技术栈中发挥"承上启下"的关键作用，向下通过基础操作的抽象隔离不同芯片的差异，向上通过提供简单易用的接口支持深度学习模型的开发、训练和部署，形成算法工程化实现的标准环境。当前，国外主流深度学习框架 PyTorch、TensorFlow 由于生态先发优势，在国内占据较大市场份额。而大模型算法过度依赖国外深度学习平台，将带来"技术断代""数据泄露""套壳"等风险，不利于国内人工智能技术和产业的健康发展，提升国产深度学习框架使用率迫在眉睫。

四　算法发展趋势与展望

随着人工智能技术的飞速发展，未来的通用人工智能算法正朝着更高效、更智能的方向发展，大模型应用也将在各行业落地深耕。可以预见以下几个重要趋势。

（一）芯片、框架、模型全栈协同优化

芯片、框架、模型全栈协同优化，可以有效保障大模型训练和推理部署的性能。一是框架与硬件集群协同优化，可提升有效训练占比，降低训练集群的故障率和训练恢复成本。二是框架与芯片/存储/网络协同优化，在训练过程中可提升训练吞吐速度，在推理过程中面对不同类型的芯片时，框架还通过"调度器"的作用，感知并动态调度系统相关信息，使资源利用效率最大化。三是框架与模型算法协同优化，在训练时可提高收敛效率和稳定性，大幅度减少训练时间，达到事半功倍的效果。在推理时，通过对多个模型进行集约化部署，最大限度地提升推理效率。

（二）多模态融合与智能体技术发展

随着多媒体数据激增，多模态融合算法将成为未来发展的重要方向。多模态算法能够同时处理多种类型的数据，实现信息之间的互补和协同，从而提高 AI 系统的感知和理解能力。智能体通常指的是能够在复杂环境中进行感知、推理并做出决策的系统。相比于传统大模型技术，智能体以其更好的记忆能力、任务分解与规划能力以及工具调用能力，被认为是通用人工智能的关键技术。

（三）可解释性与透明度提升

为了解决大模型算法的可解释性问题，未来的研究将更加注重增强算法的可解释性和透明度。通过引入新的模型解释技术、设计更易于理解的模型结构以及开发可视化工具等手段，帮助用户更好地理解 AI 系统的决策过程和输出结果，提升用户对 AI 系统的信任和接受度，推动 AI 技术在更多领域的应用和推广。

（四）伦理与安全问题的关注与解决

随着 AI 技术的广泛应用，伦理、隐私和安全问题也日益凸显。未来的算法发展将更加注重这些问题的解决，包括加强数据保护、设计更安全的模型结构以及开发针对 AI 系统的安全防护措施等。同时，政府也将加大对 AI 伦理、安全相关法规的制定和执行力度，确保 AI 技术的健康、可持续发展。

（五）大模型广泛落地应用，加速产业智能化升级

大模型将逐步渗透到各种场景、各个行业，"每个产品都用大模型技术重做一遍"将加速实现。在国家"人工智能+"政策背景下，通过大模型重构应用场景，各行各业将具备解决场景效率优化问题的全新能力，实现提质、降本、增效，促进产业转型升级发展。同时，应用深度使用所带来的数

据和反馈，又将加速大模型技术迭代，形成"飞轮效应"，促进更多创新应用落地，加速产业智能化进程。

五　数据发展现状与挑战

目前，生成式人工智能的发展主要建立在庞大的数据集和超强的计算能力之上。换言之，在同等条件下，提供给模型的数据量越大、越多样化、质量越高，人工智能模型的性能就会越出色。因此，随着人工智能技术的不断进步，数据集也在持续发展和演变，呈现以下几个显著的趋势。

首先，鉴于对数据隐私权益的关注，各国政府纷纷出台相关的法律法规，例如欧洲的《通用数据保护条例》、美国的《加州消费者隐私法》以及中国的《中华人民共和国个人信息保护法》等，从而对数据的安全性和隐私保护提出了更高要求。

其次，不仅对于大规模、多样化且高质量的文本数据集的需求正在迅速增长，多模态数据需求也急剧增加。以 LLaMA 系列为例，最初的 LLaMA 1 系列使用了超过 1 万亿 Token 的语料，LLaMA 2 系列的预训练语料扩充到了 2 万亿 Token，LLaMA 3 系列的预训练语料规模超过 15 万亿 Token。同时实践表明，去除 8% 的低质数据，可以带来模型效果 5%~10% 的提升，而 30% 的高质量数据可以实现接近 100% 的模型效果。微软的 Orca 2、Stability AI 的 Stable LM 2 等模型也充分证明了，通过高质量数据训练的小参数模型的性能可以强过大参数模型。此外，随着多模态大模型技术的广泛应用，对于以语音、图像、视频为核心的大规模、高质量、多模态数据集的需求也在急剧增加。

再次，尽管开源数据集的数量在迅速增加，但与大模型相关的数据外包需求依然强烈，特别是在垂直行业中，这种情况更为明显。这反映了在实际应用中，对于特定领域和特定需求的数据集的需求仍然很大。

最后，与 GPT-3 等训练数据相比，高质量的中文大模型数据集在数量

上严重不足，其质量也参差不齐，我国大模型训练所需要的高质量数据集相对国外依然匮乏。这表明，在中文领域，对于高质量、大规模的数据集的需求仍然迫切，同时这也是未来需要努力的方向。

六 数据发展趋势与展望

（一）加强数据安全管理，保障 AI 健康发展

随着数据的不断增长和应用的不断扩展，数据安全问题日益突出。数据泄露、数据篡改、数据滥用等安全事件时有发生，给企业和个人带来了巨大的损失。

数据安全是一个全方位的概念，涵盖数据的完整性、保密性和可用性。首先，确保数据的完整性意味着保护数据免受未经授权的修改或破坏，保证其准确无误。其次，保密性要求敏感信息仅对授权个体或系统开放，防止信息泄露给未授权方。最后，数据的可用性强调在合法用户能够及时、可靠地访问数据资源。这三方面共同构成了数据安全的坚固防线。

数据的分类分级也是数据安全管理的重要环节，需要根据数据的敏感程度和重要性进行分类分级，制定相应的安全策略和措施，对数据进行精密的分层防护。此策略犹如为数据宝藏配备智能锁，守护信息时代最宝贵的资产。

（二）增加数据规模与多样性，提升 AI 通用能力

依据标度定律，模型训练数据的丰富性、多样性越高，模型质量及语义理解能力越强。2020 年之前，多数 AI 模型数据量较小，不超过 1000 万。相较之下，GPT-2 训练数据为 40G，GPT-3 训练数据达到 570G，约为 GPT-2 的 14 倍。GPT-3 的 3000 亿 Token 训练规模开了大语言模型千亿级 Token 训练的先河。2023 年 6 月，Meta AI 与巴黎文理研究大学进行了一项有趣的实验，发现 GPT-2 在预训练过程中逐步学到更多不同语言，提出大

模型基础构建的关键是"广泛学习，不偏科"。通过调整预训练数据的选取和配比，可有效提升大模型性能。一般来说，大模型预训练数据集分为语音、文本、图像、视频四种，其中文本预训练数据集根据其数据内容可以细分为网页、书籍、学术资料、平行语料、百科全书、代码等。相应的训练数据以英文为主，中文数据仍显不足。研究显示，1900~2015 年 SCI 收录的3000 多万篇文章中，92.5% 的文章用英语发表；SSCI 出版的 400 多万篇文章中，约 93% 的文章用英语撰写。在 ChatGPT 的训练数据中，中文语料占比不足千分之一，英文语料占比超过 92.6%。

（三）建立数据质量标准，提高 AI 学习效率

在探讨数据相关议题时，数据质量成为无法回避的核心问题。在人工智能领域，一种普遍现象被形象地描述为"垃圾进，垃圾出"（Garbage In，Garbage Out，GIGO），强调了优质数据集对于提升模型性能的关键作用。尽管数据集规模并非越大越好，但更高品质的数据集能带来更优异的模型性能。2023 年 5 月，Meta 公司推出的 LIMA 模型仅依赖 1000 个样本便取得了超越其他现有技术的成果，由此得出"SFT 数据质量优于数据量"的结论。同年 6 月，Falcon 凭借精细清洗的网页数据训练出了具有领先水平的模型。

数据质量的关注点在于每个数据样本是否具备可学性和易学性，即数据是否明确、准确，是否包含充足的推理过程，以便模型能够从中汲取有价值的资讯和知识。因此，这可以理解为两点：数据优质，包括格式规范、多样性、内部逻辑性等方面；数据无害，即避免包含任何可能引导大语言模型走向错误方向或难以学习的内容，如色情、暴力、歧视、偏差和污染等方面的内容。

然而，当前数据处理标准尚未统一，数据质量评估方法尚不完善，这导致数据处理流程和效率存在较大差异，数据质量存在瑕疵，数据评估面临难题。因此，建立统一的数据处理标准和质量评估方法，是提升数据质量和处理效率的关键所在。

（四）完善数据治理，推动 AI 应用落地

数据治理涵盖了数据的全生命周期管理及控制，包括规划、采集、存储、处理、分析、应用和销毁等环节。数据流通则指数据在各个组织和部门之间的流动与共享。然而，当前数据治理与流通面临诸多挑战，如数据孤岛、数据冗余、数据不一致等问题，这限制了数据价值的充分释放。因此，强化数据治理与流通至关重要，需破除数据孤岛现象，实现数据的共享与交换。

七　人工智能安全风险与防护技术

人工智能的安全性不容忽视，尤其应对大语言模型的安全性问题和潜在恶意内容造成的风险予以重视，需要我们对人工智能给生产和生活带来的安全风险、安全攻击技术和防护技术予以重视。

（一）安全风险

1. 数据安全

（1）数据泄露。大模型通常需要大量的数据来进行训练，如果这些数据没有得到妥善保护，可能会导致数据泄露的风险。一旦数据泄露，可能会对个人、企业造成严重损失。大模型可以用来生成包含敏感信息的文本，例如某人的姓名、地址和社会保险号码等个人身份信息或医疗信息。

（2）数据投毒。数据投毒是指攻击者向训练大语言模型（LLM）的数据集中注入恶意数据样本以操纵模型的行为的一种攻击手段。在大模型的训练过程中，如果训练数据被恶意篡改或注入恶意数据样本，可能会导致模型性能下降、产生错误的输出或执行有害操作。

2. 内容安全

（1）偏见和歧视。大模型是利用大量数据进行训练的，这些数据可能包含偏见和歧视。如果这些偏见没有得到解决，可能会导致模型输出带有偏见或歧视性的内容。例如，在 2024 年 2 月，Google 大模型 Gemini 被指无法正确生成白人（历史）图像，政治正确变"逆向歧视"，这引发了人们对于人工智能存在种族歧视问题的担忧；谷歌宣布停用 Gemini 的人物图像功能，这一功能至今仍未恢复。这一事件也导致 Google 母公司 Alphabet 股价一度下跌 4.5%，损失了超过 900 亿美元的市值。

（2）幻觉和不良有害内容。大模型可能产生与事实相悖的内容（幻觉），或输出包含恐怖主义、极端主义、色情、暴力等的有害信息。大模型可能被滥用于生成有害或令人反感的内容，例如，一个模型可以用来生成种族主义诽谤或威胁暴力的文本。

（3）恶意使用或滥用。大模型可以被恶意行为者用于各种目的，例如传播错误信息、创建垃圾邮件或进行网络攻击。例如，一个模型可以用来生成虚假的新闻文章，误导人们对某一事件的看法，或用来生成大量垃圾邮件，淹没电子邮件服务器等。

3. 系统安全

大模型系统漏洞指的是在大模型系统中存在的安全缺陷或错误，这些漏洞可能会被攻击者利用，以实现对系统的未授权访问、数据窃取、远程控制或其他破坏性目的。

系统漏洞通常是由于在硬件、软件、协议的具体实现过程中或安全策略上存在缺陷而导致的。例如，在编程过程中的人为错误、逻辑设计缺陷或策略缺陷都可能导致漏洞的产生。大模型系统漏洞可能存在的范围非常广泛，包括训练框架、推理框架、数据读写与处理软件等。例如，360 Vulcan 团队发现框架漏洞 150 余个，发现谷歌 TensorFlow 框架漏洞 98 个，这些漏洞可能造成任意代码执行、拒绝服务攻击、信息泄露等，可能危害系统的可用性和可靠性。此外，大模型系统漏洞可能存在于运维平台、服务平台、模型管理平台等。这些漏洞的影响十分严重，不法者利用这些漏洞能够通过植入木马、病毒等方式攻击或控制整个系统，从而窃取重要数据信息，甚至破坏系统。2024 年 3 月，研究人员披露，主流 AI 算力框架 Ray（主要用于大模型训练所需要的大规模底层基础算力资源优化和调度）的一个未修复安全漏

洞被黑客野外大规模利用，导致亚马逊、字节跳动、Uber、OpenAI 等众多人工智能企业受到影响，数百个集群遭到攻击，大量敏感数据被盗取，超过 10 亿美元算力遭到"劫持"。

（二）安全防护技术

1. 安全微调

模型安全微调是大语言模型安全性领域中的一个重要概念，它涉及在特定任务或应用场景中对预训练模型进行调整以提高其性能和安全性。以下是关于模型安全微调的关键技术。

（1）监督式微调。监督式微调方法采用一组带有标签的数据（如安全和不安全示例）对模型进行微调。通过这种方式，模型可以学习区分安全和不安全的输入，并在实际应用中做出更合适的响应。它通过有目的地示范数据训练模型，使模型学会遵循安全规范并生成安全回复。这种方法不仅提高了模型的安全性，还为后续的人类反馈强化学习阶段打下了坚实的基础，后者将进一步细化模型的行为以使模型更精准地匹配人类偏好。

（2）安全性调整（Safety Tuning）。安全性调整是模型微调的一种特定形式，专注于提高模型在安全性方面的处理能力。该方法通常先使用手动收集的对抗性提示和响应来训练一个安全奖励模型，然后使用这个奖励模型作为人类反馈强化学习管道的一部分，实现对模型安全性能的优化。

（3）安全上下文蒸馏（Safety Context Distillation）。安全上下文蒸馏是另一种提高大模型安全性的技术，它通过在模型训练过程中引入安全上下文来提高模型的安全性。这种方法的核心思想是在安全微调阶段注入与安全相关的提示或约束（例如，"你是一个安全且负责任的助手，不能生成有害内容"），以此来提升模型在实际应用中的安全性和可靠性。

2. 安全护栏

安全护栏（Guardrails）是一种重要的技术工具，旨在提高大模型在使用过程中的安全性，保护用户数据免受潜在的威胁。这种护栏技术相当于给大模型加上一堵安全围墙，既能控制其输出，又能过滤输入的内容。

具体而言，大模型安全护栏具有多方面的功能。首先，它能够在用户诱导大模型生成攻击性代码或不道德内容时，限制其输出，防止不安全内容的传播。其次，护栏技术还能保护大模型免受外界恶意输入的攻击，确保大模型的正常运行和数据安全。此外，护栏技术还能帮助大模型避免在对话过程中"跑题"或"胡言乱语"，确保对话内容的有序性和准确性。

NeMo Guardrails 是英伟达的团队开发的大模型安全护栏开源工具包。针对在生产环境中部署大语言模型时，大语言模型容易偏离主题，生成事实错误或完全虚构的响应（幻觉），并容易受到注入攻击的提示等问题，该工具包为基于大语言模型的对话系统添加可编程的保护措施，以控制模型的输出，确保对话遵循特定的约束条件，如避免有害话题、遵循预定义的对话路径、使用特定的语言风格等。

3. 红队测试

红队测试（Red Teaming）是一种安全演练方法，源自军事术语，指的是模拟攻击者（"红队"）对系统、网络或组织的安全防御进行测试的过程。其目的是通过模拟真实世界的攻击策略来评估和改善防守方（"蓝队"）的安全措施、检测能力和响应计划。红队测试能够帮助识别安全体系中的弱点、漏洞以及潜在的入侵路径。

在使用大模型的背景下，红队测试可以用来测试模型对于越狱攻击、对抗攻击、数据泄露、模型窃取等安全威胁的抵抗力。通过模拟这些攻击，可以发现并解决可能导致模型性能下降或数据泄露的问题。

PyRIT 是由微软人工智能红队开发的红队测试框架，旨在帮助安全专家和机器学习工程师主动发现并降低生成式人工智能系统中的风险。PyRIT 将风险分为不同的类别，例如虚假内容制作、模型滥用和违禁内容生成等，并提供自动化识别和评估工具；帮助研究人员建立模型性能的基准，并跟踪其随着时间的推移而发生的变化，实现对模型安全风险的持续

监控。此外，PyRIT 还支持处理多轮对话攻击场景，可以生成涉及多个步骤或与大语言模型交互的提示，进而更全面地评估模型抵御复杂攻击的稳健性。

（三）未来趋势与展望

大模型的安全是一个不断发展的领域，随着技术的进步和新的安全挑战的出现，未来的安全趋势和展望主要体现在以下几个关键方面。

1. 实时监测和响应

发展更先进的实时监控系统，以更有效地检测和响应潜在的安全威胁和异常行为。这要求集成先进的检测算法，能够即时分析模型输出，标记可疑内容，确保安全合规性。

2. 多模态安全

随着多模态大模型的发展，研究者需要关注如何保护这些模型免受跨模态攻击，例如结合文本和图像的攻击。

3. 隐私保护技术的整合

隐私保护技术，如差分学习、同态加密和数据最小化，将更紧密地与大模型结合，确保训练和使用过程中的数据隐私。例如，通过安全上下文蒸馏加入隐私导向的指令，确保模型在生成内容时考虑隐私边界。

4. 透明度和可解释性

模型的透明度和可解释性增强，使安全审核、错误追溯和责任分配成为可能，有助于帮助开发者、用户和监管机构理解模型的行为，从而提高信任度。这要求模型设计时考虑如何解释其决策过程，让用户和监管者理解其行为。

5. 自动化防御机制

自动化的安全评估、红队测试和自动收集有害样本技术的应用会成为常态，以高效发现和预防潜在漏洞。

6. 规范与监管框架

随着大模型影响的增大，全球监管框架和标准将更加完善，这涉及数据安全、模型治理、伦理和责任归属等。全球多个国家的倡议已表明，人工智能行业正积极参与全球监管框架的搭建，推动规范和伦理指南的完善。

八　人工智能发展的探索与实践

（一）算力发展探索与实践

人工智能计算中心已纳入全国各大城市的重点布局和规划，深圳、上海、武汉、珠海、西安、成都、南京、许昌等城市均已建成人工智能计算中心并投入运营，北京、杭州、广州、大连、青岛、太原、南宁等地的人工智能计算中心也在陆续规划和建设中。我国人工智能计算中心，多由地方政府建设，已采用国产通用处理器和人工智能加速器技术，所使用人工智能芯片以华为昇腾、寒武纪思元等国内人工智能芯片为主。以下列举几个国内人工智能算力中心的实践案例，供读者参考。

1. 北京京西智谷人工智能计算中心是北京首个面向企业提供普惠算力的人工智能训练算力平台，于 2023 年 7 月正式上线。该智能计算中心具备全国产化 AI 基础软硬件的 500PELOPS 公共算力能力，已经为 200 余家中小企业和单位提供充足的计算资源。作为北京市唯一的全国产化自主创新算力中心，京西智谷人工智能计算中心实现了数据中心、云计算与网络资源的深度融合，具备国产化模型训练和大模型厂商全栈适配的能力。该智能计算中心与多家企业签约合作，共同打造自主创新人工智能算力集群，推动人工智能产业生态链的健康发展。该智能计算中心面向北京市乃至全国人工智能中小企业及科研单位提供安全高效的算力服务，围绕技术创新和产业发展需求，以算力集群赋能创新集群和产业创新，助力中小企业的发展和科研成果的转化。

2. 鹏城云脑Ⅱ是由深圳市牵头，利用鹏城实验室的科研优势与华为的企业优势，共同打造的人工智能开放重大科学装置，支撑国家重大科学研

究，赋能产业应用，推动实现自主人工智能可持续创新。基于昇腾人工智能基础软硬件平台构筑的鹏城云脑Ⅱ，16 位浮点数（FP16）下的性能达 1 EFLOPS。鹏城实验室基于鹏城云脑Ⅱ，发布全球首个两千亿级中文 NLP（自然语言处理）人工智能大模型——鹏程·盘古，打造面向生物医学领域的人工智能大模型——鹏程·神农生物信息研究平台。

3. 武汉人工智能计算中心，一期建设规模为 100 PFLOPS 人工智能算力，并已完成扩容 100 PFLOPS（总算力达 200PFLOPS），以满足当地人工智能算力需求。武汉人工智能计算中心算力集群提供的普惠算力，对本地产业集群的算力赋能已开始显现。目前，中国科学院自动化研究所、武汉大学遥感信息工程学院等多家高校院所和 40 余家企业与武汉人工智能计算中心的项目合作已经展开。基于武汉人工智能计算中心，孵化了全球首个三模态大模型——紫东·太初，全球首个遥感影像智能解译专用框架——武汉·LuoJiaNet，业界最大遥感影像样本数据集——武汉·LuoJiaSet，并成立多模态人工智能产业联盟和智能遥感开源生态联盟，推动武汉孵化数百亿级（大于 300 亿）智能遥感和多模态产业。

4. 西安未来人工智能计算中心，是西北地区首个规划建成的人工智能算力集群，作为西北人工智能创新发展新高地，旨在为建设"一带一路"科技创新中心、国家中心城市提供强有力的科技支撑。该计算中心一期规划建设规模为 300 PFLOPS 人工智能算力，基于昇腾 AI 基础软硬件平台建设。同时，该计算中心作为秦创原创新驱动平台的人工智能产业创新基地，将促进陕西省人工智能领域的科技成果转化、人才培养和政产学研用融合，在人工智能领域形成新业态、新模式，服务区域经济社会高质量发展，支撑陕西现代产业体系发展。西安未来人工智能计算中心涉及遥感、语音、文旅、制造、交通等数十个行业。同时与高校及科研机构合作，探索前沿科技，例如联合昌平国家实验室开展"蛋白质结构预测大模型"建设，联合西安电子科技大学开展"雷达遥感大模型"建设，联合西北工业大学开展"语音预训练大模型"建设等。

5. 成都智算中心于 2022 年 5 月 10 日在成都郫都区正式上线。作为

"东数西算"国家一体化大数据中心成渝I类节点中的重要算力基础设施，成都智算中心是西南地区最大的人工智能计算中心（整体算力达到300PFLOPS），将结合成都在西部的经济、科技中心地位，承接国家重要需求，推动科研创新和战略实施。自正式运营以来，成都智算中心已经与80余家企业及科研团队展开合作，平均算力利用率达到85%以上，实现上线即饱和运营。在应用创新方面，成都智算中心与考拉悠然、长虹、华雁智科等人工智能领域头部企业，在智慧城市、智慧交通、电力、能源、金融等数十个行业中孵化了160余个解决方案。在科研创新方面，成都智算中心正在孵化多个业界领先的预训练大模型：成都高原气象研究所联合电子科技大学在智算中心孵化新一代短临气象预报基础模型——蓉城·夔牛，成都大熊猫繁育研究基地联合四川大学孵化业界首个动物特征识别基础模型——蓉城·熊猫，中国科学院空天信息创新研究院孵化遥感多模态多任务智能模型——空天·智译。

（二）算法创新探索与实践

1. BERT（Bidirectional Encoder Representations from Transformers）是由谷歌在2018年提出的，它是一种基于Transformer架构的预训练语言表示模型。BERT的核心特性是其双向训练机制，即在训练过程中同时考虑输入序列的左侧和右侧上下文信息，这使它能够生成更丰富的语言表示。BERT在NLP领域有着广泛的应用，包括文本分类、问答系统、机器翻译等。

2. GPT（Generative Pre-trained Transformer）系列模型由OpenAI开发，与BERT不同，GPT主要采用单向注意力机制，专注于文本的生成任务。GPT的预训练任务是基于大量文本的预测任务，模型需要预测下一个单词或句子，从而训练出强大的语言生成能力。随着版本的迭代，GPT模型的规模和能力不断提升，其中GPT-3拥有1750亿个参数，展示了在多任务学习方面的潜力，能够在没有针对特定任务进行微调的情况下处理多种不同的自然语言处理任务。据估计，GPT-4更是达到了万亿参数。

3. Sora模型是继ChatGPT之后，OpenAI在生成性人工智能领域的又一

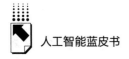

次重要更新。该模型的架构核心是 Diffusion-Transformer（DiT），这是一种结合了扩散模型和 Transformer 架构的设计。Sora 通过将视频数据切分为小块（Patches），利用视频压缩网络将这些小块压缩成潜在空间特征，从而为视频生成提供原材料。该模型的设计理念着眼于模拟真实世界的复杂互动和动态环境，旨在将模型打造成一个"通用物理世界模拟器"。

4. 百度自 2019 年发布文心大模型 1.0，目前已迭代到了文心大模型4.0。文心大模型是自主创新的知识增强大模型，也是文心一言的基础模型，从万亿级数据和千亿级知识中融合学习，突破知识内化与外用技术，具备知识增强、检索增强、知识点增强、对话增强等技术优势，并在智能体、代码、多模型等方向上创新突破，为大模型应用落地夯实了技术基础。文心大模型通过与飞桨深度学习框架的联合优化，在大模型高效训练、压缩、推理部署、硬件适配等方面持续创新，大幅提升效率，降低推理成本，加速大模型应用落地。

5. 京东方自研 3D 图像生成算法，依托亿级数据量训练，在此基础上添加时序一致模块，在视频数据集上进一步训练，形成视频生成模型。最后在自研的高质量三维重建数据集上进行低秩适配性微调，从而达到较好的开放性 3D 图像生成效果。基于此技术，京东方推出了自主研发的多模态 3D 内容生成平台，解决了 3D 显示行业内容缺乏的问题。

6. 中科金财基于自研集成学习算法研发了大模型引擎，可以纳管目前所有主流的大模型底座，根据行业需求和场景需求自动路由调度对应能力最优的大模型，可用于解决当前大模型无法满足日渐复杂的业务场景的问题。其提出的"多场景多基座大模型引擎"是一种创新的解决方案，旨在通过集成多个大模型来优化和提升金融业务的处理效率和准确性。

（三）数据产业探索与实践

1. 北京智源人工智能研究院，是一家在人工智能领域具有显著影响力的新型研发机构，成立于 2018 年 11 月 14 日。它在科技部和北京市的支持下，联合了北京人工智能领域的优势单位共同进行建设。北京智源人工智能研究院的主要目标是聚焦原始创新和核心技术，建立目标导向与自由探索相结合的科研体制，营造全球学术和技术创新生态。北京智源人工智能研究院还发布了面向中英文语义向量模型训练的大规模文本对数据集 BAAI-MTP、中文互联网语料库 CCI 等，为科研人员和开发者提供了宝贵的数据资源。

2. 北京海天瑞声科技股份有限公司成立于 2005 年，是我国最早从事人工智能训练数据的专业服务商之一，也是国内首家且是目前唯一一家 A 股上市的人工智能训练数据服务企业。北京海天瑞声科技股份有限公司自成立以来始终致力于为人工智能产业链上的各类企业、研发机构提供人工智能算法模型开发训练所需的专业数据集，其拥有自主研发的一体化数据处理平台，所提供的训练数据涵盖智能语音、计算机视觉、自然语言等多个人工智能核心领域，可服务于个人助手、语音输入、内容生成、机器人、智能驾驶、智慧医疗、智慧教育等 22 种创新应用场景。平台运用算法自动化标注、柔性调节与管理，可满足人工智能技术革新产生的新型数据需求，大幅度提升效率。目前，公司产品/服务线已覆盖全球超过 205 个主要语种（包括方言），已积累 1558 个自有知识产权的人工智能训练数据集产品，客户累计数量达到 930 家。

3. 北京希尔贝壳科技有限公司，针对人工智能大模型所必需的高质量数据提供精准的语音、文本、多模态数据产品及数据采集、标注、清洗、模型训练方案。利用机器学习平台，在人工智能模型评测、人工智能辅助标注、人工智能数据分析等场景业务中建立了先进的核心技术体系。公司自主研发的"AISHELL-AI 数据采集标注集成平台"获国家语音及图像识别产品质量检验中心测评认证。"高质量通用语音数据产品在智能语音交互大模型领域的应用"获评北京市人工智能行业赋能典型案例。希尔贝壳发布的 AISHELL-DATA 开源方案解决了智能语音技术所必需的数据需求，在语音识别、声纹识别、语音合成技术应用上输出了"数据+算法"的开源方案。AISHELL-DATA 开源方案受到全球"500+"高校、"100+"企业的申请。

九　结束语

人工智能是新质生产力，数据、算法、算力并称为推动人工智能发展的三驾马车：数据是人工智能发展的基础，为人工智能发展提供了源源不断的资源；算法是人工智能发展的内在推动力，为人工智能带来了相应的实现手段；算力是人工智能发展的平台，为人工智能技术的实现提供了有力保障。

本报告深入洞察了算力、算法、数据的现状与挑战，全面分析了各自的技术趋势和发展方向，介绍了部分产业界的探索与实践案例，旨在培育和壮大人工智能产业，为产业提供一条可持续发展的路径，与产业界和学术界同人一道共同推动人工智能技术的进步和应用的拓展。

参考文献

陶阳明：《经典人工智能算法综述》，《软件导刊》2020 年第 3 期。

张乾君：《AI 大模型发展综述》，《通信技术》2023 年第 3 期。

刘学博、户保田、陈科海、张民：《大模型关键技术与未来发展方向——从 ChatGPT 谈起》，《中国科学基金》2023 年第 5 期。

刘昭、邹权臣、于恬、王旋、张德岳、孟国柱、陈恺：《一种约束制导的机器学习框架漏洞检测方法》，《计算机学报》2024 年第 5 期。

《360：累计发现并帮助谷歌修复 Tensorflow 漏洞 98 个》，《北京商报》2021 年 9 月 23 日。

《2024 年人工智能指数报告》，斯坦福大学以人为本人工智能研究所，2024 年 4 月，https：//aiindex. stanford. edu/wp－content/uploads/2024/04/HAI ＿ AI－Index－Report－2024. pdf。

Y. Liu et al. ，"Datasets for Large Language Models：A Comprehensive Survey"，2024 年 2 月 27 日，http：//arxiv. org/abs/2402. 18041。

Adi Robertson，"Google Apologizes for 'Missing the Mark' After Gemini Generated Racially Diverse Nazis"，2024，https：//www. theverge. com/2024/2/21/24079371/google－ai-gemini-generative-inaccurate-historical.

Avi Lumelsky，Guy Kaplan，GalElbaz，"ShadowRay：First Known Attack Campaign Targeting

AI Workloads Actively Exploited In The Wild", 2024, https://www.oligo.-security/blog/shadowray-attack-ai-workloads-actively-exploited-in-the-wild.

Kevin Liu. "The entire prompt of Microsoft Bing Chat?!", 2023, https://twitter.com/kliu128/status/1623472922374574080.

Rebedea et al., "Nemo Guardrails: A Toolkit for Controllable and Safe LLM Applications with Programmable Rails". arXiv.

Microsoft AI Red Team, 2024, https://github.com/Azure/PyRIT.

TensorFlow Security, 2024, https://github.com/tensorflow/tensorflow/security.

B.5
生成式人工智能人才发展现状

武蕾 李欢 叶静芸 邱亚辉 姚海龙*

摘 要： 随着科技的迅猛发展和社会的不断进步，人工智能已成为当今时代最具影响力的科技领域之一，特别是现阶段生成式人工智能作为主要应用方式，已渗透到多个领域，改变了人类与技术的交互模式，为通用人工智能的实现奠定了重要的基础。生成式人工智能的发展离不开人才的支持和推动，需要以战略科学家为引领的顶尖科技人才推动技术的创新和进步，也需要以卓越工程师为代表的技术技能人才服务技术场景落地，还需要具备数字化智能化素养的管理人才推动其产业化。本报告旨在分析当前生成式人工智能各层次人才的发展现状，包括人才数量、质量、培养方式以及应用领域等方面，梳理现有各层次人才培养体系的建立和实施情况，并从人才链条、人才培养生态、产学研合作、伦理与安全、国际合作与交流等方面提出对策建议，以期为未来通用人工智能的发展提供有益的参考。

关键词： 生成式人工智能 战略科学家 工程师 人才培养

　　人工智能，作为当前推动科技革新与产业转型升级的核心技术，其重要性日益凸显，已成为新质生产力持续发展的关键驱动力。在智能时代的大背景下，通用人工智能被视为科技战略的制高点，对我国的经济社会发展具有不可忽视的战略意义。特别是生成式人工智能作为当前通用人工智能的一个分支及表现形式，通过生成模型和深度学习等技术具备了创造能力，是实现通用人工智能

---

　　* 武蕾，中关村创新研修学院；李欢，北京华职教育科技集团有限公司；叶静芸，北京智谱华章科技有限公司；邱亚辉，北京工业职业技术学院；姚海龙，北京华职教育科技集团有限公司。

的一项关键技术。生成式人工智能发展的核心在于技术创新与突破，而技术创新主要依赖于附着在人才身上的创新能力。当前，全球人工智能领域的顶尖人才竞争日趋激烈，面对人才流动加速、研发资源分布不均衡、国际合作与竞争加剧的现状，各国纷纷出台政策，以吸引和培养人工智能领域的顶尖人才。因此，我国要想在人工智能领域提高竞争力，关键在于培养和吸引优秀人才，构建人才梯队，并充分发挥人才的技术能力和创新驱动力。

习近平总书记在中央人才工作会议上强调，务必加大对战略科学家的培养力度，并致力于培养众多杰出的工程师人才。[①] 为贯彻落实这一重要指示精神，工业和信息化部制定并发布了《工业和信息化部关于加强和改进工业和信息化人才队伍建设的实施意见》，明确指出要构建战略科学家梯队，积极扶持一流科技领军人才与创新团队，助其实现快速成长，注重培育青年科技人才后备力量，并致力于壮大高素质技术技能人才队伍，全面推动工业和信息化领域的人才队伍建设工作迈向新的高度。

本报告从生成式人工智能人才存量现状、人才需求现状的角度出发，探讨我国现有战略科学家和顶尖人才的存量现状，并挖掘生成式人工智能企业对技术和技能人才的需求。在此基础上分析现有人才培养结构，从教育、科技、人才"三位一体"的发展理念出发，分析生成式人工智能人才培养现状，并提出培养建议，为加快生成式人工智能领域的科技创新和人才培养贡献力量。

一　生成式人工智能顶尖人才现状

习近平总书记形容"战略科学家"为具备深厚的科学素养、长期坚守在科研的最前沿阵地、拥有开阔的视野和卓越的前瞻性判断力、同时展现出卓越的跨学科理解能力以及组织领导大型科研团队的能力的顶尖人才。[②] 生

[①] 《习近平出席中央人才工作会议并发表重要讲话》，https：//www.gov.cn/xinwen/2021-09/28/content_ 5639868.htm。

[②] 《习近平出席中央人才工作会议并发表重要讲话》，https：//www.gov.cn/xinwen/2021-09/28/content_ 5639868.htm。

成式人工智能技术作为尖端科技，在争议中迅速发展，其发展方向对经济社会影响深远，这使得前瞻性的思考和对方向的把握显得尤为重要。大模型作为生成式人工智能领域的核心技术，在各应用场景中均展现出巨大的潜力和广阔的应用前景。本节将深入探讨能够引领生成式人工智能发展方向的大模型顶尖人才的现状，分析现有战略科学家的现状、分布及特点，以了解我国人工智能顶尖人才的存量情况。

大模型领域顶尖人才获取方法：基于 AMiner 科技情报大数据挖掘与服务系统平台①，根据大模型领域关键词及其相关变体词②在论文标题、摘要和关键词中检索 2020 年 1 月 1 日至 2023 年 12 月 30 日发表在国际计算机视觉与模式识别会议（IEEE Conference on Computer Vision and Pattern Recognition，CVPR）、国际表征学习大会（International Conference on Learning Representation，ICLR）、国际机器学习大会（International Conference on Machine Learning，ICML）和神经信息处理系统大会（NeurIPS）四大顶会的论文，将这些论文的作者视为大模型领域顶尖人才。

（一）全球大模型顶尖人才概况

经统计，全球大模型顶尖人才共 7055 人，其中，美国人才数量最多，有 2685 人；中国排名第二，有 1751 人（见图 1）。中美两国大模型顶尖人才数量占总人数的 62.88%，两者均远多于排名第三的英国（275 人），这项数据体现出我国在这一领域的人才竞争力。

---

① AMiner 科技情报大数据挖掘与服务系统平台，https：//www.aminer.cn/。
② 大模型领域关键词：视觉转化器模型（Vision Transformer，ViT）、扩展法则（Scaling Law）、大模型（Large Model）、大语言模型（Large Language Model，LLM）、基础模型（Foundation Model）、大型转化器模型（Large Transformer Model）、模型提示词（Prompt）、生成式预训练模型（Generative Pre-Trained，GPT）、上下文学习模型（In-context Learning）、视觉语言模型（Vision Language Model，VLM）、微调（Fine-Tuning）、指令学习（Instruction Tuning）、人类反馈强化学习（Reinforcement Learning from Human Feedback）、参数高效微调（Parameter-Efficient Fine-Tuning，PEFT）、低秩自适应（Low-Rank Adaptation，LoRA）。

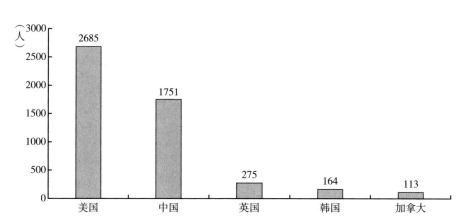

图1　全球大模型顶尖人才前五国家分布

资料来源：AMiner科技情报大数据挖掘与服务系统平台。

（二）我国大模型顶尖人才地区分布

经统计，中国大模型顶尖人才有1751人，主要聚集在北京、香港和浙江。其中，北京大模型顶尖人才数量（664人，占比为37.92%）最多且远超其他地区，其次是香港（264人，占比为15.08%）和浙江（202人，占比为11.54%）（见图2）。

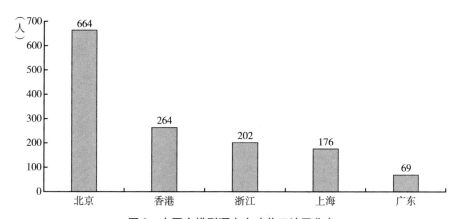

图2　中国大模型顶尖人才前五地区分布

资料来源：AMiner科技情报大数据挖掘与服务系统平台。

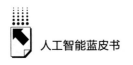
（三）我国大模型顶尖人才机构分布

经统计，目前中国大模型顶尖人才的机构分布情况如下：排前3位的分别是清华大学（212人）、浙江大学（123人）、北京大学（107人）；除此以外，排名前十的机构还有中国科学院（105人）、上海交通大学（81人）、复旦大学（60人）、香港科技大学（54人）、阿里巴巴（53人）、腾讯（51人）、香港中文大学（51人）。

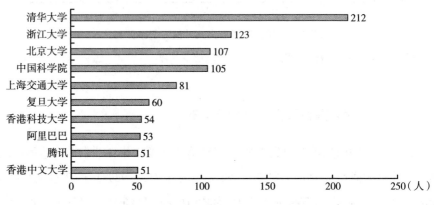

图3　中国大模型顶尖人才前十机构分布

资料来源：AMiner科技情报大数据挖掘与服务系统平台。

从我国大模型顶尖人才的供职机构性质来看，中国的大模型顶尖人才大部分供职于高校及科研机构，有1492人（占比为85.21%），供职于企业的顶尖人才有259人（占比为14.79%）（见图4）。

（四）我国大模型顶尖人才年龄分布

我国大模型顶尖人才共1751人，通过人工智能算法从中提取到997位人才的年龄信息。经统计，997位人才中30岁及以下的人才数量为374人，30~40岁（包含40岁）的人才数量为328人，40岁以上的人才数量为295人（见图5）。40岁及以下人才数量高达702人，占已知年龄人才数量的70.41%。大批大模型顶尖人才的年龄在40岁及以下，人才呈现年轻化趋势。

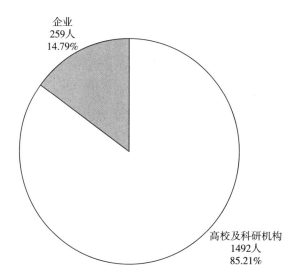

图4 中国大模型顶尖人才供职机构性质分布

资料来源：AMiner 科技情报大数据挖掘与服务系统平台。

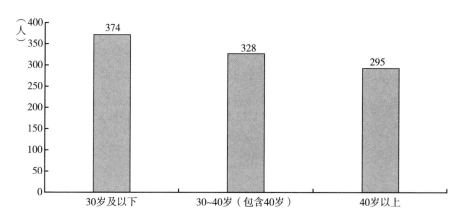

图5 中国大模型顶尖人才年龄分布

资料来源：AMiner 科技情报大数据挖掘与服务系统平台。

（五）近5年中美大模型顶尖人才变化趋势

2020 年 1 月至 2023 年 12 月，中美大模型顶尖人才在 CVPR、ICLR、ICML、NeurIPS 四大顶会的发文情况如图 6 所示。2020 年，中国共有 13 人次（"人次"指单位时间内在四大顶会发表论文人数的总和）在四大顶会上发表高水平论文，美国共有 106 人次，中国在四大顶会发表高水平论文的人数是美国的 12.26%；2021 年，中国共有 134 人次在四大顶会上发表高水平论文，美国共有 279 人次，中国在四大顶会发表高水平论文的人数是美国的 48.03%；2022 年，中国共有 587 人次在四大顶会上发表高水平论文，美国共有 1384 人次，中国在四大顶会发表高水平论文的人数是美国的 42.41%；2023 年，中国共有 1889 人次在四大顶会上发表高水平论文，美国共有 2950 人次，中国在四大顶会发表高水平论文的人数是美国的 64.03%。

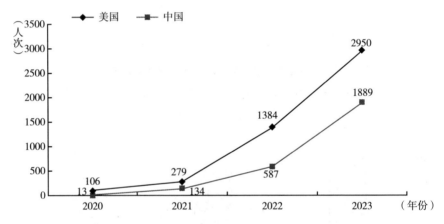

图 6　2020～2023 年中美大模型顶尖人才在四大顶会的发文情况

资料来源：AMiner 科技情报大数据挖掘与服务系统平台。

二　生成式人工智能企业人才需求

企业作为生成式人工智能的主要实践者，以其产品创造力和市场服务能力吸引了大量技术人才。技术人才作为企业一线的主力军，具备显著的技术创新能力与解决复杂工程问题的能力，构成了企业工程师队伍的核心力量。在国家战略人才力量的构成中，卓越工程师队伍占据举足轻重的地位。他们肩负技术创新的重大使命，通过承担重大工程任务，积极推动高质量发展进程。同时，他们不断实现工程技术突破，引领产业变革的潮流，为国家的经济发展注入源源不断的动力。此外，他们还致力于协同技术攻关，有效地凝聚工程技术人才队伍，共同为国家的发展贡献力量。

在首次"国家工程师奖"评选表彰之际，习近平总书记特别强调了卓越工程师在技术创新与国家战略实施中的重要作用。尤其在人工智能领域，技术人才的需求越发迫切。2030 年，我国对人工智能领域的人才需求将攀升至 600 万人，人才缺口将高达 400 万人。① 因此，本部分将聚焦于生成式人工智能领域企业核心技术岗位的人才需求，深入剖析企业对人才在知识、学历、素质、工作经验等方面的具体要求。

生成式人工智能领域技术人才需求获取方法：基于华职教育产业人才需求大数据平台，根据国家互联网信息办公室公布的生成式人工智能 117 家备案企业名单（以下简称"网信办备案大模型"企业）②，以及极新 AIGC 行业峰会中"2023AIGC 独角兽 Top100"和"2023AIGC 赋能行业创新引领者"企业名单③，采集上述企业在招聘网站发布的招聘数据，将其作为生成式人工智能领域的人才需求。本次共采集到招聘数据 63648 条，涉及岗位11422 个。

（一）生成式人工智能企业分布

本次采集的生成式人工智能企业主要分布在北京、上海、广东、浙江等地，其中北京是生成式人工智能的核心区域，其企业数量占"网信办备案大模型"企业数量的比重较高，在更具有潜力的"2023AIGC 独角兽Top100"和"2023AIGC 赋能行业创新引领者"企业中占比更高。图 7 显示了"2023AIGC 赋能行业创新引领者"企业地域分布情况。

---

① 脉脉高聘人才智库：《2023 泛人工智能人才洞察报告》。
② 《国家互联网信息办公室关于发布生成式人工智能服务已备案信息的公告》，中华人民共和国国家互联网信息办公室，2024 年 4 月 2 日，https://www.cac.gov.cn/2024-04/02/c_1713729983803145.htm。
③ 《落地为始，持续创新丨2023 极新 AIGC 行业峰会圆满落幕》，中国经济新闻网，2023 年 12月 1 日，https://www.cet.com.cn/wzsy/cyzx/3487196.shtml。

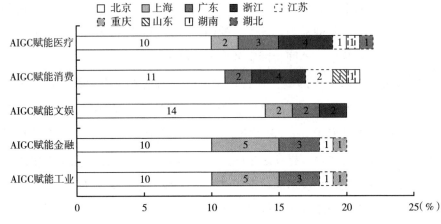

图7　"2023AIGC赋能行业创新引领者"企业地域分布

资料来源：华职教育产业人才需求大数据平台。

（二）生成式人工智能企业所需岗位在应用领域的分布

生成式人工智能赋能传统产业，同样带来传统产业人才需求的增长，从本次调研来看，在AIGC赋能传统产业的过程中，人才招聘需求最多的是金融领域，招聘人数占45%；其次为医疗和工业领域，招聘人数分别占25%和24%；消费和文娱领域对人才的需求相对较少，仅占4%和2%（见图8）。

（三）生成式人工智能企业所需岗位类型分布

为更加聚焦生成式人工智能的核心岗位，本次调研将所有企业的岗位需求划分为技术类、营销类、支持类、技能类和管理类5种类型，其中技术类岗位作为生成式人工智能的核心岗位，包括大模型算法工程师、机器学习算法工程师、自然语言处理算法工程师、计算机视觉算法工程师、语音识别算法工程师、知识图谱算法工程师、全栈工程师、数据工程师等岗位（见表1），占整体岗位人数需求的80%（见图9），体现出生成式人工智能产业技术密集型的基本特点。因此在下文笔者将着重对技术类岗位进行分析。

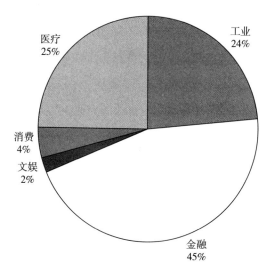

图8　"2023AIGC赋能行业创新引领者"各领域企业对人才需求的分布

资料来源：华职教育产业人才需求大数据平台。

表1　生成式人工智能企业所需不同类型代表性岗位

岗位类别	代表性岗位
技术类	大模型算法工程师、机器学习算法工程师、自然语言处理算法工程师、计算机视觉算法工程师、语音识别算法工程师、知识图谱算法工程师、全栈工程师、数据工程师等
营销类	商户经理、销售专员、客服顾问、市场专员等
支持类	行政、财务、法务、人事等
技能类	人工智能训练师、数据标注师、设备运维、操作工、维修工等
管理类	业务主管、研发总监、市场总监、产品总监等

资料来源：华职教育产业人才需求大数据平台。

（四）生成式人工智能岗位对数字化能力需求分布

本次采集的数据中大部分岗位都对大模型、人工智能、算法、编程等数字化能力有要求，除技术类岗位提到的需要数字化能力的要求外，支持类、管理类、营销类岗位也多半需要具备一定的数字化能力（见图10），说明数字化和人工智能的影响已经扩展至技术类以外的岗位，需要大量具

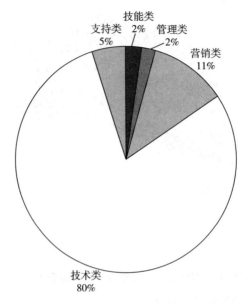

图9　生成式人工智能技术所需岗位类型分布

资料来源：华职教育产业人才需求大数据平台。

备数字化技能的通用型人才，因此在下文会对通用型人才的现有培养方案
进行阐述。

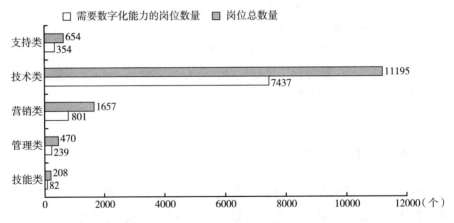

图10　生成式人工智能企业中需要数字化能力的岗位结构

资料来源：华职教育产业人才需求大数据平台。

（五）生成式人工智能核心岗位需求人数规模

在生成式人工智能技术核心岗位中，数据工程师需求人数最多，其次是计算机视觉算法工程师、自然语言处理算法工程师等岗位，人工智能训练师和全栈工程师需求相对较少（见图11），另外生成式人工智能带来的知识工程师、数据标注师、提示词工程师等岗位需求人数较少，因此不做进一步分析。

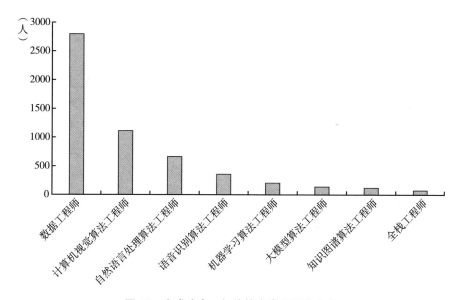

图11 生成式人工智能技术岗位需求分布

资料来源：华职教育产业人才需求大数据平台。

（六）生成式人工智能技术核心岗位画像

1. 大模型算法工程师

大模型算法工程师的核心职责是与基础研究和模型团队密切协作，研发应用于业务0-1-100阶段的AIGC工程技术。这种工程技术包括但不限于模型调用链路、RAG、AIAgent、Prompt工程、数据飞轮建设等领域。大模型

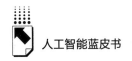

算法工程师需负责基于 AIGC 与 AI 交互式模型的产品原型设计，同时高效、可靠地实施模型推理并部署解决方案。

大模型算法工程师这一岗位，在专业知识上，需掌握人工智能基础算法、技术框架、编程语言（如 Python、PyTorch、C++等）、深度学习、数据处理、TensorFlow 等领域的知识。此外，沟通能力、问题解决能力以及数据分析能力等相关素质亦尤为重要。

大模型工程师这一岗位对学历要求较高，需要本科以上学历层次的人才。在工作经验方面，以具备 3 年工作经验为主，要求具备产品研发、模型训练、工程项目、推理优化、系统设计、项目管理等多方面的实践经验（见图 12）。

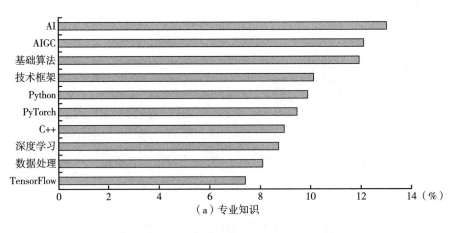

（a）专业知识

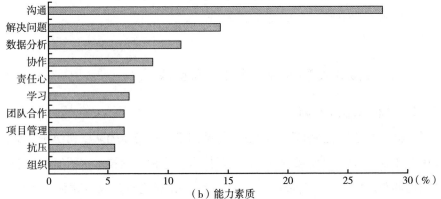

（b）能力素质

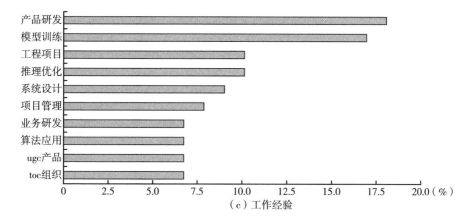

图 12 生成式人工智能大模型算法工程师岗位画像

资料来源：华职教育产业人才需求大数据平台。

2. 机器学习算法工程师

机器学习算法工程师的主要工作任务是研究、开发和应用机器学习算法，解决业务问题并推动技术创新。他们需要对数据进行预处理、特征提取和模型训练，负责算法的性能调优和模型部署，确保算法在实际应用中的稳定性和可靠性。例如，基于 ExaFLOPS 高性能集群等构建大规模机器学习平台，结合底层硬件架构、深度学习框架和 AI 编译等相关技术，对结构化、非结构化数据进行数据挖掘和建模，为自动驾驶、CV 和 NLG 等算法模型的训练、推理和部署全链路性能提供支撑。

对于机器学习算法工程师，企业往往要求他们具备扎实的数学基础和编程能力，并对深度学习和机器学习有深入理解，能运用 Python、C++ 等编程语言，熟悉常见的机器学习算法和框架，如 TensorFlow、PyTorch 等。同时，他们需要具备良好的沟通能力和团队合作精神，能够与产品经理、数据科学家和开发人员紧密合作，共同推动项目的进展。

在工作经验方面，该岗位层次性较强，需要具有算法研发、系统开发、编译开发等方面的项目实践经验的人才（见图 13）。

3. 自然语言处理算法工程师

自然语言处理算法工程师专注于研究和开发自然语言处理技术，以实现

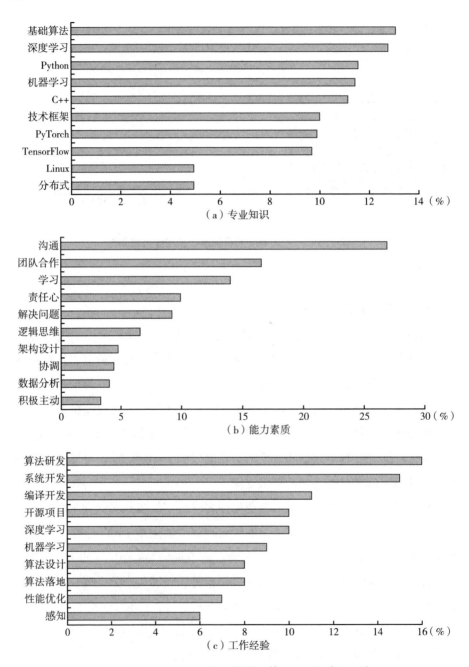

图13 生成式人工智能机器学习算法工程师岗位画像

资料来源：华职教育产业人才需求大数据平台。

对人类语言的智能理解和生成。他们需要深入探索自然语言处理领域的算法和模型，包括但不限于文本分类、信息抽取、情感分析、语义理解等任务，同时还需要关注领域内的最新研究进展。在生成式人工智能领域，自然语言处理算法工程师还需要进行大规模预训练语言模型系统的设计、改进，参与开源大模型的开发和维护工作，提高模型的普遍性和适用性。

对于企业而言，自然语言处理算法工程师需要熟练掌握自然语言处理相关的算法和技术，如分词、词性标注、命名实体识别、句法分析等。同时，他们还需要具备良好的编程能力，熟悉 TensorFlow、PyTorch 等系统框架，并通过深度学习、机器学习等进行系统开发。在能力素质方面，除了基础的沟通与团队合作外，还需要具备较强的求知欲、进取心和自驱力等，以保障其自主研究能力。

在工作经验方面，企业通常会要求具备相关领域的工作经验，如自然语言处理、语义分析、自然语言理解、知识挖掘、知识图谱等。此外，对于具有智能客服、智能助手、对话管理等实际项目经验的候选人，企业会给予更多的关注（见图14）。

4. 计算机视觉算法工程师

计算机视觉算法工程师负责研究和开发计算机视觉算法，以实现图像识别、目标检测、图像分割等任务，为各行业的智能化应用提供技术支持。例如，根据业务场景和嵌入式平台特性，设计与实现深度学习或图像处理相关

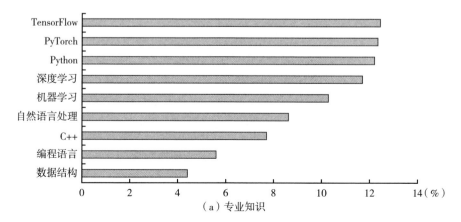

（a）专业知识

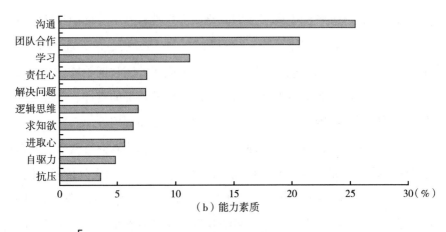

（b）能力素质

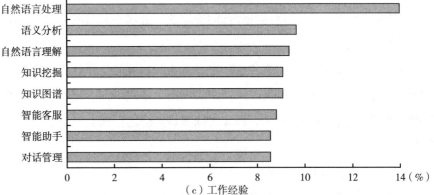

（c）工作经验

图14　生成式人工智能自然语言处理算法工程师岗位画像

资料来源：华职教育产业人才需求大数据平台。

的算法，或对视频监控摄像机（包含多目、枪机、筒机、半球等摄像机）图像功能进行验证，进行版本自动化测试等。

计算机视觉算法工程师需要具备扎实的数学基础和计算机编程能力，熟练掌握计算机视觉领域的算法和技术，如深度学习、图像处理、视觉成像等。在素质方面，不仅需要具备团队合作能力，还需要具备较强的解决问题的能力和逻辑思维能力，并有一定的审美水平和创新精神。

在学历方面，企业通常要求计算机视觉算法工程师具备研究生学历，且拥有计算机、数学、物理等相关专业的背景。在工作经验方面，企业更倾向于招聘具有 2~5 年相关领域工作经验的候选人，尤其是在图像处理、算法研发、目标检测、机器视觉、设计等领域的实际项目经验（见图 15）。

5. 语音识别算法工程师

语音识别算法工程师的主要职责是研究和开发高效的语音识别算法，通过语种检测（LID）、声纹识别（VPR）、情绪识别（SER）、声音识别等实现准确、快速的语音到文本的转换。生成式人工智能领域的语音识别算法工程师还需要负责语音合成方向的技术预研和研发工作，包括但不限于前端模型、声学模型、声码器的训练和调优，通过语音合成（TTS）、声音转换（VC），研发生成式语音大模型。随着智能语音助手、语音搜索、智能客服等应用的普及，对语音识别算法工程师的需求也在不断增加。

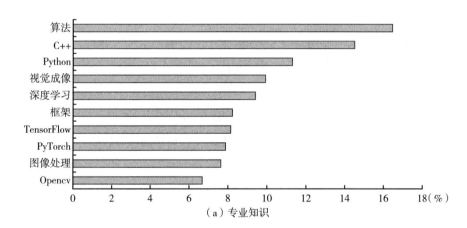

（a）专业知识

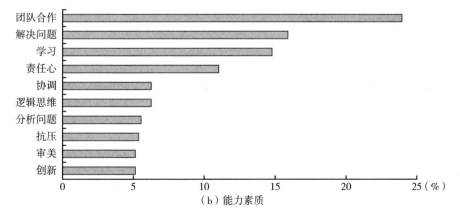

（b）能力素质

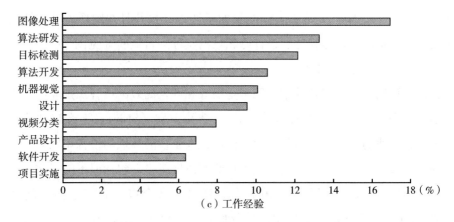

图15　生成式人工智能计算机视觉算法工程师岗位画像

资料来源：华职教育产业人才需求大数据平台。

语音识别算法工程师需要具备深厚的语音信号处理、语音识别、语音合成、深度学习、机器学习等理论基础，能够运用 Python、C++等语言，针对实际应用场景，设计和优化语音识别模型，进行算法实现和系统开发，提高模型识别准确率和效率。还需要具有较强的团队合作能力、解决问题能力、学习能力和逻辑思维能力，能够凭借责任心和自驱力，锲而不舍地推动算法实现。

在经验方面，需要具备较长时间的工程研发、产品研发、人机交互、机器学习、语音合成等方面的项目经验（见图16）。多数岗位都需要工作年限在5年左右的人才。在学历方面，该岗位人才层次分布较完整，对从大专到博士各个层次人才都有需求，但以本科和硕士研究生人才需求为主。

6. 知识图谱算法工程师

知识图谱算法工程师负责研究和开发知识图谱构建、知识推理、知识表示等关键技术，能够提炼泛知识各品类内容不同程度专业问题，输出研判意见，并形成合理化分级逻辑和指导性原则，以推动人工智能系统在知识理解、推理决策等方面的能力得到提升。

知识图谱算法工程师需要具备扎实的数学、计算机和语言学基础，熟练掌握机器学习、自然语言处理、图像算法等相关技术。他们需要能够深入理解互联网、应用市场和业务场景，从海量数据中抽取实体、关系等知识元素，

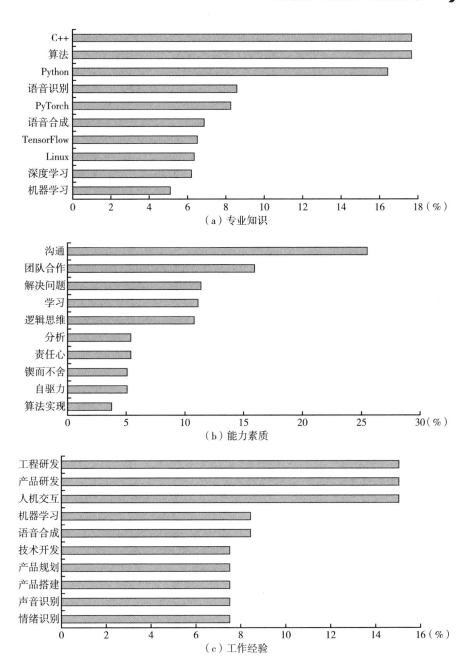

图16　生成式人工智能语音识别算法工程师岗位画像

资料来源：华职教育产业人才需求大数据平台。

构建高质量的知识图谱。同时，他们还需要设计高效的知识推理算法，具备数据分析的能力，并通过语言表达形成知识图谱，以解决实际问题，实现知识的自动推理和补充，为智能问答、推荐系统、决策支持等应用提供强大的知识支撑。

在学历方面，并不需要过高的学历，大多数岗位拥有本科学历者即可胜任，部分岗位大专院校毕业人才也可胜任。但在工作经验方面需要具备3年左右的用户运营、产品经理、知识管理、知识产权、数据分析等方面的项目经验（见图17）。

7. 全栈工程师

全栈工程师是现代软件开发领域中的多面手，他们具备全面的技术能力，能够独立完成从需求分析、设计、编码到测试、部署等整个软件开发流

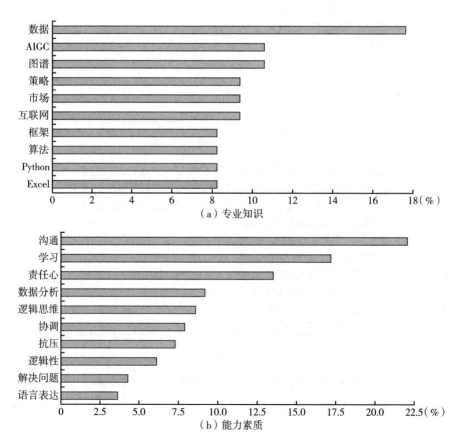

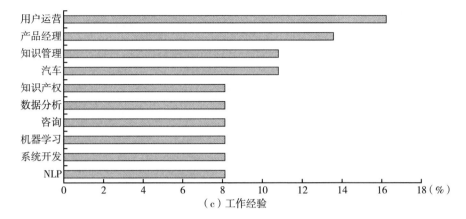

图 17　生成式人工智能知识图谱算法工程师岗位画像

资料来源：华职教育产业人才需求大数据平台。

程的工作。全栈工程师不仅在前端和后端开发领域拥有深厚的功底，还能处理数据库管理、系统架构、性能优化等方面的任务，能够根据项目实际需求和实现条件，通过文本、图像、视频等跨模态生成算法，推进跨模态内容生成前沿技术创新，提升技术性能，增强其应用效果。

全栈工程师需要熟练掌握多种编程语言和技术栈，如 Java、Python、Java Script 等，并熟悉前端框架（如 React、Vue.js、Angular）和后端框架（如 Django、Spring、Express）。同时，他们还需要对数据库技术（如 MySQL、MongoDB、Redis）和网络技术有深入的了解，并需要良好的沟通协调能力和技术适应能力，能够在整个项目技术组中起到沟通协调作用。

在学历方面，本次调查的全栈工程师岗位均要求具备本科及以上学历。在工作经验方面，要求具备丰富的项目开发经验，如服务开发、JavaWeb 开发、软件开发、系统设计、数据库开发等，能够对项目有较为全面的理解，并迅速适应新的项目环境，快速解决问题（见图 18）。

8. 数据工程师

数据工程师专注于数据处理、存储、分析和可视化等各个环节，并负责数据库集群规划设计、实施落地、问题攻关、性能优化，能够为用户提供准确、高效的数据支持。

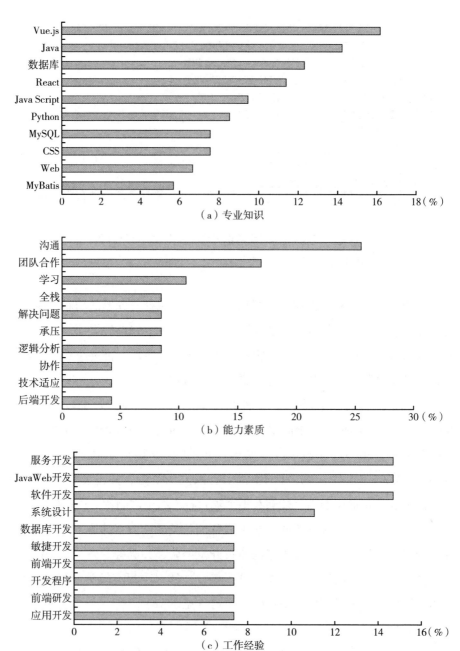

图 18 生成式人工智能全栈工程师岗位画像

资料来源：华职教育产业人才需求大数据平台。

数据工程师不仅需要具备编程技能，还需要深入理解数据和算法，熟练掌握 Python、SQL 等编程语言，并具备大数据处理的能力，熟悉 Hadoop、Spark 等大数据处理框架，以及数据仓库和数据挖掘技术。在能力素质方面，数据工程师需要具备较强的逻辑思维以及数据分析和独立思考的能力，从而能够从海量数据中提炼和整理有效信息。

在项目经验方面，数据工程师需要具备 3~5 年的数据分析、数据开发、架构设计、数据挖掘等相关项目的经验（见图 19）。在学历方面，数据工程师通常需要具备本科及以上学历，需具备数学、统计学、计算机科学等相关专业背景。

需要特别指出的是，对数据工程师已经有较多市场认可度较高的认证，比如 HCIE、CISSP、PMP、CPA、CIA、CISA、CFA、FRM、OCP、OCM、DAMA 等，得到这些认证的数据工程师在市场中也较容易得到企业的认可。

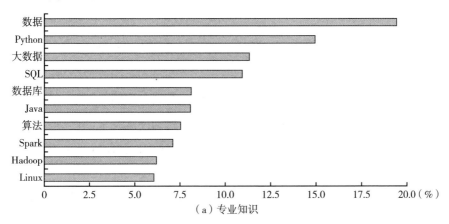

（a）专业知识

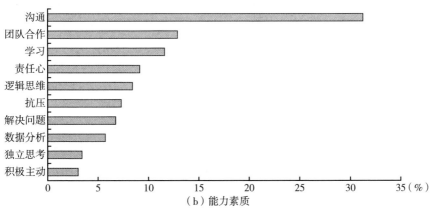

（b）能力素质

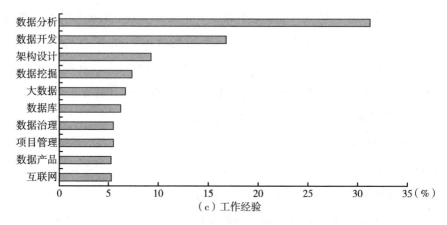

（c）工作经验

图19 生成式人工智能数据工程师岗位画像

资料来源：华职教育产业人才需求大数据平台。

9. 人工智能训练师

人工智能训练师是近年来随着人工智能技术的快速发展而兴起的新兴职业。他们能够结合不同应用场景的业务特征，构建和不同智能产品适配的知识库、规则、场景等，其构建的这些也可以被复用在不同工作中，沉淀为方法论，为机器的训练和测试提供优质数据，并根据测试结果进行基于核心指标的调优，定期对机器人/助手进行质检、数据标注，保证机器人/助手的回答准确率，并进行知识输出。

在专业知识方面，人工智能训练师需要具备扎实的机器学习和数据科学知识，了解人工智能各种算法的原理和应用场景，并掌握 Office、AI Trainer 等工具，熟悉数据方案及各项指标，能够高效地构建和训练模型。在素质方面需要具备对业务的理解和表达能力，以及对数据的分析能力，并能通过问题定位和逻辑分析解决实际问题。

在经验方面，需要熟悉不同行业（如金融、保险、银行、证券、客服等）应用场景的数据特点，能够根据实际需求设计和实施训练方案（见图20）。但不需要过长的工作年限，有2年工作经验且对具体场景有一定了解即可。在学历方面，人工智能训练师更加注重操作技能，以完成既定工作为准则，本科生和大专生均可胜任。

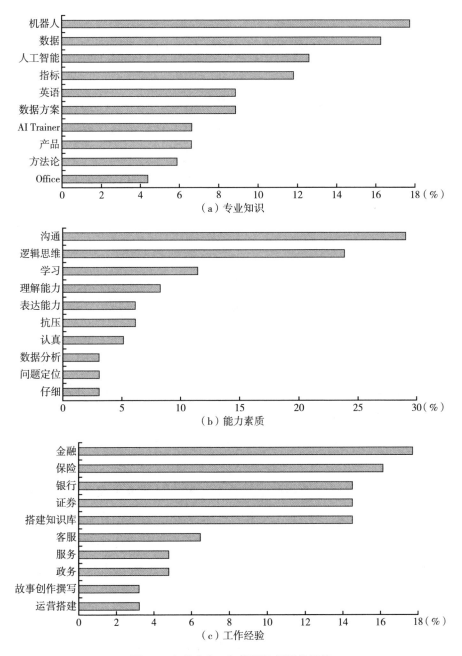

图20 生成式人工智能训练师岗位画像

资料来源：华职教育产业人才需求大数据平台。

三 生成式人工智能人才培养现状

人才问题本质上是教育问题，只有教育、科技、人才三者协同共进，才能为我国当前阶段的发展奠定坚实的基础，提供战略支撑。此外，目前国内以通用人工智能为培养目标构建多维人才培养生态，这成为实现生成式人工智能乃至通用人工智能领域学研产用的可持续创新发展的必要途径。

（一）顶尖人才培养

顶尖人才的培养主要通过高校来实现。在高等教育领域，2022年北京通用人工智能研究院联合北京大学共同发布了《通用人工智能人才培养体系》白皮书，这是我国通用人工智能人才培养的起点。该体系以"通识、通智、通用"为核心理念，以"通才"为培养框架，打通了从"通班到通院"的人才发展路径。致力于培养具备人文素养和家国情怀，拥有独立思辨和跨学科思维能力，熟练掌握人工智能核心理论和技术，勇于实践并具备科研开拓精神的国际领先高层次复合型人工智能领军人才。

同年，教育部将"智能科学与技术"列为《研究生教育学科专业目录（2022年）》交叉学科门类中的一级学科，这标志着智能科学与技术已成为一门独立的新兴学科，充分体现了国家对智能学科的高度重视和认可。这也标志着通用人工智能内生力量培养体系正在逐步成熟和完善。

2023年，通用人工智能协同攻关合作体人才培养计划（简称"通计划"）正式启动，该计划由教育部支持，中国信息通信研究院联合北京大学、浙江大学、上海交通大学、中国科学技术大学、武汉大学、华中科技大学、北京理工大学、电子科技大学和北京邮电大学，以"教育—科技—人才"一体化为发展路径，通过高校间的深度合作和资源共享，有组织地推进原始创新、集成创新和开放创新，旨在塑造"创新链—产业链—资金链—人才链"的发展模式，这标志着通用人工智能人才培养组织体系正式建立。

同年，首期"通计划"暑期学校成功举办，60 余名新生顺利入学，并通过双聘导师制度、课题研究、平台搭建等多种方式接受联合培养，这标志着通用人工智能人才培养已进入实践阶段。该次人才培养以高校为培养主体进行基础理论课程授课，由中国信息通信研究院牵头进行学术和科研活动，锻炼学生的技术实践能力。在第一期培养基础上，该项目在 2024 年进一步扩招，推动通用人工智能人才的持续培养，为产业和技术发展提供源源不断的有生力量。

（二）技术技能人才培养

发展通用人工智能需要高素质技术技能人才。因此，2023 年在职业教育领域，全国通用人工智能行业产教融合共同体正式成立，该共同体由北京市门头沟区政府、北京航空航天大学、北京工业职业技术学院、商汤科技开发有限公司等组成，从政行企校多方协作的角度出发，致力于培养具备创新能力和实践技术经验的通用人工智能高素质技能人才。同时，该共同体也为通用人工智能领域搭建了研发与技术创新平台、人才供需对接平台以及人才协同培养平台，以提升人才素质和技能水平为目标，促进教育链、人才链与产业链、创新链的有机衔接。为保证人才培养工作顺利开展，门头沟区发布了首个区级人工智能算法领域专门人才政策文件，并自主开发了职业教育领域人工智能技术人才培养体系，建立了京西智谷人工智能人才公共实训基地，为人工智能领域应用型人才培养提供政策支持、体系支撑、培训和实践平台，进一步提升人工智能高素质技能人才的技术水平和创新能力。

（三）职能岗位人才培养

目前生成式人工智能企业需要技术岗位的人才，同时要求管理、销售、支持等职能岗位人员秉持数字化、智能化理念，具备一定的大模型应用能力，不断提升数字化素养，以应对经营和生产的变革。相较于高校长期系统化人才培养，培训机构的短期人才培养将培养方向确定为 AIGC 赋能行业，以此弥补高校人才培养在实际应用场景方面的短板。

在这一方面，中关村人工智能学院针对不同岗位的群体需求，开发了针对企业领导提升数字化领导能力、管理能力的"领导力+AIGC 课程"，针对提示词工程师提升软件应用开发能力的"AIGC 应用开发课程"。根据组织对员工 AIGC 使用技能的要求进行定制化培训，开发了"AIGC 工具使用课程"。通过 AIGC 的概述、工具使用入门、提示词工程讲解、AIGC 的未来发展等培训内容，传统领域岗位员工在对 AIGC 的认知更加清晰的基础上，能够掌握 AIGC 工具和提示词编写技巧，拓宽对 AIGC 在工作和生活中进行应用的视野。

中关村人工智能学院目前已成功举办 AIGC 与医疗、AIGC 讲师培训、AIGC 与自媒体、AIGC 与创造力、Sora 与未来、AIGC 工具使用与开发等多个培训班，培训人数超过 200 人。通过培训，能够让 AIGC 技术逐渐得到普及和应用，让更多传统产业人员了解并掌握这项前沿技术，提升其数字化能力和素养，并进而提升其所在企业的数字化转型能力，帮助企业通过人才技能和素养的提升，实现业务升级，促进 AIGC 技术在各产业的应用和发展，这为通用人工智能赋能提高整体生产力和创新能力提供了人才培养方案。中关村人工智能学院 AIGC 课程体系参见图 21。

四 结论与建议

生成式人工智能在各行各业得到广泛应用，同时形成大量的人才需求，需要各界共同努力为人工智能的发展提供坚实的人才智力支撑。

图 21　中关村人工智能学院 AIGC 课程体系图

（一）研究结论

从全球范围看，人工智能顶尖人才竞争日趋激烈，特别是大模型顶尖人才。我国大模型顶尖人才在地域和机构分布上呈现一定的集中趋势，主要集中在北京、香港和浙江地区的高校科研院所，这些机构拥有强大的科研实力，为大模型的研究和应用提供了重要的支持和保障。从大模型顶尖人才的年龄分布看，我国大模型顶尖人才年龄呈现年轻化趋势，这显示了人工智能大模型领域对年轻学者的吸引力。

在我国生成式人工智能产业化过程中，企业对人才的需求规模巨大。其中对以数据工程师、计算机视觉工程师、自然语言处理工程师等为代表的技术类岗位需求居多。企业对技术类岗位的人才在学历、素质、工作经验等方面有较高要求，技术类岗位人才需要具备扎实的数学、计算机和语言学基础，熟练掌握机器学习、自然语言处理、图算法等相关技术，并具备较强的逻辑思维、数据分析和独立思考的能力。与此同时，企业对管理类、支持类、销售类等偏传统或职能型岗位人员的通用数字化、智能化素养也有较高要求，相关岗位人员需要对人工智能业务有一定的了解，并能运用大模型工具辅助相关工作的开展。

为满足生成式人工智能技术发展过程中对顶尖人才的需求和产业发展中对技术人才和管理职能类人才的需求，我国以科研院所和顶尖高校为主体进行科研人才的培养，以政行企校为主体进行技术技能人才培养，以社会培训机构为主体进行管理职能类人才的培养，初步形成了较为完善的培养体系，并进入人才培养实践阶段，初步形成教育、科技、人才三位一体的协同发展的态势，为未来人才队伍的建设打下了良好的基础。

（二）对策建议

随着科技的飞速发展，人工智能技术在各个领域的应用日益广泛，其与产业之间的融合也日益紧密。我国人工智能技术与产业的发展势头强劲，这预示着未来将面临更大的人才缺口。为了在人工智能领域持续培养人才，我国需要不断加强这一方面的人才培养，以应对这一挑战。

首先，要明确人才链条。生成式人工智能领域涉及多个学科和岗位，因此需要对人才链条进行梳理，明确各个岗位的职责和要求。通过对生成式人工智能岗位链条和人才层次进行分析，我们可以对不同岗位的特点进行精准定位，从而提高人才培养的针对性和有效性。

其次，构建多学科、多途径、多层次的立体式人才培养生态。生成式人工智能的发展需要跨学科的人才，因此需要在人才培养过程中充分整合多学科资源，实现多学科交叉融合。同时，要为人才提供多途径的发展空间，让他们在实践中不断积累经验，提升能力。此外，建立多层次的人才培养体系，为人才提供丰富的成长平台，有助于培养出具备创新能力、适应产业发展的多层次人才。

最后，加强产学研合作，推动产业界与学术界的深度融合。产业界与学术界应共同参与人才培养方案的制定，确保人才培养与产业需求紧密对接。此外，通过产学研合作项目，让学生在实际项目中锻炼能力，提高产业界的实践能力，为人工智能领域培养更多具备创新精神和实践能力的人才。

总之，我国应加强生成式人工智能领域及通用人工智能领域的人才培养，满足产业发展的多维度需求。通过明确人才链条、构建立体式人才培养生态、加强产学研合作，培养一大批具备创新精神和实践能力的通用人工智能人才，为我国人工智能产业的发展提供坚实的人才支撑。

参考文献

茹宁、苏靖雅：《人工智能人才画像与培养路径探析》，《天津市教科院学报》2021年第2期。

陈义明、刘桂波、张林峰、朱幸辉：《基于CDIO的人工智能人才培养方案的形成与持续改进》，《计算机教育》2022年第7期。

徐冠岳：《高校人工智能人才培养：动因与进路》，《教育探索》2022年第6期。

袁野、刘壮、万晓榆：《我国人工智能人才政策的文本分析与对策研究》，《中国高校科技》2021年第9期。

苑立娟、王海霞、于平：《人工智能人才需求现状及对策》，《科教导刊》2021年第14期。

武迪、戴琼海：《高校人工智能人才培育战略的道与路》，《中国高等教育》2021年第20期。

B.6
新一代人工智能伦理与社会影响研究

刘志毅　郑烨婕　张 恺*

摘　要：　通用人工智能（AGI）技术快速发展，必将在社会各层面的应用中引发一系列伦理和社会问题。本报告首先分析了关于 AI 伦理原则的全球共识，包括尊重个体权利、公平与正义、安全与责任等关键方向。通过比较中国、欧盟和美国在 AI 伦理原则制定上的不同立场和方法，揭示了各方在推动 AI 伦理发展上的独特贡献与面临的挑战。其次，本报告探讨了 AI 伦理面临的五个关键挑战：数据隐私泄露、算法偏见与歧视、AI 可解释性、责任归属问题，以及人机关系的重新定义。最后，深入洞察 AI 对社会的多维影响，包括 AI 将重塑所有产业格局、引发社会关系变革、影响人的角色定位与价值观等。针对这些影响，本报告提出了建立全球性 AI 治理框架、改革教育系统和培养 AI 伦理专家的建议。本报告强调，AI 伦理研究应作为推动人类社会可持续发展的重要任务，确保 AI 的发展能够在伦理治理框架的指导下，真正服务于社会，在推动经济增长的同时保障社会的公正和公平。

关键词：　人工智能　AI 伦理　人机关系

自 2016 年以来，人工智能技术的快速发展和广泛应用引发了对其伦理问题的广泛关注，形成了 AI 伦理发展的三个显著阶段。首先，2016 年标志着"原则大爆炸"阶段的开始，这一时期全球范围内广泛提出 AI 伦理原

---

* 刘志毅、郑烨婕、张恺，东方财富信息股份有限公司。

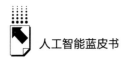

则。从国家政策到国际组织，再到科技巨头和学术界，纷纷响应建立 AI 伦理的呼声，提出了一系列伦理原则和指导方针。这一阶段虽然确立了 AI 伦理原则的重要性，但也暴露出了缺乏共识和具体实践的局限性。

随后，2018 年进入了"共识寻求"阶段，这一阶段的特点是试图在全球范围内统一 AI 伦理的认识。面对多样化的 AI 原则和伦理框架，以及它们之间的分歧和冲突，国际社会开始寻求共同点，以期达成全球性的 AI 伦理指导原则。经济合作与发展组织（OECD）和二十国集团（G20）的 AI 原则是这一阶段努力的体现，其为全球 AI 伦理的发展提供了重要的框架和方向。

自 2019 年起，AI 伦理的发展进入了"实践"阶段。在这一阶段，产业界和学术界开始深入探索如何将 AI 伦理原则转化为具体的行动和实践。科技公司如谷歌、微软、IBM 等开始将 AI 伦理原则融入其研发流程和业务应用，推动 AI 伦理原则的操作化和落地化，国内的科技企业如商汤科技等也纷纷效仿设立产品伦理审核机制。这一阶段的核心在于将 AI 伦理原则转化为实际可执行的策略和措施，确保 AI 技术的发展能够符合伦理标准并增进社会整体福祉。

本报告旨在深入探讨 AI 伦理面临的挑战及 AI 对人类社会所带来的一系列影响，并展望未来的发展方向。我们将从宏观的角度审视 AI 伦理的演变，同时关注具体的实践案例，以期为读者提供一个全面的视角，理解确立 AI 伦理原则的重要性和紧迫性，并为未来的研究和政策制定提供参考。

一　人工智能伦理原则的共识的建立

随着人工智能技术的迅猛发展和广泛应用，AI 伦理原则已成为确保技术进步与人类价值和社会规范相协调的关键。AI 伦理原则涉及一系列复杂的议题，包括但不限于算法的透明度、数据隐私保护、自动化带来的就业影响、决策过程的公平性与正义性，以及 AI 系统的安全性和责任归属。这些原则旨在引导 AI 技术的发展，使其不仅能够推动经济增长和技术创新，同时还能尊重和保护个体权利、促进社会公平、确保决策的透明度和可解释性，并在必要时明确责任主体。

在这一背景下，全球范围内的政策制定者、技术开发者、学者和公众都积极参与 AI 伦理原则的讨论和制定。AI 伦理原则不仅需要反映当前的技术和社会现实，还需要具备足够的灵活性以适应未来的变革。

在第三届"一带一路"国际合作高峰论坛期间，中国提出了《全球人工智能治理倡议》。该倡议围绕人工智能的发展、安全和治理三个方面，系统阐述了人工智能治理的中国方案，旨在为全球人工智能治理提供建设性的思路。中国在倡议中强调，发展人工智能应坚持"以人为本"的理念，以增进人类共同福祉为目标，以保障社会安全和尊重人类权益为前提。中国倡导确保人工智能技术始终朝着有利于人类文明进步的方向发展，并积极支持利用人工智能助力可持续发展，应对气候变化、保护生物多样性等全球性挑战。

欧盟通过其"AI 伦理指导原则"为 AI 技术的伦理应用树立了标杆。这些原则强调了 AI 系统的可信赖性，涵盖了人的尊严、人的代理性、可追溯性、责任、公平性、可靠性和安全性等关键领域。欧盟的 AI 伦理框架特别重视人的尊严和代理性，确保 AI 技术的发展不会侵犯个人的基本权利或取代人类的决策能力。此外，欧盟还注重 AI 决策过程的透明度和可追溯性，以及在 AI 应用中维护公平性和避免歧视。在隐私和数据保护方面，欧盟的指导原则与《通用数据保护条例》（GDPR）紧密相连，要求 AI 应用严格遵守数据保护规则。欧盟还推出了"可信赖 AI"框架，提供了一系列工具和指标，帮助开发者和组织评估和提高 AI 系统的伦理标准。

相比之下，美国在 AI 伦理方面采取了更为分散和多元的方法。美国政府、国防部、私营部门和学术界均提出了各自的 AI 伦理原则，这些原则通常强调创新、竞争力、公民自由和国家安全。例如，美国国防高级研究计划局（DARPA）的"可解释 AI"项目旨在开发能够提高决策过程透明度的 AI 系统，而美国国家标准与技术研究院（NIST）则发布了关于 AI 伦理的框架草案，公开征求意见以形成国家标准。美国的原则倾向于强调 AI 技术的安全性和效能，特别是在涉及国家安全的应用中。同时，美国也在努力减少

AI 应用中的偏见和歧视，提高算法的公平性和可解释性。美国的方法体现了对技术进步和全球竞争力的重视，同时也试图平衡隐私权利和公共利益。

通过比较欧盟和美国的 AI 伦理原则，我们可以看到，欧盟更倾向于规范和保护，而美国则更强调创新和技术发展。两种方法都有其优势和局限性，且随着 AI 技术的不断发展，这些原则和框架可能会继续演进，以适应新的挑战和全社会的需求。

在对全球 AI 伦理原则的广泛讨论和系统性分析的基础上，目前已经形成了普遍认可的三个主要方向，这些方向反映了国际社会在 AI 伦理方面的基本共识。

（一）尊重个体权利

尊重个体权利是 AI 伦理的基石，这一原则强调 AI 技术的发展和应用必须以尊重和保护个体的基本权利为基础。这包括但不限于个人隐私权、数据保护权以及决策过程中的自主权。AI 系统在处理个人数据时必须确保透明度和可追溯性，同时保障个人的知情权和选择权。此外，AI 应用不应侵犯个人的尊严和自由，而应增进人类福祉。

（二）公平与正义

AI 伦理的第二个核心方向是公平与正义，这要求 AI 系统的设计和应用不能加剧社会不平等，而应增强包容性，提供平等机会。AI 算法必须经过审查，以确保它们不会延续或放大现有的偏见和歧视，无论这些偏见和歧视是基于性别、种族、年龄还是基于社会经济地位。例如，招聘 AI 系统需要确保不会因历史数据中的偏见而歧视某些群体的求职者。此外，公平与正义还涉及 AI 技术在全球范围内的可及性和受益均等化，确保技术进步能够惠及不同地区和不同的社会群体。

（三）安全与责任

AI 系统的安全性和责任归属是 AI 伦理的另一个核心方向。AI 技术必须确保在各种操作条件下的可靠性和安全性，防止对人类社会造成危害。同时，必须明确 AI 决策过程中的责任主体，确保在 AI 系统出现问题时能够追溯责任并采取相应的补救措施。这还包括建立相应的监管机制，以促进 AI 技术的负责任使用。

这三个方向共同构成了 AI 伦理原则的基础，它们相互关联，共同作用于 AI 技术的设计、开发和部署过程。随着 AI 技术的不断发展，这些原则需要不断地被审视和更新，以适应新的挑战和情境。

二 新一代人工智能伦理问题的识别与挑战

（一）数据隐私泄露

在人工智能的应用和发展中，数据隐私的保护是一个核心议题，它直接关系到个人权利的维护和信息安全。AI 系统的效能很大程度上依赖于对大量数据的分析和学习，这些数据可能包含个人健康记录、财务信息、通信内容等敏感信息。因此，应确保这些数据的隐私安全，防止未经授权的访问和滥用。通过大模型能够推断出个人信息、敏感数据。大模型涌现出强大的推理能力，可能推断出特定个人的宗教信仰、经济状况等个人信息，甚至可能分析出关系国家安全、公共安全的敏感数据。有研究发现，如果提示指令声称正在从事防止核恐怖主义的研究，便可以绕开 ChatGPT 拒绝响应核武器制造提示的安全护栏，而说服其给出如何制造核弹的详细说明。虽然此发现公布后不久该提示指令便不再起作用，但这项发现确实展现出大模型强大的敏感数据的析出能力。

数据隐私泄露的风险主要来自两个方面。一是模型泄露个人信息。AI 模型可能会在不经意间泄露其训练数据中的个人信息和敏感数据。大型 AI 模型通常使用网络公开数据进行训练，这些数据可能含有个人身份信息，如姓名、电话号码，甚至包括生物识别信息和行踪轨迹等高风险数据。此外，用户输入的提示也可能被用作训练数据，同样可能含有敏感信息。研究表

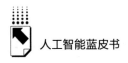

明，AI 模型可能会"记忆"并在特定情况下泄露这些信息，包括受版权保护的材料。例如，三星公司在使用 ChatGPT 不到 20 天的时间内，就发生了3 起敏感数据泄露事件，暴露了其半导体设备测量资料、产品良率和内部会议内容等保密信息。

二是通过模型推断个人信息。AI 模型的强大推理能力可能导致个人信息泄露。这些模型能够推断出个人的宗教信仰、经济状况等私人信息，甚至可能分析出涉及国家安全和公共安全的敏感数据。有研究显示，通过特定的提示指令，可以绕开 AI 模型的安全限制，诱导其提供敏感信息。尽管这类特定的提示在被发现后很快失效，但这确实揭示了 AI 模型在处理敏感数据时的潜在风险。

为了应对这些风险，必须采取严格的数据保护措施，包括但不限于数据匿名化、加密存储、访问控制和用户授权。同时，需要对 AI 模型进行安全审计，确保其不会泄露或推断出敏感信息。此外，加强 AI 伦理教育和法规建设，增强公众对数据隐私保护的意识，也是防止数据隐私泄露的重要措施。

（二）算法偏见与歧视

AI 模型的训练依赖于大量的数据，这些数据往往是未经标注的，可能带有偏见、歧视的成分，以及侮辱、仇恨、暴力、色情等有害内容。这些数据中的"毒性"内容会导致模型学习并再现这些负面信息，生成的内容便易带有偏见和歧视。

偏见和歧视是社会不公的体现，它们在 AI 系统中的表现形式尤为值得关注。偏见是一种基于主观认识的态度，可能导致对特定人群的不公平对待。当这种区别对待变得系统化时，就会演变为歧视。例如，性别偏见可能导致对女性领导者的不公平对待。

美国国家标准与技术研究院将 AI 偏见分为三个主要类别。

（1）系统偏见。系统偏见源于文化和社会中的制度规范、实践和流程，这种偏见可能深刻影响 AI 系统的价值观和行为模式。

（2）统计和计算偏见。由于训练样本的代表性不足，模型无法学习到多样性和包容性，从而产生偏见。

（3）人类偏见。人类偏见反映了人类思维中的系统性错误，这些错误可能在数据收集、标注和模型训练过程中被引入。

实证研究表明，即使是先进的文本生成图像模型，如 DALL-E 2 和 Stable Diffusion，也可能复制和放大训练数据中的偏见。例如，当输入"CEO"作为提示时，这些模型倾向于生成男性形象，而不是女性形象。这种现象揭示了训练数据中存在的系统偏见和统计偏见，表明数据缺乏公平和全面的代表性。

此外，如果 AI 模型的训练数据主要来自特定语言或国家，模型可能会内化并反映出相对应的文化传统和价值观，从而在全球应用中引发文化冲突和意识形态矛盾。为了解决这些问题，可能需要采取以下措施。

（1）进行多元化数据收集，确保训练数据来自不同的文化、社会和语言背景，以减少文化偏见。

（2）增强公平性意识，在 AI 模型的设计和训练过程中，提高对潜在偏见的认识水平，并采取措施降低其造成的影响。

（3）持续进行监测和评估，对 AI 系统进行持续的偏见监测和评估，确保其决策公正无私。

（4）进行多学科合作，鼓励技术专家、社会学家、伦理学家和法律专家之间进行合作，共同制定减少偏见和歧视的策略。

（三）AI 可解释性

AI 的可解释性问题，特别是在通用人工智能的应用中，主要涉及决策过程的透明度和理解度。深度学习和其他复杂的机器学习算法的广泛应用导致 AI 决策过程的内在逻辑变得更加难以解析，即使开发这些模型的工程师也往往难以完全理解其决策过程，这就形成了所谓的"黑箱"问题。

AI 的可解释性问题在不同层面上有不同的表现。对于 AI 开发者，如果他们无法完全理解 AI 模型的运作机制，那么对模型的优化和错误修复就可

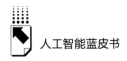

能面临困难。对于 AI 的用户，如果他们对 AI 的决策过程缺乏理解，那么对 AI 的信任度可能会下降，影响 AI 的接受度和使用效率。对于监管者，如果 AI 的决策过程缺乏透明度，那么有效的监管和防止 AI 的滥用或误用就可能变得困难。

解决 AI 的可解释性问题，技术挑战在于，虽然存在一些可以提高 AI 可解释性的技术，如特征选择、模型可视化和局部可解释模型—敏感性分析等，但这些技术往往计算资源消耗大，且可能并非适用于所有类型的 AI 模型。法律和伦理方面的挑战在于，如果一个 AI 模型的决策过程是不透明的，那么它是否违反了公平和透明的原则？因此，解决 AI 的可解释性问题，需要我们在技术、法律和伦理等多个领域进行深入的探讨和研究。

（四）责任归属

人工智能责任归属问题构成了一项复杂的伦理和法律挑战。随着 AI 的决策影响力不断加大，传统的责任归属理念，如过失责任或产品责任，可能已经无法满足新的实际需求。AI 系统正在越来越多地涉及需要做出决策的情境，例如自动驾驶汽车需要在路上做出行驶决策，AI 医疗系统在进行疾病诊断时需要做出判断。当这些 AI 决策导致了不利后果，例如车祸或误诊，我们就需要明确责任应当由谁来承担。AI 具有自主学习和决策能力，AI 决策涉及多个参与者（包括开发者、运营者、用户等），这使责任归属变得模糊。

首先，AI 的自我学习能力意味着其行为可能超出了开发者的预期，这使简单地将责任划分给开发者变得不合理。其次，用户对 AI 的使用方式也可能影响 AI 的行为，因此用户可能需要承担一部分责任。最后，运营者可能对 AI 的行为有监控和干预的能力，因此他们也可能需要承担一部分责任。

因此，我们需要探索和发展新的责任归属理论，以适应 AI 的特性。这可能需要考虑 AI 的自我学习和决策能力，以及多方的参与和影响。同时，我们也需要探索和发展新的监管机制，以确保 AI 的责任归属清晰、公正和公平。

（五）人机关系

人机关系的定义和理解正面临着前所未有的挑战。AI 技术的进步，特别是在自主决策、自我学习以及互动能力等方面的突破，正在逐渐模糊人与机器的传统边界。AI 系统，特别是通用人工智能，不再仅仅是工具，其逐渐具有了某种程度的"主体性"。例如，自动驾驶汽车、AI 医疗系统、智能客服等，这些 AI 系统都需要在某种程度上自主地做出决策，而这些决策的结果直接影响到人的生活。这就要求我们重新审视人机关系，考虑如何在人与具有自主决策能力的 AI 之间建立新的互动和责任关系。

此外，随着 AI 技术的进步，AI 系统可能不仅在任务完成方面与人类产生交互，而且可能在情感、社交等方面与人类产生更深层次的交互。例如，AI 伴侣、AI 心理咨询等应用已经开始出现。这就进一步挑战了我们对人机关系的理解，我们需要思考如何在人与具有情感交互能力的 AI 之间建立健康的关系。

在人机共存的社会中，我们需要重新思考和定义人的角色和身份。这不仅涉及个人的职业和社会地位，也涉及个人的自我认知和价值实现。例如，如果 AI 取代了大量的人类工作，那么人类的主要职能和价值可能会发生变化。人的角色可能会从"工作者"转变为"创作者"或"学习者"，人的价值可能更多地体现在创新、学习和社交等方面。同时，我们也需要思考如何在人机共存的社会中保护和保障人的尊严和价值。这可能需要我们在法律、政策和教育等方面进行深入的改革和创新。例如，我们可能需要制定新的法律和政策，以保护人在面对 AI 的竞争时的权益；我们可能需要改革教育系统，以帮助人们适应新的社会环境，培育新的技能，具备新的素养。

三　新一代人工智能对社会的影响

人工智能作为一种强大的技术力量，其发展和应用正在引发一场社会变革，从经济结构的塑造，到社会关系的重塑，从文化价值观的演变，到法律

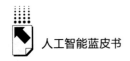

制度的更新，都将产生深远而持久的影响。这些影响有其积极的一面，如提升生产效率、实现个性化服务、推动科学研究的进步等；同时，也存在潜在的挑战，如就业格局的改变、数据隐私的保护问题以及算法公平性的争议等。因此，理解并适应人工智能对社会的影响，不仅是我们推动 AI 技术发展的必然选择，也是我们在新的科技时代中实现社会公正、保护个人权利、增进全人类福祉的重要任务。

第一，AI 将重塑所有产业格局。首先，人工智能作为一种生产力工具，其广泛的应用将极大地提高生产效率，从而深刻地改变各个产业的运作方式。AI 可以通过自我学习和决策的能力，在各种生产环境中提高效率，降低成本，实现生产的自动化和智能化。例如，在制造业，AI 技术的应用可以实现生产过程的自动化，提高生产效率，降低生产成本。如在汽车制造业，特斯拉公司运用 AI 技术自动化生产线，大大提高了生产效率。

其次，AI 的应用不仅改变了生产过程，也在优化业务流程、决策制定的科学化等方面发挥了巨大作用。例如，在金融领域，AI 技术可以通过大数据分析，帮助企业进行精准的风险评估和决策制定，提高决策的效率和准确性。如美国的金融科技公司 Upstart，就是通过 AI 技术进行信贷风险评估，大大提高了金融服务的效率。

然而，AI 的广泛应用也可能带来就业市场的变革，一些重复性的工作可能会被 AI 取代。如在客服行业，许多传统的人工客服就已经被 AI 客服系统取代，这无疑给就业市场带来了挑战。在这个过程中，我们需要思考如何在提高生产效率的同时，确保社会的就业稳定和公平。

AI 的发展也将创造新的产业和就业机会，如 AI 技术研发、AI 应用开发等。这些新的产业和就业机会将为社会带来新的发展动力。例如，随着 AI 技术的发展，AI 技术研发已经成为一种新的职业，吸引了大量的人才。

总的来说，AI 对经济产业格局的影响是深远的。在享受 AI 带来的便利的同时，我们也需要正视 AI 带来的挑战，如就业市场的变革以及新的产业和就业机会的创造等。这需要我们在推动 AI 发展的过程中，进行深度的思考和研究，以确保 AI 的发展能够真正服务于社会，推动社会的公平和发展。

第二，AI 将引发社会关系的变革。人工智能的快速发展正在深刻地改变我们的社会，其中最为显著的表现便是人与人、人与机器之间交互方式的变革。这种变革不仅在技术层面产生影响，更在社会层面引发深刻的思考。

在人与人的交互方式上，AI 的介入正在逐渐改变我们的社交方式。AI 聊天机器人，如微软的小冰，以其出色的语言处理能力和模拟情感的能力，给用户提供了一种全新的社交体验。人们可以同 AI 机器人进行深度交流，甚至建立起友情或更深的情感联系。这种新的社交方式可能会改变我们对社交的认知，让我们重新思考人与人之间的情感交流。

同时，人与机器的交互方式也在发生变化。随着 AI 的发展，机器不再仅仅是人的工具，其逐渐具有了某种程度的"主体性"。例如，自动驾驶汽车需要在路上自主地做出决策，AI 医疗系统在诊断疾病时需要做出判断。这些表现出 AI 的"主体性"，让我们对人与机器的关系有了新的认识。人与 AI 的关系是否仅仅是使用者和被使用者的关系，人与 AI 是否可以有更深层次的互动和理解，值得探索。

然而，AI 的主体性也带来了一系列的挑战。AI 的决策过程通常是不透明的，这使人们很难理解和预测 AI 的行为，也使人与 AI 的互动变得更为复杂。例如，当 AI 医疗系统做出的诊断结果与人类医生的判断不一致时，我们应该如何处理？当自动驾驶汽车在紧急情况下做出的决策与人的判断不一致时，我们应该如何应对？

这些问题需要我们进行深度的思考，重新审视人与 AI、人与人之间的关系。在 AI 的影响下，我们的社会正在发生深刻的变化，而我们需要做的，就是在变化中找到适应的方式，以确保 AI 的发展能够真正地服务于社会，推动社会的进步。

第三，AI 的发展正在深刻地影响着人的角色定位和价值观。AI 技术的飞速发展正在重塑人类的工作性质、社会角色以及价值观念。这一变革要求我们重新思考人与技术的关系，并对未来的社会发展进行深入规划。

首先，人的角色定位在发生改变。在传统的工作模式中，人类扮演着执

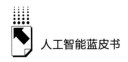

行具体任务的角色。然而，随着 AI 在数据处理和分析等领域的应用日益广泛，人类的角色正逐渐从简单的任务执行者转变为更注重创新、学习和社交的复合型人才。例如，AI 在医疗影像分析中的应用减少了医生的重复性劳动，使他们能够更多地专注于与患者的交流和个性化治疗方案的制定。

AI 的普及也促使人们对工作的价值进行重新评估。在教育领域中，教师的角色不再仅仅是知识的传递者，而是学生潜能的发掘者和创新思维的引导者。这种转变强调了教育的个性化和全人发展。

AI 技术的崛起还催生了一系列新兴职业，如 AI 伦理师和 AI 训练师。这些职业不仅对专业技能有要求，还强调对 AI 技术要有深入的理解，能够引导 AI 技术朝着有益于社会的方向发展。例如，AI 伦理师需要评估 AI 决策的道德和法律影响，确保 AI 应用符合伦理标准。

面对 AI 带来的影响，社会需要适应新的工作模式和价值体系。这包括对教育体系的改革，以培养能够适应未来社会的创新人才；对劳动市场的调整，以缓解因自动化带来的就业压力；对法律和政策的更新，以确保 AI 技术的健康发展。

四　总结与展望

总体而言，AI 的发展不应仅仅被视为技术进步，这是一个涉及经济、社会、文化和伦理多个层面的综合现象。我们需要在推动新一代 AI 技术发展的同时，考虑其对社会结构和人类生活的深远影响，并采取相应的措施，以确保 AI 技术能够增进社会的福祉，促进公平正义。

首先，新一代 AI 作为一种生产力工具，其广泛的应用正在提高生产效率，引发就业市场的变革，创造新的产业和就业机会，同时也带来了新的挑战，如就业市场的变革、数据隐私保护等问题。

其次，新一代 AI 的发展正在改变人与人、人与机器之间的交互方式，引发社会关系的重塑。AI 的发展让我们重新审视人机关系，考虑如何在人与具有自主决策能力的 AI 之间建立新的互动和责任关系。

最后，新一代 AI 的发展正在影响人的角色定位和价值观。人的角色可能会从"工作者"转变为"创作者"或"学习者"，人的价值可能更多体现在创新、学习和社交等方面。

未来，我们需要进一步深化对新一代 AI 伦理问题的新的研究理解，推动 AI 伦理原则的实践应用。同时，我们也需要积极应对 AI 技术的发展对社会的影响，包括就业市场的变革、社会关系的重塑以及人的角色和价值的转变等。我们需要在理论和实践中寻找平衡，既要推动 AI 的发展，也要防止未来可能出现的所谓"人类末世"等问题。

在通用人工智能时代，我们面临的一个重要任务是建立一个全球性的 AI 治理实践框架。这个框架需要兼顾全球的多样性和共性，包括各国的文化传统、社会价值和法律规则。这个框架需要以尊重人的尊严和权利为基础，保护个体的隐私和数据安全，确保 AI 的决策过程公平和透明。同时，这个框架需要鼓励创新，推动 AI 技术的发展和应用。

此外，我们还需要改革教育系统，以帮助人们适应新的社会环境，培养其新的技能。例如，我们可以在教育中加强 AI 技术的教学，提高人们的 AI 素养；同时，我们也可以培养专门的 AI 伦理专家，他们可以在 AI 的设计、开发和应用过程中，提供专业的伦理指导和建议。

在探讨和理解人工智能伦理的重要性后，需要强调的是，AI 伦理研究并非孤立的学术探索，其关乎人类社会的可持续发展。AI 作为一种强大且影响深远的技术力量，其伦理问题的解决将直接影响到社会的公平、公正，以及人类福祉的实现。只有在尊重人权、保护数据隐私、确保算法公平、明确责任归属等伦理原则的指导下，AI 的发展才能真正服务于社会，在推动经济增长的同时保障社会的公正和公平。因此，我们要将 AI 伦理研究作为推动人类社会可持续发展的重要任务，以期在人机共存的社会中找到一种平衡，确保 AI 的发展能够真正地服务于人类，推动人类社会的公平和发展。

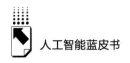

人工智能蓝皮书

参考文献

《全球人工智能治理倡议》，中华人民共和国外交部网站，2023 年 10 月 20 日，https：//www. mfa. gov. cn/web/zyxw//202310/t20231020_ 11164831. shtml。

《欧盟发布人工智能伦理准则》，"央广网"百家号，2019 年 4 月 11 日，https：//baijiahao. baidu. com/s? id＝1630485499170176506&wfr＝spider&for＝pc。

江丰光、熊博龙、张超：《我国人工智能如何实现战略突破——基于中美 4 份人工智能发展报告的比较与解读》，《现代远程教育研究》2020 年第 1 期。

Smith J. A. , Anderson B. , "The Ethical Implications of Artificial Intelligence：A Global Perspective," *Journal of Technology and Society* 35（2022）.

应用篇

B.7
生成式人工智能在银行领域的应用

杨宏阳　张　鑫　徐永健　杨　燕　冯小平*

摘　要：　金融业正在经历从信息化向数字化的转变，并逐步迈向智能化。随着数据处理能力的多维提升和商业生态的深度数字化转型，金融科技革命快速推进。GPT技术具备重塑传统商业模式的潜力，大幅减少对人力资源的依赖。大数据与高性能计算的融合，预示着人工智能在某些领域可能完全取代人类工作。在这场金融业的革新浪潮中，掌握生成式人工智能技术意味着掌握未来的主动权。生成式人工智能尤其是大语言模型在银行领域的应用，不仅能够提高银行的经营效率，还能带来更加个性化和智能化的金融服务，从而推动整个行业的创新与发展。

关键词：　大模型引擎　金融科技　生成式人工智能　GPT技术

---

* 杨宏阳，北京中科金财信息科技有限公司；张鑫，度小满科技（北京）有限公司；徐永健，北京旷视科技有限公司；杨燕，北京市商汤科技开发有限公司；冯小平，北京智谱华章科技有限公司。

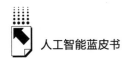
一 大语言模型在银行领域的应用价值和前景

随着信息技术的飞速发展，生成式人工智能尤其是大语言模型，如GPT，正在重塑银行领域的运作方式。这些技术的应用不仅显著提高了数据处理的效率和准确性，还开启了银行领域业务自动化和智能决策的新纪元。生成式人工智能的商业价值超越了单纯的技术实现，它通过提供基础服务极大地提高了业务流程的效率。

中国政府对数字化转型的承诺反映在《数字中国建设整体布局规划》中，① 该政策明确提出了加强数字经济和数字社会建设的目标。特别是随着国家数据局的成立以及数据和算力基础设施的持续建设，政府展现了其推动数字化进程的坚定决心。这些努力不仅覆盖了农业、工业、交通、能源等多个关键领域，还特别强调了在金融领域加速推进数字技术创新的重要性。生成式人工智能作为支撑数字经济的核心基础设施之一，其在金融领域的深入应用得到了政策层面的大力支持。

金融行业正在从信息化迈向数字化和智能化。这一发展趋势主要由以下因素驱动。

（一）数据处理能力的增强

随着技术的进步，尤其是大数据技术和计算能力的提升，银行能够更高效地处理庞大的数据量，提升决策质量。

（二）GPT技术的颠覆性影响

大语言模型如GPT，在自动化和智能化要求高的场景中展现出替代传统操作的潜力，尤其是在客户服务和交易处理等领域。

---

① 《中共中央 国务院印发〈数字中国建设整体布局规划〉》，中国政府网，2023年3月27日，https：//www.gov.cn/zhengce/2023-02/27/content_5743484.htm。

（三）技术驱动的行业变革

为保持竞争力，银行必须适应由人工智能等先进技术引领的行业变革，这要求银行不断地进行技术创新。

当前，企业级人工智能市场正经历一次重大的技术升级，从依赖传统机器学习模型到采用基于 Transformer 架构的大模型，如 GPT。这一转变不仅标志着 AI 技术的重大突破，也预示着技术发展方向的根本变化。金融机构正处于这场技术革命的前沿。通过引入和应用这些先进的 AI 模型，银行能够实现业务的高度自动化和智能化，大幅提升服务效率和客户满意度。

总之，生成式人工智能在银行领域的应用不但得到了国家政策的大力支持，而且符合行业的长远发展趋势。银行领域通过采纳这些先进技术，已经开始在激烈的市场竞争中抢占先机，塑造未来金融的新面貌。

二　大语言模型在银行领域的挑战

虽然大语言模型和生成式人工智能在银行领域展现出广阔的应用前景，但是其落地过程面临诸多实际挑战。这些挑战不仅来自技术层面，还涉及管理和战略的多方面考量。为了在激烈的市场竞争中保持领先地位，银行必须仔细规划并有效应对这些挑战。以下将详细探讨银行在应用大模型过程中所遇到的关键问题和障碍。

（一）模型选择与适配问题

随着银行领域业务规模的不断扩大，单一大模型往往无法满足或高效处理多样化的业务需求。银行选择合适的大模型是一个复杂且关键的决策过程，影响因素包括数据需求、算力要求和建设成本等。首先，如表1所示，不同规模、不同能力的大模型对应的数据需求、算力要求和建设成本差异极大，这些都是模型选择过程中的约束，模型选择绝非越大越好。其次，在选择的过程中，一个重要的考虑是确定模型的规模和参数，以匹配特定的业务

需求和应用场景。根据研究，不同规模的模型展现出不同的能力层次，这要求银行精确评估模型的性能以满足特定任务的需求。[①] 此外，银行需要考虑到模型的训练策略，这通常与任务的复杂度和新数据的需求密切相关。

表1　基于数据需求、算力要求的建设成本对比

模型	数据需求	算力要求	建设成本
任务模型	场景数据	多卡	百万元级投入
企业模型	企业数据	百卡	千万元级投入
行业模型	行业数据	百卡到千卡	亿元级投入
通用模型	通用数据	千卡以上	十亿元级投入

资料来源：中科金财大模型引擎解决方案。

（二）持续优化与维护需求

银行领域业务的快速变化要求部署的大模型系统具备高度的适应性和灵活性。这包括基于业务变化进行模型的微调和更新，如适应新的监管要求或响应市场和客户行为的变化。例如，信贷场景中的大模型可能需要精确的数值计算支持，同时必须符合严格的安全合规标准。因此，银行需要具备对大模型进行持续优化的能力，这不仅涉及技术调整，还可能包括重训和微调，以保持技术应用与业务需求的一致性。在快速变化的市场环境中，能够迅速响应新的业务需求是银行保持竞争力的关键。

（三）模型集成的技术难度

将大模型有效地集成到现有的银行系统中，涉及多个技术层面的挑战，如数据格式和接口的兼容性问题。这种集成不但在技术上具有挑战性，而且可能需要银行IT团队进行大规模的系统改造。因此，大模型的实际应用效果以及公司内部对技术推广的支持力度，将直接影响项目的成功率。技术的

---

① Aakanksha Chowdhery et al., "Palm: Scaling Language Modeling with Pathways," *Journal of Machine Learning Research* 24. 240 (2023): 1-113.

快速进步使大模型需要频繁的更新和迭代。从长期视角看，银行需要制定和更新接口与数据标准，提升大模型的服务能力，以便根据需求进行即插即用的操作。

三　大模型引擎：银行领域智能化的未来

在人工智能领域，通用大模型如 ChatGPT[①] 和 Llama[②] 通过处理和理解大量数据，展现了较强的应用性和高效的学习能力。相较之下，垂类大模型如 BloombergGPT[③] 和 FinGPT[④] 则在特定领域如金融中进行微调，以更精准地满足行业需求。大模型引擎作为一种高度专业化的人工智能系统，不仅整合了检索增强生成[⑤]和指令微调[⑥]等关键技术，还通过自动调度和 Agent 开发运行平台技术[⑦]优化资源使用方式并加速行业应用的数字化转型，确保其在不同业务场景下的高效运作。

[①] Tom Brown et al.，"Language Models are Few-shot Learners," *Advances in Neural Information Processing Systems* 33（2020）：1877-1901；Tianyu Wu et al.，"A Brief Overview of ChatGPT：The History，Status Quo and Potential Future Development," *IEEE/CAA Journal of Automatica Sinica* 10.5（2023）：1122-1136.

[②] Hugo Touvron et al.，"Llama：Open and Efficient Foundation Language Models," *ArXiv Preprint ArXiv* 2302.13971（2023）.

[③] Shijie Wu et al.，"Bloomberggpt：A Large Language Model for Finance," *ArXiv Preprint ArXiv* 2303.17564（2023）.

[④] Hongyang Yang et al.，"FinGPT：Open-source Financial Large Language Models," *ArXiv Preprint ArXiv* 2306.06031（2023）.

[⑤] Yunfan Gao et al.，"Retrieval-augmented Generation for Large Language Models：A Survey," *ArXiv Preprint ArXiv* 2312.10997（2023）；Jiawei Chen et al.，"Benchmarking Large Language Models in Retrieval-augmented Generation," *Proceedings of the AAAI Conference on Artificial Intelligence* 38.16（2024）.

[⑥] Shengyu Zhang et al.，"Instruction Tuning for Large Language Models：A Survey," *ArXiv Preprint ArXiv* 2308.10792（2023）.

[⑦] Zhiheng Xi et al.，"The Rise and Potential of Large Language Model Based Agents：A Survey," *ArXiv Preprint ArXiv* 2309.07864（2023）；Lei Wang et al.，"A Survey on Large Language Model Based Autonomous Agents," *Frontiers of Computer Science* 18.6（2024）：1-26；Zane Durante et al.，"Agent AI：Surveying the Horizons of Multimodal Interaction," *ArXiv Preprint ArXiv* 2401.03568（2024）.

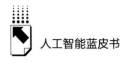

（一）多场景多基座的大模型引擎简介

图1展示了多场景多基座的大模型引擎，包含大模型评测系统、智能路由系统和Agents系统平台，以实现准确的模型评测、最适合的模型的选择以及模型快速落地。

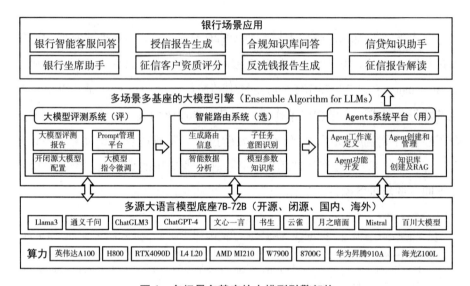

图1　多场景多基座的大模型引擎架构

资料来源：中科金财大模型引擎解决方案。

1.准确的模型评测能力

在多场景多基座的大模型引擎中，构建一个高效且准确的模型评测系统至关重要。该系统旨在评估不同模型在特定银行领域业务场景下的性能，通过使用先进的评测算法和标准化的评测流程，测量模型的准确性、响应速度、资源消耗等关键性能指标。此外，评测系统还需集成实时反馈机制，以便持续优化模型的性能和适应性。这种准确的评测能力不仅确保银行可以选择最合适的模型来处理特定的任务，还能帮助银行预测和解决潜在的模型性能问题。标准的测试范式包括文本生成可接受度评分准则，如可读性、合理性、连贯性、拟人度和相关性，以及对话系统可接受度评分准则，包括流畅性、连贯性和有趣性。性能指标方面，涵盖首 token 响应时间测试、完整回答时延测试、单机并发路数测试和单机处理效率测试。多维度评估指标能够更全面地评估不同模型的性能表现和适应性，以满足金融行业的多种业务需求，并采用统一的评价标准。

2. 模型适配和集成能力

模型智能路由系统是多场景多基座的大模型引擎的核心功能之一，它使得银行能够根据业务需求快速适配并集成适当的模型。该系统利用先进的算法自动选择和配置适合特定业务场景的模型，例如选择最适合进行大额交易审核的模型或最能精确识别欺诈行为的模型。智能路由系统考虑各模型的性能表现、运行成本和适用性，确保在保持高效运营的同时，取得最好的业务效果。此外，智能路由系统还支持模型的无缝切换，使银行能够在保证业务连续性的基础上，根据市场和技术发展快速更新其使用的模型。

3. 模型快速落地能力

为了确保大模型能够快速并有效地在银行领域业务中落地，相关单位开发了专为银行定制的 Agents 系统平台。这个平台作为业务的桥梁，不仅支持多种大模型的部署和管理，还提供了一套完整的工具和接口，以支持复杂的业务流程和操作。Agents 系统平台允许银行通过配置而非编码的方式，快速定义和部署各种自动化任务和服务，如知识库问答、客户服务交互等。平台的可配置性和扩展性保证了即使在业务需求发生变化时，也能迅速做出响应，并且无须进行深入的技术修改即可适应新的业务场景。

（二）构建大模型引擎的必要性

在金融行业中，业务需求和规模的增长常常伴随着复杂性的提升。当银行领域业务规模较小时，使用单一大模型如百川、智谱、通义千问、MiniMax 等可能已足够满足基本的业务需求。然而，随着业务领域的拓展，包括构建各种知识库、生成报告、管理理财产品等需求的增加，单一大模型往往难以高效应对多元化和复杂化的业务场景。在这种情况下，银行迫切需要一套能够集中控制并协调复杂业务流程的系统。因此，中科金财提出了

"多场景多基座的大模型引擎"的技术，该大模型引擎基于多基座设计，能够根据不同业务场景的需求，选择和调度最适合的大模型进行任务处理。

多场景多基座的大模型引擎是一种高度灵活和可配置的系统，它的核心功能是能够根据不同业务场景、特点和需求自动选择并路由到最合适的大模型基座。这种"可插拔性"使得引擎可以无缝对接多种大模型基座，从而为特定业务问题提供最优解决方案。用户只需要向引擎提供必要的数据（包括测试集），引擎便能自动进行模型选择和优化，输出最合适的解决方案。

这种引擎的设计不仅提高了资源利用效率，通过动态调度不同模型以优化计算资源的使用方式，还提高了模型的可扩展性和灵活性，支持模块化设计，允许企业根据业务需求变化灵活地添加或修改模型。此外，引擎还通过统一的平台减少了复杂的集成工作和技术支持需求，降低了运营成本并提高了投资回报率，同时确保了数据治理和安全性，符合金融行业对数据安全和合规性的高标准。

综上所述，多场景多基座的大模型引擎不仅响应了技术发展的需求，还符合市场对高效、灵活、安全解决方案的追求，是推动金融科技创新和提升行业竞争力的关键工具。

（三）大模型引擎优化银行领域业务的策略

大模型引擎作为一种先进的技术解决方案，为银行领域业务提供了关键支持，确保了业务流程的高效和灵活性。

首先，考虑到银行领域业务的复杂性和多样性，大模型引擎通过整合深厚的行业经验和专业的业务知识，确保了其在具体业务场景中的有效应用。这种集成知识使得大模型能够与银行领域业务高度契合，从而提升业务流程的效率。

此外，面对快速迭代和频繁技术更新的挑战，大模型引擎通过广泛的模型评测和与开源及闭源模型的组合，精准选择和应用最合适的模型。这不仅涵盖了对最先进开源大模型的利用，还通过模型组合实现超越单一厂商的效果，确保银行领域业务在保持技术领先的同时，也能获得最高的性价比，并降低了模型集成的技术难度。

在管理和动态调度方面，大模型引擎提供了一个灵活的平台，该平台支持多种大模型的快速部署和高效管理。通过智能路由系统，根据任务需求动态调度最合适的大模型，确保了任务的最优实现和业务流程的高效运行。这种技术平台不仅提高了操作效率，还降低了因模型不匹配导致的风险。

为了满足持续优化与维护的需求，大模型引擎包括自动更新和优化功能，这使得银行能够适应市场变化和新的监管要求而无须进行重大系统重构。通过实时数据分析和性能监控，大模型引擎可以不断地学习和微调，以适应新的业务场景和技术挑战，确保系统始终保持最佳状态。

最后，大模型引擎在提供个性化和全流程支持方面，确保技术解决方案能够无缝融入银行领域的业务流程。从模型选择到应用开发、部署、优化和维护，大模型引擎为银行提供了一站式服务，确保每一步都能顺利实现，从而达到业务目标。这种以客户为中心的服务模式，确保银行可以根据自身的具体需求，获得最合适的技术支持和解决方案，加速其数字化和智能化的转型进程。

四 大模型引擎在银行领域的具体应用案例分析

在现代银行业务中，大模型引擎的应用和部署是实现业务自动化、增强决策支持系统以及提升客户体验的关键策略。这种技术平台通过集成多种先进的大模型、人工智能算法和大数据处理能力，能够在不同的业务场景下提供定制化的智能服务和解决方案。大模型引擎的部署不仅是技术的实现，更是银行转型策略的一部分，旨在通过技术创新提升银行的运营效率和市场竞争力。

该平台的应用涉及从银行坐席助手到智能客服、从知识库构建到报告生成等多个方面，每一个应用案例都体现了大模型引擎在解决复杂问题和优化银行业务流程中的实际效用。接下来，本报告将详细分析几个具体的应用案例，展示大模型引擎如何在不同的业务场景中，通过智能化的数据处理和分析，支持银行业务的成长和创新。

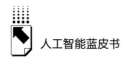

（一）银行坐席助手

银行坐席人员是负责客户服务的员工，其主要职责包括电话销售、售前咨询、售中服务以及售后支持等。这些活动在金融业务中极为关键，坐席人员的效能直接关系到金融企业的核心竞争力。提升坐席人员服务效率和业务转化率既是机会也是挑战。大语言模型的出现，为设计高效的坐席助手提供了可能。由于金融行业的合规要求高，存在数据壁垒，通用大模型厂商难以直接获取数据，同时金融业务对逻辑性、准确性和实时性要求极高，这使得通用大模型在金融场景中的直接应用面临困难。因此，需要结合具体业务场景，融合垂类认知和场景数据，才能更好地发挥大模型的价值。

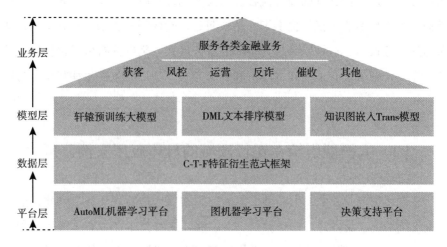

图 2　度小满坐席助手业务架构

资料来源：度小满坐席助手解决方案。

为解决上述问题，度小满基于大模型引擎等技术构建了坐席助手的应用业务架构并投入业务实践。简单来讲，在开展对话前，坐席助手对 CRM 系统客户信息进行总结，帮助坐席人员提前了解客户，对话更加有的放矢；在开展对话中，坐席助手实时推荐经营话术，帮助坐席人员把握时机，提升业务转化率；在完成对话后，坐席助手对通话过程进行总结，帮助坐席人员复盘表现，提升服务能力。

目前，度小满已实现统一的模型接口服务，为内部众多应用场景提供便捷支持，在核心的坐席助手应用方面，取得了显著进展。例如，电销坐席助手解决了 96% 的幻觉问题，业务转化率提升 12%；客服坐席助手的服务效率提升 25%；增信坐席助手的增信补件效率提升 37%。

（二）银行征信客户评分

信用评分是个人征信过程中的关键分析工具，它采用先进的数据挖掘和统计分析技术，通过全面分析个人的基本信息、信用历史、行为和交易数据，识别数据中的行为模式和信用特征。这一过程涉及对个人过去信息与未来表现之间关系的深入探索，以信用评分形式综合预测个人未来的信用行为。朴道征信有限公司在提供征信服务过程中，面临如何全方位评估个人资质的挑战。长期以来，缺乏适用于不同信贷业务的全面评估标准，如还款表现、收入、资产、履约情况和消费等级等，这导致金融机构在客户分层经营、同业比较以及个人对自身资质客观评价时存在不便。该问题背后的技术难题主要有两点：一是大量非结构化征信数据未被有效利用；二是用户行为信息颗粒度粗，客户心理状态类特征提取难。

北京旷视科技有限公司基于大模型引擎等技术，提出了一种创新的个人征信技术方案。该方案在 Llama2 模型基础上进行精调，将各种非结构化数据进行结构化处理，并自动筛选有效变量。同时，基于 Transformer 架构进行自监督预训练，理解贷款用户的行为和意图，生成个人信用评分，预测贷款意愿。该方案的技术创新点包括：一是利用 ATOL、命名实体识别、关系抽取等技术拓宽模型分析维度，实现非结构数据的语义解析和信息提取，提升用户画像的全面性；二是充分学习个人数据中的时序模型，实现对个人行为的精准建模；三是引入自监督学习方法，使用无标签样本对风控模型进行预训练，缓解负样本稀缺问题。

朴道征信个人客户资质评分工具，能更准确地评估用户的综合资质，帮助朴道征信客户转化率提升 20%。此外，旷视科技为朴道征信后续的新产

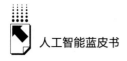

品和新业务模式探索提供了重要的底层支撑，基于征信行业独特的数据特点，探索出一条持续使用大模型挖掘业务价值的可行道路。

（三）银行智能客服

银行智能客服是利用人工智能技术，如自然语言处理和机器学习，提供自动化客户支持服务，以处理查询、交易和解决问题，提升服务效率和客户体验。上海银行作为一家具有国企背景的股份制商业银行，在数字化转型趋势下，积极推动前、中、后台系统的智能化应用，加快实现对客户、产品、服务和风控的全方位精准引导。为了解决数字化转型过程中一些群体的"数字鸿沟"问题，尤其是老年客户的使用困难问题，上海银行部署了 AI 数字员工，提供智能金融服务。

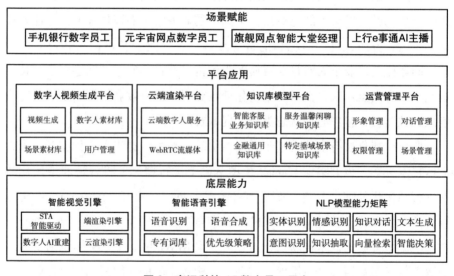

图 3 商汤科技 AI 数字员工平台

资料来源：商汤科技 AI 数字员工解决方案。

商汤科技为上海银行提供了"海小智"和"海小慧"两位 AI 数字员工。"海小慧"以 22~23 岁女性形象出现，亲和力强；"海小智"则以 28 岁男性理财顾问形象出现，专业度高。两位 AI 数字员工借助上海银行客服中心智能知识库平台，对接问答语料库，支持知识互动和寒暄交流。在 AI 数字员工的渐进式、问答式引导操作下，用户只需通过自然的聊天方式即可使用银行服务，包括查询余额和明细、转账、缴费、介绍理财产品等。

目前，上海银行的两位 AI 数字员工已完成 2000 条问答数据和 10 万条语料数据的知识库训练，客户问题的准确回复比例显著提升，避免了客户二次操作、呼叫真人客服等问题。两位 AI 数字员工精通全行 4000 多款金融产品的所有细节，可以随时随地响应客户个性化需求。针对老年客户服务，AI 数字员工通过对话式交互（CUI）降低了手机银行的使用复杂性，并通过渐进式、问答式的引导操作，辅助老年客户办理移动端业务，助力老年客户跨越"数字鸿沟"。

（四）银行知识库构建

银行知识库构建是创建和维护一个集中的信息存储系统，其中包含关于银行产品、服务、政策和程序的详细数据，以支持员工决策和提高客户服务效率。在日常运营中，银行需要处理和管理大量的信息和数据，特别是在内部知识管理、客户服务、合规管理以及员工培训和发展等方面。员工需要快速访问最新的政策、流程和行业标准，以便高效地完成工作。客户服务代表需要即时获取客户信息和产品详情，以提供高效、准确的服务。此外，确保所有操作符合监管要求，并能快速应对审计和合规检查是银行日常运营中至关重要的一环。新员工和现有员工也需要一个集中的平台来学习和更新知识，以保持竞争力和专业素养。

北京智谱华章科技有限公司基于大模型引擎等技术，结合 RAG 等技术手段，打造了一款包含员工知识库的综合解决方案。通过与银行的合作，智谱 AI 开发了一款基于千亿元级金融行业大模型的知识库，显著提升了员工的工作效率，特别是在中国工商银行的应用中效果尤为显著。该知识库不仅提高了银行内部知识管理的效率，还为客户服务、合规管理以及员工培训和发展提供了强有力的支持。这一解决方案展示了大模型引擎技术在金融行业中的广泛应用潜力和巨大商业价值。

（五）银行授信报告自动生成

银行授信报告是一份详细的文件，它分析和评估借款人的财务状况、信用历史和还款能力，用于决定其借贷资格和信用额度。某大型股份制银行在处理企业和个人的授信申请时，需要生成大量的授信报告。这些报告通常包括财务数据分析、信用评分、风险评估等多方面信息。传统的手动生成方式不仅耗时耗力，还容易出现人为错误，影响授信决策的准确性。该问题背后的技术难题是如何从海量的非结构化数据中提取关键信息，并根据不同的业务需求生成定制化的报告。

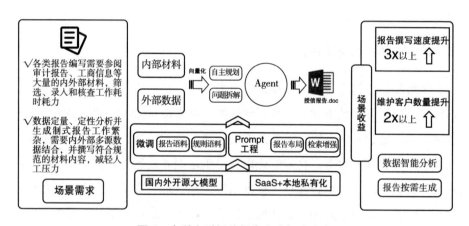

图 4　中科金财授信报告生成解决方案

资料来源：中科金财授信报告生成解决方案。

北京中科金财科技股份有限公司基于大模型引擎等技术，首先从十几个开源和闭源大模型中基于实际的业务需求进行业务大模型评测，最终选择一组开源大模型（ChatGLM3-6B、通义千问 1.5-14B、Llama3-7B）作为基座大模型完成应用构筑。这组开源大模型的组合效果超过了任何单一闭源大模型的效果，例如 GLM-4。具体解决方案包括以下几个方面：首先，对十几个开源和闭源大模型进行全面评测，选择最适合业务需求的模型作为基座大模型；其次，构建多 Agent 架构，结合财务报告信息抽取 Agent、财务指标计算 Agent、企业信息获取 Agent 和风险评估 Agent，确保系统能够全面处理和分析各类数据；最后，系统实现了自动化生成报告功能，在用户上传必要的文件和相关公司名称等信息后，系统能够自动生成具备标准格式的 Word 文档，方便后续使用。通过自监督预训练，系统能够精准提取和分析用户提供的数据，生成包括公司基本信息、财务分析、信用评分和风险评估在内的完整授信报告。

该项目成功落地于某大型股份制银行，并在其某支行中被实际使用，使得该行的授信报告生成效率提高了 80%，大大减少了手动处理的工作量，提升了工作效率。另外，该自动化系统显著减少了报告生成中的人为错误，提高了授信决策的准确性和可靠性。最后，基于金融行业的数据特点，中科金财探索出一条利用多场景多基座的大模型引擎持续提升业务价值的道路，为未来更多智能化金融服务奠定了坚实的基础。通过这一项目，北京中科金财科技股份有限公司不仅展示了其在大模型引擎应用方面的领先能力，还为银行领域提供了一种高效、可靠的解决方案，显著提升了授信报告的生成效率和质量。这一解决方案的成功实施，为银行领域在智能化转型过程中提供了宝贵的经验和实践参考。

五　面临的挑战与未来发展前景

（一）存在的问题和挑战

在银行领域的大模型应用中，尽管大模型具备诸多优势，但也面临一系列挑战，这些挑战需要通过技术创新和管理策略调整来克服。

首先，规模和复杂性的限制。尽管单一大模型在特定任务上表现出色，但其在处理需要广泛知识和多领域能力的复杂问题时，性能可能会受到限制。例如，一个专门优化的信用评分模型可能无法有效处理非标准的信贷案件，这限制了模型的应用广度和深度。没有一个大模型适用于所有任务，模型的快速迭代和频繁更新更增加了这一挑战的复杂性。

其次，适应性和灵活性问题。单一模型往往难以快速适应市场变化或新的监管要求。在快速变化的金融领域，缺乏灵活性可能导致合规性风险或错失市场机会。值得注意的是，并不是所有任务都需要选择参数最高、通用能力最强的大模型，因此如何选择适当的模型也是一大挑战。

最后，维护和升级的成本。为保证模型的准确性和有效性，单一大模型需要定期更新数据和调整参数。这一过程在动态变化的银行领域业务环境中可能产生显著的维护成本，特别是在处理大量实时数据和频繁变更需求的情况下。此外，最先进的开源大模型通常强于大部分闭源大模型，一组开源大模型在银行领域业务上的效果往往超过任何一个闭源大模型的效果，具有更高的性价比。这也引出了如何高效利用和维护这些开源大模型的问题。

综上所述，尽管银行领域的大模型应用潜力巨大，但在规模和复杂性、适应性和灵活性以及维护和升级成本等方面仍面临诸多挑战。通过技术创新和管理策略的不断调整，银行领域可以逐步应对这些挑战，充分发挥大模型的优势，推动业务的发展和进步。

（二）未来发展前景

生成式人工智能在银行领域的应用正迅速扩展，预示着对银行服务方式和管理结构的根本性改革。随着技术的进步，生成式人工智能不仅能够执行标准化任务，还能处理高度复杂的决策过程，如信贷审批、风险管理以及客户关系处理等。未来，生成式人工智能将使银行实现更高效的操作流程和更精准的风险控制，同时提供个性化的客户服务，从而提升客户满意度和银行的竞争力。这种技术的集成将进一步促进银行领域业务的数字化和智能化转型，使银行能更好地适应经济环境的变化和市场需求的多样化。

此外，生成式人工智能的发展也将带来新的监管挑战和伦理问题，如数据隐私、算法透明性以及决策的可解释性等。因此，银行领域需要与政府机构、监管部门以及科技企业合作，共同制定相应的法律法规和标准，确保生成式人工智能技术的健康发展和安全应用。通过这种跨部门的合作和技术创新，生成式人工智能将不仅是银行领域业务运作的助力，更将成为推动银行领域可持续发展和社会责任履行的关键力量。

结　语

随着生成式人工智能在银行领域的深入应用和不断演进，我们站在一个科技变革的新起点上。生成式人工智能为银行领域带来的变革不仅局限于技术层面的提升，更深远地影响了银行的业务模式、服务方式及其与客户的互动关系。它提供了前所未有的机会来优化业务流程、提高服务质量以及增强客户体验感。然而，这种变革也伴随着挑战，包括如何确保技术使用符合伦理要求、数据安全以及适应快速变化的监管环境等。展望未来，银行领域应抓住生成式人工智能带来的机遇，通过技术创新持续推动业务的数字化和智能化转型。同时，银行需要建立更加开放的合作机制，与科技企业、监管机构共同探讨和解决技术应用中的风险和挑战。通过这些努力，我们不仅可以优化现有服务，更可以探索和创造新的业务模式和收入流，为银行领域带来可持续的增长动力。在这一过程中，生成式人工智能将是我们最强大的盟友，帮助我们解锁新的潜力并引领银行领域进入一个更智能、更安全、更高效的新时代。

参考文献

《中共中央　国务院印发〈数字中国建设整体布局规划〉》，中国政府网，2023 年 3 月 27 日，https：//www. gov. cn/zhengce/2023－02/27/content_ 5743484. htm。

Aakanksha Chowdhery et al. , "Palm：Scaling Language Modeling with Pathways," *Journal of Machine Learning Research* 24. 240（2023）：1–113.

Tom Brown et al. , "Language Models are Few-shot Learners," *Advances in Neural Information Processing Systems* 33（2020）：1877–1901.

Tianyu Wu et al. , "A Brief Overview of ChatGPT：The History，Status Quo and Potential

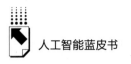

Future Development," *IEEE/CAA Journal of Automatica Sinica* 10. 5（2023）：1122-1136.

Hugo Touvron et al. , "Llama：Open and Efficient Foundation Language Models," *ArXiv Preprint ArXiv* 2302. 13971（2023）.

Shijie Wu et al. , "Bloomberggpt：A Large Language Model for Finance," *ArXiv Preprint ArXiv* 2303. 17564（2023）.

Hongyang Yang et al. , "FinGPT：Open-source Financial Large Language Models," *ArXiv Preprint ArXiv* 2306. 06031（2023）.

Yunfan Gao et al. , "Retrieval-augmented Generation for Large Language Models：A Survey," *ArXiv Preprint ArXiv* 2312. 10997（2023）.

Jiawei Chen et al. , "Benchmarking Large Language Models in Retrieval-augmented Generation," *Proceedings of the AAAI Conference on Artificial Intelligence* 38. 16（2024）.

Shengyu Zhang et al. , "Instruction Tuning for Large Language Models：A Survey," *ArXiv Preprint ArXiv* 2308. 10792（2023）.

Zhiheng Xi et al. , "The Rise and Potential of Large Language Model Based Agents：A Survey," *ArXiv Preprint ArXiv* 2309. 07864（2023）.

Lei Wang et al. , "A Survey on Large Language Model Based Autonomous Agents," *Frontiers of Computer Science* 18. 6（2024）：1-26.

Zane Durante et al. , "Agent AI：Surveying the Horizons of Multimodal Interaction," *ArXiv Preprint ArXiv* 2401. 03568（2024）.

B.8
生成式人工智能在医疗领域的应用

王黎琦 曹芹 黄鑫 杨燕 何远智*

摘 要： 人工智能（AI）在医疗领域的应用正迅速发展，其技术的持续进步为医疗领域带来了革命性的变化。生成式人工智能（GAI）为 AI 技术的一个重要分支，是利用复杂的算法、模型和规则，从大规模数据集中学习，以创造原创内容的 AI 技术。GAI 在健康管理、疾病诊疗、药物研发和临床试验等领域展现出巨大潜力。在健康管理领域，GAI 优化了医疗资源配置，提升了医疗服务的质量和效率；在疾病诊疗领域，GAI 在医疗影像分析中通过整合专家知识和多模态分析能力提升诊断准确性，医疗机器人和自动化手术提高了手术安全性和效率；在药物研发和临床试验领域，GAI 通过利用大数据、机器学习、深度学习等技术，加速了新药的发现和开发，优化与药效学、药代动力学、临床结果相关的属性，从而加速有效治疗方法的开发。尽管 GAI 在医疗领域的应用前景广阔，但也面临伦理、数据质量、算法偏见和法律法规等挑战。未来研究应集中于开发更精准、高效和伦理可接受的 GAI 医疗解决方案，建立数据标准和共享平台，加强数据安全和隐私保护，构建伦理治理框架，并通过政策扶持与引导促进 GAI 在医疗领域的健康发展。

关键词： 生成式人工智能 医疗 健康管理 疾病诊疗 药物研发

---

* 王黎琦、曹芹、黄鑫，中国生物技术发展中心；杨燕，北京市商汤科技开发有限公司；何远智，北京市医药卫生科技促进中心。

一 生成式人工智能在医疗领域中的应用现状、前景及挑战

（一）生成式人工智能在医疗领域中的应用现状

人工智能（AI）在医疗领域中的应用是一个多维度、跨学科的领域，涉及从基础的医学影像分析到复杂的临床决策支持系统。首先，AI 在健康管理中的应用广泛且多样，涵盖了从疾病预测、诊断、治疗到健康教育、患者护理和健康管理等多个方面，在优化医疗资源配置、提升医疗质量和制定个性化的健康管理方案等方面起到重要作用。其次，AI 可助力疾病的诊断和治疗，医疗机器人和自动化手术是 AI 在医疗领域中的直接应用。这些技术利用计算机视觉、医学图像分析、精确操控等 AI 技术，能够执行诊断和外科手术程序，辅助康复，并提供替代肢体的仿生假肢。[①] 与此同时，在新一代 AI 发展阶段中，生成式人工智能（GAI）模型在医疗影像领域的应用也显示出巨大的潜力。通过整合临床专家知识、领域知识和多模态分析能力，这些模型能够在医疗影像分析中发挥重要作用。最后，GAI 在药物研发中的应用正在彻底改变传统的新药发现过程，通过利用大数据、机器学习、深度学习等技术，加速了新药的发现和开发。GAI 技术能够优化与药效学、药代动力学和临床结果相关的属性，从而加速有效治疗方法的开发，同时降低成本和减少动物实验。[②]

（二）生成式人工智能在医疗领域中的前景

通用人工智能（AGI）作为 AI 发展的新形态，代表了 AI 技术的一个重

---

① Michael C. Yip et al. , "Artificial Intelligence Meets Medical Robotics," *Science* 381 （2023）：141-146.

② C. Hasselgren and Tudor I. Oprea, "Artificial Intelligence for Drug Discovery：Are We There Yet?" *Annual Review of Pharmacology and Toxicology* 64 （2023）：527-550.

要进步和未来方向。AGI 持续提升的自动化与智能化水平，将为我国各领域带来巨大的经济效益。当下，GAI 可以视为迈向 AGI 过程中的一项关键技术。从提高手术安全性和效率到改善患者护理，再到促进科学发现，GAI 在医疗领域的应用展现出了巨大的潜力和价值。未来，要充分发挥这些 GAI 的潜力，还需要应对一系列技术和伦理上的挑战。进一步的研究应该集中在开发更加精准、高效和伦理可接受的 GAI 医疗解决方案上。

（三）生成式人工智能在医疗领域中的挑战

当前，GAI 在医疗领域中的应用还面临一系列挑战，包括伦理问题、数据质量低、算法偏见、硬件与算力成本高昂、法律法规缺失等。[①] 为了应对这些挑战，需要采取一系列措施，包括明确人类优先原则、加强全过程监管、提升公众认知水平、建立跨机构协作系统等。GAI 系统的"黑箱"特性（指其内部工作方式对用户不可见的特性）也可能影响其透明度和可解释性，这对临床应用来说是一个重要问题。此外，GAI 系统的准确性高度依赖于输入数据的质量，因此需要确保数据的准确性和完整性。

二　生成式人工智能在健康管理中的应用

（一）生成式人工智能在医疗管理中的应用

1. 生成式人工智能的应用优化医疗资源配置

GAI 在医疗管理中的应用，可以大大优化医疗资源配置，不仅提高了医疗资源的利用效率，也提升了医疗服务的质量和效率。

一是 GAI 合理配置医院床位。通过分析历史数据，GAI 可以预测不同时间段内各科室的患者入院率，从而帮助医院优化床位分配和减少等

---

① 周吉银、刘丹、曾圣雅：《人工智能在医疗领域中应用的挑战与对策》，《中国医学伦理学》2019 年第 3 期。

待时间。① 例如，通过 GAI 模型，医院可以预测特定节假日或流感季节的患者入院潮，提前调整床位和医护人员配置，以应对潜在的患者。加拿大的科学家开发了一种 GAI 模型（EPRC 模型），以期减少患者的等待时间，使用加拿大实时医疗保健数据进行评估发现，应用该模型可将患者的平均等待时间减少 8.17%。

二是 GAI 提高医疗设备的使用效率。通过对医疗设备使用情况的实时监控和数据分析，② GAI 可以帮助医院管理层更合理地规划设备的维护和使用时间表，减少设备空闲时间，同时确保设备的高效运行。这不仅提高了设备的使用效率，还有助于延长设备的使用寿命。

三是 GAI 优化医护人员排班。通过分析医护人员的工作模式和患者的需求，GAI 可以自动生成更为高效的排班计划，确保在需要时有足够的医护人员在岗，同时也能照顾到人员的工作负荷和休息需要。这些应用不仅提高了医院的操作效率，还改善了患者的就医体验和医疗服务的质量。通过综合运用这些技术，GAI 正在逐步改变医疗管理的传统模式，使之更加智能化和高效化。

2. 生成式人工智能在电子病历管理和医疗咨询中的应用

AI 及 GAI 在电子病历管理和医疗咨询中的应用正逐步深化，显著提升了医疗服务的质量和效率。在电子病历系统中，AI 可以通过自然语言处理（NLP）技术自动解析医疗记录中的非结构化数据，使得医生可以更快地获取关键信息，并减少手动输入数据时的错误。通过整合和分析大量患者数据，GAI 能够帮助医生更有效地理解患者的健康状况，并提供个性化的治疗建议。例如，全球顶尖的医疗信息化巨头 Epic 与微软合作，将 GAI 引入医疗领域，重点探索其在医疗记录整理、诊断支持等方面的应用。国内的云知声公司开发的智能语音电子病历系统，已在包括首都医科大学附属北京友谊

---

① A. S. Pillai, "AI-enabled Hospital Management Systems for Modern Healthcare: An Analysis of System Components and Interdependencies," *Journal of Advanced Analytics in Healthcare Management* 7 (2023): 212-228.

② G. P. Buddha, R. Pulimamidi , "The Future of Healthcare: Artificial Intelligence's Role in Smart Hospitals and Wearable Health Devices," *Journal of Propulsion Technology* 44 (2023): 2498-2504.

医院在内的全国 100 余家三甲医院应用,其语音识别准确率超过 98%,大大提高了医生的病历录入效率。一方面,AI 通过语音识别技术和智能化处理即可形成患者的标准化的电子病历,包括基本信息、检查史、病史、检查结果等,这大幅提升了医生的工作效率。另一方面,GAI 通过分析历史治疗数据和最新的医学研究,可为医生提供基于证据的治疗建议。GAI 系统可以根据患者的具体病情和已有的研究成果,推荐最合适的药物和治疗方案。此外,GAI 还能通过模拟不同治疗方案的可能结果,帮助医生和患者做出更明智的决策。

3. 生成式人工智能与大数据结合分析患者信息

通过对海量医疗数据的分析,GAI 能够揭示疾病模式、预测健康风险,并优化治疗策略。[①] 如美国跨境医疗服务平台 More Health 搭建了一个跨国合作的医疗资源共享平台,让全球医疗机构和专家共同研究、分享医学进展和治疗手段,提供全球远程问诊服务,让病人和家属可以通过网络与医生进行视频咨询,与医生实时交流,获得即时的医疗建议和治疗方案。

在患者信息分析的应用中,机器学习模型能够处理并分析从电子健康记录(EHR)、医学影像、基因组数据以及实时生理监测等多源数据集中获得的复杂数据。这些模型通过识别数据中的模式和关联,帮助医疗专业人员更好地理解疾病的发展过程及影响因素。[②] 例如,GAI 模型可以通过分析过往的患者数据,预测个体患某些疾病的风险。这种预测不仅基于传统的临床指标,还可能包括生活方式和环境因素等数据。通过这种方式,GAI 帮助医生制订了更为个性化的患者管理和治疗计划。

通过这些高级分析技术,GAI 不仅增强了医疗服务提供者对患者健康状态的洞察力,还提高了疾病预防、诊断和治疗的效率。随着数据采集技术的进步和机器学习算法的优化,预计 GAI 在医疗管理中的作用将进一步增大。

[①] A. Sinha et al., *Intelligent Internet of Things for Smart Healthcare Systems*, CRC Press, 2023.

[②] Y. Zhou et al., "Utilizing AI-Enhanced Multi-Omics Integration for Predictive Modeling of Disease Susceptibility in Functional Phenotypes," *Journal of Theory and Practice of Engineering Science* 4 (2024): 45-51.

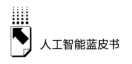

（二）生成式人工智能在个人健康管理中的应用

1. 使用智能穿戴设备预测预防疾病

GAI 在疾病预测和早期检测中的应用已经从简单的数据分析扩展到了更复杂的模式识别和预测模型构建。

基于 GAI 的设备能够通过分析大量的健康数据来预测疾病的发生，实现早期发现和干预。例如，GAI 已被用于糖尿病、心血管疾病以及多种癌症的早期检测；在阿尔茨海默病（AD）的早期诊断中，深度学习算法，如卷积神经网络（CNN）、循环神经网络（RNN）等，被用于评估痴呆过程、诊断早期 AD 阶段。此外，GAI 还能被用于分析常规健康记录、医学图像、活检样本和血液测试，以改善风险分层和早期诊断，并帮助进行公共卫生防控和个人疾病筛查。

随着技术的发展，GAI 已经被广泛应用于个人健康管理，尤其是通过智能穿戴设备来预测和预防疾病。智能穿戴装备实现信息实时采集、实时分析及实时监控，联合云计算、云存储等技术，能够精准地监测和分析健康数据，为疾病的预防、预测和个性化治疗提供支持。例如，华为穿戴手环在中风等领域的应用，通过持续监测和数据分析，可以提前预测中风等心脑血管疾病的风险。通过对数据的实时分析，GAI 能够识别异常模式和潜在的健康问题。例如，研究表明，通过分析心率数据，GAI 能够帮助识别心律不齐或心脏疾病的早期迹象。GAI 被用于分析步行模式和活动数据，以预测和管理如糖尿病和关节炎等慢性病的风险。智能穿戴设备还可以监测和分析睡眠质量，睡眠被认为是心脑血管健康和糖尿病管理的重要因素。微软也开发了一种利用 GAI 预测心脏病风险的评分指标，该指标从 21 个方面进行分析，如饮食习惯、吸烟习惯、日常活动等，并在印度综合专科医院颅内动脉支架系统（Apollo）投入使用。

总之，通过这些智能穿戴设备与 GAI 的结合，个人健康管理变得更加主动和个性化，极大地提升了疾病预防和管理的效率。这种技术的进步不仅提升了个体的健康水平和生活质量，同时也提升了整个医疗保健系统的效益和操作效率。

2. 生成式人工智能为个人用户制定个性化健康管理方案

GAI 能够通过分析大量的健康数据来预测疾病的发生概率，从而实现对患者健康状况的早期预警。这包括使用机器学习算法来分析电子健康记录、生物信号等数据，以预测疾病风险，从而帮助患者更好地管理自己的健康状况。同时，GAI 也支持远程医疗服务，使患者即使在家中也能获得专业的医疗建议和治疗。[①] GAI 结合智能穿戴设备，对于检测的各项生理指标包括心率、血压、血糖、活动量、睡眠质量等，结合分析个人的遗传信息、生活习惯和历史健康记录，能够预测用户患某些疾病的风险，提供个性化的健康建议和预防措施。如 2024 年 3 月，PreemptiveAI 公司宣布使用 640 万美元的种子资金构建大型医疗模型，用于从智能手机和智能穿戴设备中获取生物学信号，从而完成健康结果预测。GAI 还可以帮助用户制订长期的健康管理计划，包括健康目标设定、进度跟踪和效果评估等，给出综合健康管理方案。根据用户的特定需求，如体重管理、疾病预防，GAI 可以定制日常饮食和运动计划。

通过这些进展，GAI 不仅增强了个人健康管理的能力，还提升了预防性健康措施和治疗干预的效果，使得健康管理更加有效、便捷和个性化。

三　生成式人工智能在疾病诊疗中的应用

（一）生成式人工智能在疾病诊断中的应用

1. 基于医学影像的智能分析

AI 技术在医学影像分析中的应用包括但不限于 X 光片、CT 扫描、MRI 图像以及其他医学影像的解读。AI 可以帮助医生更快地识别疾病特征，如

[①]　蔡淳、贾伟平：《人工智能在糖尿病全程健康管理的应用与挑战》，《中国科学基金》2021年第 1 期。

肿瘤、脑出血等。AI 还被用于开发辅助诊断系统，如肺癌早期诊断系统。此外，通过深度学习等技术，GAI 还能够准确快速地识别医学影像中的异常情况，为医生提供辅助诊断，特别是卷积神经网络的广泛应用，医学影像分析的准确性和效率得到了显著提升。例如，深度残差网络（ResNet）通过引入残差学习框架，使网络能够更容易地训练并处理更深层次的数据结构，从而在图像识别任务中取得了优异的成绩。

近年来，多部门出台了指导意见或有关管理办法，推动 AI 及 GAI 在医学影像领域的应用与发展（详见表 1）。

表 1   2022~2023 年部分推动 AI 及 GAI 在医学影像领域的相关政策

序号	时间	部门	政策名称	具体内容
1	2022 年 7 月	科技部等六部门	《关于加快场景创新以人工智能高水平应用促进经济高质量发展的指导意见》	在医疗健康、养老等领域持续挖掘人工智能应用场景机会；医疗领域积极探索医疗影像智能辅助诊断、临床诊疗辅助决策支持、智能医疗设备管理、智慧医院等场景
2	2022 年 7 月	国家卫健委能力建设和继续教育中心	《关于发布〈放射影像数据库建设项目审报指南〉的通知》	建立基于部位或器官疾病的医学影像单病种或多病种图像采集规范与识别标准，图像分割与标注标准，相关数据库建设标准共识；建立符合中国人群特点和临床诊疗规范的多模态、大容量、高质量、丰富度好的医学影像数据库
3	2023 年 4 月	国家网信办	《生成式人工智能服务管理办法（征求意见稿）》	为促进生成式人工智能健康发展和规范应用，为中国人工智能、算法等相关产业的发展提供了更为明确的监管指导；国家支持人工智能算法、框架等基础技术的自主创新、推广应用、国际合作，鼓励优先采用安全可信的软件、工具、计算和数据资源

AI 及 GAI 可以快速处理和分析大量的眼底图像或肺部影像，提高了诊断的效率，尤其是在糖尿病视网膜病变的筛查中，AI 系统已被证明可以与专业医生的诊断结果相媲美。此外，AI 在肺结节诊断中的应用是医学影像

领域的一个重要进步，可在 4.5 秒内完成一名医生需要 23.6 秒的单样本检测，极大提高了诊断效率。[①] 同时，其检出率（约 87.2%）明显高于传统医生的检出率（约 68.8%），能够识别更多医生可能遗漏的结节，且 GAI 系统能够通过不断学习新的数据来提高其性能，随着经验的积累，其诊断准确性和效率还将不断提高。

为辅助医生全面、精准开展肝脏疾病诊断，商汤科技自主研发了 SenseCare® 肝脏 CT 智能分析系统、SenseCare® 肝脏 MR 智能分析系统，运用 GAI 技术实现肝脏影像的一站式分析诊断，独创肝脏 CT&MR 多模态分析功能，帮助医生"交叉核实"诊断结果，进一步提升诊断精度。该系统可实现最小 5mm 的局灶性病变的智能检出，覆盖肝细胞癌、肝内胆管癌、肝脏结节增生、肝血管瘤、肝良性肿瘤等多种病灶类型，并提供病灶定量分析及恶性程度预测，支持多期相影像自动配准及联动阅片。可对肝脏整体背景进行智能分析，提示脂肪肝、肝硬化等弥漫性病变。应用该系统可将肝脏 MR 影像诊断时间从 30 分钟缩短到 5 分钟。

2. 基于文本流数据的智能辅助诊断

基于文本流数据的智能辅助诊断是利用自然语言处理和机器学习技术，对医疗卫生相关文本信息如医疗科普文章、电子病历、医生的诊断报告、患者的医疗记录等进行分析和处理，以辅助医生进行健康教育和疾病诊断的一种方法。该技术能够从大量非结构化的文本数据中提取有用信息，在健康教育场景下，帮助患者快速准确地查询保健方案；在辅助诊断场景下，帮助医生做出更准确的诊断决策，减少误诊和漏诊，大大提高工作效率。由首都医科大学附属北京口腔医院启动的牙防科普 GAI 大模型应用项目，整理了其下辖 300 多家机构的医生写作的牙防科普文章，作为患者智能问答后台的本地知识库，保证了模型推理数据源的质量和信息反馈的准确有效。由广州市妇女儿童医疗中心和加州大学圣地亚哥分校等团队联合研发的"辅诊熊"

---

① 尹军祥、黄鑫、李苏宁等：《我国人工智能临床应用研究发展现状及建议》，《世界科技研究与发展》2023 年第 2 期。

GAI 诊断平台，可通过自动学习来自 56.7 万名儿童患者的 136 万份高质量电子文本病历中的诊断逻辑，应用于诊断多种儿科常见疾病，且其就诊准确度与经验丰富的儿科医师相当。值得注意的是，尽管基于文本流数据的智能辅助诊断具有巨大潜力，但它仍然需要专业医生的判断和干预，以确保最终的医疗决策是安全和准确的。同时，这类系统的研发和应用也需要考虑数据的质量和可追溯性，以及相关的法律法规和伦理标准。

3. 基于患者服务的智能自诊系统

基于患者服务的智能自诊系统将计算机技术用于医疗诊断，模仿传统医学问诊过程，引导患者通过症状查找可能病因，帮助患者判断可能的患病情况，提供相应意见和建议。[①] 上海中医药大学附属龙华医院的研究团队所开发的预诊环节和使用的 GAI 助手，体现了 GAI 在传统中医诊断中的应用，并且提高了医疗服务的效率和质量。该系统可在患者进入诊室前收集患者的脉象、舌象、面色等中医诊断信息，并迅速形成一份预诊报告发送到医生电脑端，不仅帮助患者自诊，还能有效提升临床诊断效率。

（二）生成式人工智能在疾病治疗中的应用

1. 基于生成式人工智能的个性化治疗方案

GAI 可以分析患者的病史、遗传信息以及当前的健康状况，提出最适合患者的治疗方案。在心脑血管疾病的诊断和治疗中，GAI 被用于探索新的致病基因表型、指导最佳个体化治疗策略、优化出院患者的管理、预测疾病预后，并被用作辅助治疗工具。根据患者的具体情况，GAI 可以提供定制化的治疗方案，如通过机器学习模型预测最佳的免疫抑制剂组合，以适应不同患者的需求。

"用户画像"在医疗领域的精准应用，可为患者提供精准、个性化的照护与支持。例如，东华软件股份公司与火箭军特色医学中心核与辐射损伤实

---

① 周英、刘虔铭、黄铁俊等：《基于预问诊服务的患者管理流程优化与实践》，《中国数字医学》2023 年第 6 期。

验室联合构建的基于主动健康访问技术的医养结合智能综合服务管理平台，是一个针对社区老年人的健康管理和养老服务的创新应用。该平台通过血糖仪、血压计、睡眠带等设备对用户的主动健康指数等数据进行收集，科学评估老龄人群疾病，起到早期智能发现、预防及健康精准管理作用，并提出个性化的治疗方案，有助于为患者提供更为合适的个性化照护与支持方案，从而提升患者症状管理效果和改善参与症状管理体验。[①]

2. 基于生成式人工智能的医疗机器人辅助手术

随着 AI 技术的发展，医疗机器人的操作更加精准和稳定。例如，达芬奇手术系统已经被广泛应用于骨科、神经外科和心脏手术等领域，其高精度的操作能力显著提高了手术的安全性和效率。支撑 GAI 发展的 AI 算法通过分析大量的患者数据来优化手术方案，如在器官移植手术中，GAI 可以帮助评估器官的兼容性，从而提高手术成功率和患者的生存质量；由 GAI 驱动的监控系统能够实时跟踪患者的手术过程和术后恢复情况，及时发现并处理可能出现的问题，如早期识别移植后的排斥反应。未来在辅助手术方面，GAI 将会进一步提升机器人的自主性和灵活性，挑战更为复杂的手术任务，并且其应用也将更加深入，如通过增强现实技术提供更直观的手术视觉辅助。

GAI 相关医疗技术，如手术机器人（达芬奇手术系统等）和精准放射治疗系统，通过智能化规划手术路径和治疗区域，显著提升了手术的精确性。这些技术不仅降低了并发症的风险，缩短了治疗周期，还支持远程医疗，从而提高整体的治疗效率和质量，可广泛应用于癌症、骨科、普通外科、泌尿外科和妇科等多个医疗领域，为提升临床治疗水平开辟了新的道路。[②] 例如，加拿大研究人员通过融合虚拟现实与 AI 技术，对骨科住院医师的手术技能进行了深入分析，参与者需在虚拟现实手术训练系统中执行

---

① 黄承宁、徐新、朱玉全：《基于用户画像对抑郁倾向人群的识别研究》，《现代电子技术》2023 年第 10 期。

② 范建平、刘孝文、赵天翌等：《人工智能技术在骨科手术实践领域应用研究进展》，《脊柱外科杂志》2024 年第 2 期。

半椎板切除手术。研究结果显示，GAI 算法在评估过程中的准确率达到了97.6%，明显超越了其他算法，对于骨科医师的手术训练具有重要意义。由中国科学院自动化研究所和中国科学院香港创新研究院人工智能与机器人创新中心联合研发的医疗垂直领域的 GAI 多模态大模型——CARES Copilot 1.0 可以进行高级的图像和视频语义提取，支持手术阶段识别、器械与解剖结构分割、器械检测与计数、MRI 高分辨率图像生成等一系列功能，可为临床医生提供手术阶段的详细分析报告和手术风险与质量评估报告，从而提高医疗服务水平。然而，上述产品仍处于科研测试阶段，尚未进入商业化落地阶段，还需要进一步验证。

四 生成式人工智能在药物研发和临床试验中的应用

（一）生成式人工智能在药物研发中的应用

1. 发现药物新靶点、药物虚拟筛选

GAI 在药物研发领域发挥着重要作用，通过分析大量的生物信息学数据来加速新药的研发过程。包括定量结构-活性/属性关系和基于结构的建模、从头分子设计以及化学合成预测，GAI 在药物研发中的应用越来越多。GAI 将基于大数据的药物研发修改为更精确、更有知识含量的数据，从而节省时间和减少经济损失。GAI 可以改变传统的新药研发模式，它不仅能应用于靶点筛选，还能应用于表型筛选，从而开展针对复杂疾病的新药研发。

在新药研发过程中，相较于传统研发模式，AI 及 GAI 的应用使其效率大幅提高。一是其能够基于生物信息学和深度学习的模型，处理疾病多维度数据以及海量文献数据，进而挖掘疾病病因、新药研发潜在靶点。二是在候选化合物的筛选过程中，其通过预测蛋白结构、化合物特征，开发活性分子，筛选出具有潜在药物活性的候选物，降低药物研发成本，减少实验次数，缩短实验周期，提高药物研发的成功率。

例如，英矽智能（Insilico Medicine）在 2023 年通过 FDA Ⅰ期研究的全

球首款治疗肺纤维化的药物（INS018_055）就是全流程由 AI 及 GAI 主导研发的新药。该技术探索疾病的潜在病因，发现药物的新靶点，分析靶点蛋白结构，识别候选化合物，最后基于大量前期临床试验数据的训练，对药物的有效性和安全性进行测试。与传统药企相比，Insilico Medicine 将流程中涉及的时间和投入的资金减少了 90%。更为重要的是，这一方式提高了候选药物的成功率。

近期，Google DeepMind 和 Isomorphic Labs 研究团队发布了革命性的 GAI 模型 AlphaFold 3，备受业内关注。相较于前代模型，AlphaFold 3 能够高精度预测包含几乎所有分子类型的复合体结构；通过显著改进的扩散模型和训练过程，减少了多序列比对处理的数量，直接预测原始原子坐标，简化了学习过程；在多个方面展示了比之前专用工具更高的准确性，包括蛋白质-配体相互作用、蛋白质-核酸相互作用，以及抗体-抗原预测。将这一技术进一步扩展到药物发现领域，能够帮助科学家快速、准确地预测药物与靶蛋白的相互作用，从而指导新药的设计。[1]

2. 预测药物疗效

GAI 在药物疗效预测方面的优势，一是通过对大量已知药物的结构和活性进行分析，预测新设计的化合物是否具有预期的药理活性，同时还可以帮助研究人员优化化合物的结构。[2] 二是药物生物活性预测，如抗癌、抗病毒和抗菌活性等。三是药物相互作用预测，GAI 可以通过分析大量已知的药物相互作用数据，预测不同药物之间的相互作用，帮助医生避免由药物相互作用导致的不良反应。四是临床试验数据分析与预测，GAI 可以建立模型来预测药物对不同人群的疗效，并发现潜在的药物适应症和禁忌症，提高临床试验的效率和准确性。五是个体化药物治疗，通过分析个体的基因组和临床数据，GAI 可以预测药物在不同个体中的疗效，从而为个体化药物

---

[1] J. Jumper et al. , "Highly Accurate Protein Structure Prediction with AlphaFold," *Nature* 596 (2021)：583-589.

[2] J. Yu et al. , "Computing the Relative Binding Affinity of Ligands Based on a Pairwise Binding Comparison Network," *Nature Computational Science* 3 (2023)：860-872.

治疗提供依据。

例如，利用免疫系统治疗疾病的生物技术公司 Parallel Bio 宣布将在培养皿内完成临床试验，该试验处在药物研发早期阶段，旨在研究其使用人体模型的新免疫疗法的疗效和安全性。类器官与 GAI 结合的目标是为创建更复杂和更准确的人体器官功能和疾病模型，为药物研发、疾病诊断和疾病治疗提供一个强有力的工具。

（二）生成式人工智能在临床试验中的应用

1. 优化临床试验方案

在临床试验前研发阶段，GAI 处理了药物的分子特性、水溶性、毒性、口服吸收潜力等问题。在临床研究阶段，GAI 分析了药物重定向、患者招募、优化临床试验等情况。

在临床试验的整个流程中，试验设计构成了一个至关重要且基础性的阶段。一个构思周密的试验能够对药物的安全性与疗效进行有效的评估，相反，设计上的疏忽则可能导致资源的无效投入甚至整个研究的失败。而 GAI 的引入为临床试验设计提供了创新性的解决方案，有望显著提升试验的质量和成功率。如 HINT（层次化交互网络）算法是一种先进的 GAI 技术，旨在预测临床试验的成功率。该算法通过综合分析药物分子特性、目标疾病特征以及患者入选标准等多维度信息，对特定临床试验方案的成功率进行预测。基于这些预测结果，研究人员可以对试验设计进行优化，以提升研究项目的整体效率和成功率。在临床试验设计的领域中，SEETrials 方法开辟了一条高效获取安全性和有效性信息的途径，该方法通过对临床试验摘要的深入分析，能够快速识别先前研究中的关键设计要素和结果，不仅提高了数据处理的速度，而且通过精准分析历史数据，可以帮助研究人员避免重复他人的错误，从而优化试验设计方案。CliniDigest 工具的开发是对传统文献回顾方法的一次重大革新，该工具能够整合并分析来自 ClinicalTrials. gov 等多个数据库的记录，快速生成综合性报告，为研究者提供了一个高效的信息汇总平台，并促进了临床试验设计中创新方法的应用。

2. 虚拟临床试验

虚拟临床试验，也称为分散式临床试验（Decentralized Clinical Trials）、无站式临床试验（Siteless Clinical Trials），是一种充分利用移动电子设备应用程序、电子检测设备和在线社交参与平台等技术进行临床研究的试验方法。新药研发面临长周期、高成本和高风险的挑战，而基于 AI 和深度学习建立的 GAI 模型可有效地降低真实世界数据里超高维度的干扰因子，通过在模拟环境中仿真试错，能够大大提高临床研究的效率，并降低成本。2023 年 2 月，北京大学肿瘤医院江旻及其合作团队启动了一项名为 Principal-001 的虚拟临床试验研究，该研究采用计算医学技术，通过建立基于肿瘤患者的数字化模型和药物反应模型，旨在预测肿瘤药物的疗效，并同步开展真实与虚拟的临床试验以比较两者结果的一致性。其公开的数据显示，早期 6 名受试者的虚拟试验结果与实际药物反应完全吻合，并计划进行更多的模型预测工作，以进一步发挥虚拟临床试验的潜力。

从国际上看，2015 年欧盟发布了《计算机临床试验路线图——阿维森纳行动》。该路线图宣布欧盟致力于采用"计算机模拟"技术来支持生物医药产品的创新，这一战略转变预示着计算医学技术在药物研发和临床试验中的重要性日益凸显。此外，俄亥俄州立大学研究团队研究探讨了利用已收集的真实世界数据模拟临床试验，以发现老药新用途的可能性。该团队采用近 1.1 亿人横跨 6 年的大规模数据，遵循随机临床试验（RCT）设计方案，并通过使用真实世界数据精确模拟相应的临床试验，筛选有重复用途的候选药物以获得有益效果[①]。

3. 临床试验风险评估

在临床试验的众多环节中，试验设计无疑是基础且关键的一步。在临床试验前的药物研发阶段，AI、机器学习和推理技术的应用正变得越来越重要，其有助于在临床试验开始之前，选择那些成功率较高的候选药物，同时

---

① R. Liu, L. Wei, P. Zhang, "A Deep Learning Framework for Drug Repurposing via Emulating Clinical Trials on Real-world Patient Data," *Nature Machine Intelligence* 3 (2021): 68-75.

排除那些失败风险较大的选项，从而提高临床试验的成功率并减少不必要的资源投入。

此外，为了降低临床试验中的患者退出率，有研究团队正采用 GAI 算法对可能退出研究的患者进行预测，该过程涉及对患者的历史医疗数据、参与行为、健康状况的波动以及其他相关变量的综合分析。识别出这些患者后，团队便可以实施有针对性的干预措施，例如提供额外的支持与关注、制定定制化沟通策略或调整治疗计划，旨在提升患者的满意度和参与意愿，从而有效提升患者在整个临床试验期间的留存率。

五　政策建议和未来展望

（一）建立数据标准和共享平台

1. 提高数据的多样性和质量

为了提高 GAI 模型的泛化能力，需要收集和标注大量高质量的医学影像数据。这些数据应涵盖不同的疾病类型、不同年龄和体型的患者，以及不同的成像技术（如 X 光、CT、MRI 等）。

2. 提高数据质量和代表性

现有的预测模型存在高偏差风险，主要是由于非代表性选择对照患者、排除未经历感兴趣事件的患者以及模型过拟合的高风险，这包括收集更多样化的数据集，以及确保这些数据集能够反映不同人群和疾病状态。

3. 采用先进的深度学习模型

考虑使用图卷积网络（GCN）和注意力机制来处理更复杂的医学影像数据，如组织病理学图像。通过使用不同的数据集来测试模型的性能，以及采用混淆矩阵等方法深入分析分类器的敏感性和特异性。

4. 优化算法以适应临床需求

GAI 系统应能够自动化地处理大量的医学影像数据并提供与人类专家相似的诊断结果。此外，GAI 系统还应该能够根据患者的具体情况（如年龄、性别、遗传背景等）调整其诊断策略。

（二）制定数据安全和隐私保护的法律法规

如何保护患者隐私，以及如何处理由 GAI 引起的潜在法律责任问题，也是当前面临的重大挑战，因此，提出以下四点建议。

1. 数据安全和隐私保护

随着 GAI 在医疗领域的应用，患者数据的安全性和隐私保护成为重要问题。GAI 系统可能会暴露于网络攻击中，导致敏感信息泄露。此外，GAI 聊天机器人等工具在处理大量个人数据时，也引发了数据安全问题。建议定期进行安全漏洞扫描和修复，加强对系统的监控。同时，利用区块链技术和建设由匿名和抽象数据组成的基础设施，克服生物医学数据的大规模收集和访问限制困难，以降低个人身份信息的泄露风险，在一定程度上保护患者的隐私。

2. 算法偏见和不透明性

GAI 系统中的算法可能存在偏见，这些偏见可能影响到诊断结果和治疗建议的公正性。[①] 嵌入偏差检测和减少推荐系统中的功能，可以从根本上消除社会不平等，有助于提升患者福祉。同时，提高 GAI 在医疗领域的透明度是解决信任问题的一个有效的途径。公开获取信息、理解透明度方面的内容以及让所有利益相关者参与 GAI 系统的开发，可以提高 GAI 在医疗领域的透明度。

3. 责任归属和法律挑战

当 GAI 系统在医疗服务中出现错误或不当行为时，如何确定责任归属是一个复杂的问题。这涉及制造商、医疗机构以及使用者之间的责任划分。[②] 此外，现有的法律框架可能无法完全适应 GAI 的快速发展，因此，需要更新和完善相关法律规定来应对这些挑战。

---

① S. Gerke et al. , "Ethical and Legal Challenges of Artificial Intelligence-Driven Healthcare," *Artificial Intelligence in Healthcare*（2020）：295-336.

② 罗芳、陈敏：《医疗人工智能的伦理问题及对策研究》，《中国医院管理》2020 年第 2 期。

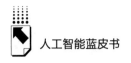

4. 加快完善数据安全法律，建立行业自律机制

从伦理治理的角度来看，要重构大数据时代的网络信息伦理，建议加快完善数据安全法律，建立行业自律机制，并不断创新安全防护技术。

（三）建立有关伦理治理的框架

调整传统法律制度的规制理念，适应 GAI 算法独特的运行逻辑，应对 GAI 算法伦理危机和社会危机。[①] 同时，推动全球性 GAI 伦理各利益相关者定义一个全球性的 GAI 伦理框架，以便更好地报告和管理与 GAI 相关的风险和伦理问题。为了解决大数据研究引发的关键伦理问题，如尊重患者的自主权、确保公平性和尊重参与者的隐私，应该在更广泛的监管和具体案例层面采取行动。一是制定明确的伦理规范，确保 GAI 在医疗领域的应用符合伦理原则，如患者自主权、非歧视原则等。二是建立责任追究机制，明确医疗机构、企业和开发人员在 GAI 应用中的责任和义务，对于因 GAI 应用导致的误诊、误治等后果进行追责。

未来，GAI 将成为人类的重要助手，协助人类解决各种复杂问题。通过与人类的合作，GAI 将实现更加智能化、高效化的发展，同时也会提高人类的生产力和生活质量。通过技术创新和应用拓展，GAI 也会为人类带来更多的便利和福利。未来的 GAI 将具备更加智能化、自适应化的能力。GAI 能够自主地学习和改进，不断提高自身的性能和智能水平。此外，GAI 也将更加注重与人类的交互和沟通，具备更加自然、智能的语音交互能力，实现更加便捷、高效的人机交互。相信在不久的将来，GAI 将更加深入地参与到医疗卫生的各个领域，为健康中国的建设、实现人民生命健康的总体要求贡献应有的力量。

---

① 郑智航：《人工智能算法的伦理危机与法律规制》，《法律科学（西北政法大学学报）》2021 年第 1 期。

参考文献

Michael C. Yip et al. , "Artificial Intelligence Meets Medical Robotics," *Science* 381 (2023): 141-146.

C. Hasselgren and Tudor I. Oprea, "Artificial Intelligence for Drug Discovery: Are We There Yet?" *Annual Review of Pharmacology and Toxicology* 64 (2023): 527-550.

周吉银、刘丹、曾圣雅:《人工智能在医疗领域中应用的挑战与对策》,《中国医学伦理学》2019 年第 3 期。

A. S. Pillai, "AI-enabled Hospital Management Systems for Modern Healthcare: An Analysis of System Components and Interdependencies," *Journal of Advanced Analytics in Healthcare Management* 7 (2023): 212-228.

G. P. Buddha, R. Pulimamidi, "The Future of Healthcare: Artificial Intelligence's Role in Smart Hospitals and Wearable Health Devices," *Journal of Propulsion Technology* 44 (2023): 2498-2504.

A. Sinha et al. , *Intelligent Internet of Things for Smart Healthcare Systems*, CRC Press, 2023.

Y. Zhou et al. , "Utilizing AI-Enhanced Multi-Omics Integration for Predictive Modeling of Disease Susceptibility in Functional Phenotypes," *Journal of Theory and Practice of Engineering Science* 4 (2024): 45-51.

蔡淳、贾伟平:《人工智能在糖尿病全程健康管理的应用与挑战》,《中国科学基金》2021 年第 1 期。

尹军祥、黄鑫、李苏宁等:《我国人工智能临床应用研究发展现状及建议》,《世界科技研究与发展》2023 年第 2 期。

周英、刘虔铭、黄轶俊等:《基于预问诊服务的患者管理流程优化与实践》,《中国数字医学》2023 年第 6 期。

黄承宁、徐新、朱玉全:《基于用户画像对抑郁倾向人群的识别研究》,《现代电子技术》2023 年第 10 期。

范建平、刘孝文、赵天翌等:《人工智能技术在骨科手术实践领域应用研究进展》,《脊柱外科杂志》2024 年第 2 期。

J. Jumper et al. , "Highly Accurate Protein Structure Prediction with AlphaFold," *Nature* 596 (2021): 583-589.

J. Yu et al. , "Computing the Relative Binding Affinity of Ligands Based on a Pairwise Binding Comparison Network," *Nature Computational Science* 3 (2023): 860-872.

R. Liu, L. Wei, P. Zhang, "A Deep Learning Framework for Drug Repurposing via Emulating Clinical Trials on Real-world Patient Data," *Nature Machine Intelligence* 3 (2021): 68-75.

S. Gerke et al. , "Ethical and Legal Challenges of Artificial Intelligence-Driven

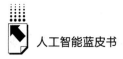

Healthcare," *Artificial Intelligence in Healthcare*（2020）：295–336.

罗芳、陈敏：《医疗人工智能的伦理问题及对策研究》，《中国医院管理》2020 年第 2 期。

郑智航：《人工智能算法的伦理危机与法律规制》，《法律科学（西北政法大学学报）》2021 年第 1 期。

B.9
人工智能内容生成技术应用

叶静芸　乔婷婷　魏简康凯　安占福　朱斌杰*

摘　要：　随着深度学习模型和算法的不断改进与优化，以大模型为代表的人工智能内容生成技术飞速发展。大模型的技术核心包括数据、算法和算力三大要素，高质量数据、多样高效算法和强大算力是提升内容生成质量的关键。大模型通过提升表达、学习及泛化能力，实现了文本、图像、视频、音频等多模态内容的高质量生成，但仍然面临伦理安全、版权、隐私保护等诸多挑战。本文通过案例展示了大模型技术如何助力智能体实践、文本生成、图片生成、视频生成、3D 生成等任务落地。展望未来，随着大模型技术和产业链的进一步成熟，人工智能内容生成技术将持续推动各行业的智能化转型，为社会发展带来更多机遇。

关键词：　人工智能内容生成　大模型　GPT

一　人工智能内容生成技术应用概述

近年来，以 GPT（Generative Pre-trained Transformer，面向对话的生成式预训练转换模型）为代表的人工智能大模型①技术飞速发展，相关成果广泛应用于互联网、金融、娱乐等领域，对社会各行业都产生了巨大影响，同时

---

　　*　叶静芸，北京智谱华章科技有限公司；乔婷婷，北京快手科技有限公司；魏简康凯，北京生数科技有限公司；安占福，京东方科技集团股份有限公司；朱斌杰，中国移动通信集团北京有限公司。
　　①　大模型：在人工智能领域，大模型通常是指具有大参数、大训练集、大算力的预训练模型，其参数量一般在数亿以上。

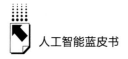

为内容创作者带来了新的机遇与挑战。

人工智能生成内容（Artificial Intelligence Generative Content，AIGC）与专业生成内容（Professional Generated Content，PGC）和用户生成内容（User Generated Content，UGC）不同，既是从内容生产者视角进行分类的一类内容，又是一种内容生产方式，还是用于内容自动化生成的一类技术集合①。因此，人工智能内容生成技术不仅是一种自动生成数字内容的新型方式，还是一种在提升效率的同时，创造出具有独特价值的新型内容的工具。

为了帮助读者更好地理解人工智能内容生成技术，本文将从发展历程、机遇与挑战、应用落地三个方面进行深入剖析。

（一）发展历程

人工智能内容生成技术是指运用人工智能算法和模型自主创建各种类型内容的技术②。该技术最早可以追溯到 1957 年，莱杰伦·希勒（Lejaren Hiller）和伦纳德·艾萨克森（Leonard Isaacson）创作了历史上第一首完全由计算机"作曲"的音乐作品《伊利亚克组曲》（*Illiac Suite*），但是因为受到技术限制和缺乏商业应用，在此之后人工智能内容生成技术并没有取得重大突破。

直到 2012 年，杰弗里·辛顿（Geoffrey Hinton）及其学生在 ImageNet 图像识别竞赛③中因 AlexNet④ 取得了巨大成功，标志着深度学习算法在计算机视觉领域的崛起。以此作为开端，人工智能内容生成技术的发展大致可分为以下 3 个阶段。

---

① 《人工智能生成内容（AIGC）白皮书（2022 年）》，中国信息通信研究院、京东探索研究院，2022。
② 《人工智能生成内容（AIGC）白皮书（2022 年）》，中国信息通信研究院、京东探索研究院，2022。
③ ImageNet 图像识别竞赛（ImageNet Large Scale Visual Recognition Challenge，ILSVRC）最早于 2010 年举办，是计算机视觉领域的知名竞赛之一，旨在推动图像分类和物体检测技术的进步。随着技术的成熟，该竞赛在 2017 年宣布不再举办，但其影响深远。
④ AlexNet 是一个基于深度卷积神经网络（CNN）的模型，由杰弗里·辛顿团队开发。

1. 深度学习发展阶段（2014~2020年）

虽然早在20世纪80年代，杰弗里·辛顿就引入了人工神经网络帮助计算机识别模式、模拟人类智能，但是直到2014年以后，随着深度学习模型和算法的不断改进与优化，以及大数据和计算能力的支持，以深度学习为基础的生成式内容技术才进入快速发展期。生成式对抗网络（GANs）[①]、残差网络（ResNet）[②] 等模型算法大大提高了模式识别、自然语言处理、语音识别等领域的性能。

值得一提的是，2017年，谷歌提出了Transformer机器学习模型架构，迅速席卷了整个人工智能研究领域，成为自然语言处理等深度学习研究的主要架构，此阶段生成结果的逼真程度已经逐渐接近甚至超越人类认知。

2. 大模型发展阶段（2021~2022年）

2020年6月，OpenAI团队发布了具有1750亿参数的GPT-3模型，通过该模型生成的文章，其质量之高，让人类也很难区分真假[③]。随后，全球范围内掀起了一股大模型研究和开发的热潮，谷歌、Meta等国际领先公司开始不断发布百亿到千亿规模的大型语言模型，如Gopher（2021年）、Chinchilla（2022年）、PaLM（2022年）、Claude（2022年）等。

大模型技术的核心目标是提升模型的表达能力、学习能力和泛化性能，使之能够处理更加复杂和多样化的任务，并在自然语言处理、计算机视觉、语音识别、推荐系统等多个领域展现出优越的性能。与传统人工智能技术相比，大模型具有更强大的表达能力和学习能力，能够更好地理解和处理文本生成、3D数字人生成、图像生成、语音生成、视频生成等复杂的数据和任务。

3. 大模型爆发阶段（2023年至今）

2023年，ChatGPT推出后，大模型的发展不再仅关注模型的训练，更关

---

① A. Creswell, et al., "Generative Adversarial Networks: An Overview," *IEEE Signal Processing Magazine* 35 (2018).

② K. He, et al., "Deep Residual Learning for Image Recognition," in *Proceedings of the IEEE Conference on Computer Vision and Pattern* (2016).

③ OpenAI Introducing ChatGPT, 2022, https://openai.com/blog/chatgpt.

注如何实现模型的产业化应用落地。与专注单一任务或有限领域的传统人工智能不同，此阶段大模型的目标是达到或超越人类的广泛认知能力，能够在多种环境中适应、学习、推理、规划、解决问题、创造和展示跨领域的灵活性。

综上所述，通用人工智能的实现是一个复杂且具有挑战性的课题。虽然目前的人工智能技术已经在多个领域取得了显著的进展，但要实现通用人工智能还需要长时间的努力和探索，以促进人工智能与人类社会的和谐共生。

（二）机遇与挑战

人工智能内容生成技术在快速发展的同时，面临诸多机遇与挑战，具体包括以下几点。

1. 降低生产成本，提高人工效率

人工智能内容生成技术通过自动化、智能化、实时性和准确性等优势，能够降低生产成本并提高人工效率。优势主要体现在以下几点。一是高效性：人工智能生成内容技术能够迅速处理大量数据，并快速生成所需内容，无论是文本、图像、音频还是视频。这种自动化过程显著加速了内容创作，相较于人工创作，人工智能可以在几秒钟内完成通常需要数小时甚至数天才能完成的任务，节省了时间成本，缩短了项目周期。二是规模经济：对于需要大规模内容生产的情况，如广告、新闻摘要、个性化推荐等，人工智能内容生成技术能够持续稳定地产出，不受体力和时间限制。这意味着随着内容需求的增长，人工智能内容生成技术的单位成本会进一步下降，实现规模经济效应。三是减少人力依赖：人工智能内容生成技术减少了对昂贵专业人力的需求，如设计师、作家、编辑等，还可以在一定程度上减少人为错误、返工成本，提高工作质量。虽然初期开发和维护系统的成本可能较高，但长期来看，该技术避免了持续的人力成本支出，尤其是在内容需求频繁变动或需要全天候不间断生产的情况下。

2. 应用创新与行业落地

随着人工智能内容生成技术的深入发展和广泛应用，其在不同行业的影响力日益增强，不仅推动了业务模式的创新，也为企业带来了前所未有的机

遇和挑战。

在金融领域，人工智能内容生成技术的应用已经远超风险评估和客户服务的范畴。它正在被用来构建更智能的投资决策系统，通过分析海量的市场数据、新闻资讯和社交媒体信息，预测市场走势，为投资者提供更为精准的投资建议。此外，该技术还在反欺诈领域展现出巨大潜力，通过深度学习和模式识别技术，自动识别和拦截欺诈行为，保护银行和客户的资产安全。

在制造业领域，人工智能内容生成技术正助力企业实现智能化转型。通过该技术，企业可以构建更为精准的生产预测模型，提前预测设备故障、生产瓶颈等，从而进行预防性维护和生产调度优化。同时，该技术还能帮助企业实现产品设计的智能化，通过模拟和测试各种设计方案，快速找到最优方案，提升产品质量和竞争力。

然而，人工智能内容生成技术的应用也面临一些挑战。首先，数据安全和隐私保护是一个不容忽视的问题。企业需要采取有效的措施来保护客户数据的安全和隐私，防止数据泄露和滥用。其次，人工智能内容生成技术的算法和模型需要不断更新和优化，以适应不断变化的业务需求和市场环境。这需要企业投入大量的人力和物力来进行研发和维护。

人工智能内容生成技术的不断成熟和普及为企业带来了前所未有的机遇和挑战。企业需要积极拥抱人工智能内容生成技术，不断探索和创新，将其应用于自身业务，以提升业务效率和竞争力。同时，企业需要关注人工智能内容生成技术所带来的风险和挑战，采取有效的措施应对和解决。

3. 伦理与安全挑战

人工智能内容生成技术已能成熟地进行内容创作，但从著作权法的角度来看，人工智能内容生成技术基本属于重组式创新，尚不具有真正的创造力。目前趋势较为强调人机协作，可以在内容创作上发挥人类和人工智能的最大优势。但是，人工智能内容生成技术引发的伦理与安全问题已经成为整个行业发展所面临的难题。例如，2016 年，人工智能公司 DeepMind 与英国国家医疗服务体系（NHS）合作，开发了一款名为 Streams 的应用程序，用于监测急性肾损伤患者。然而，DeepMind 在开发和部署过程中并没有告知患者，英国信息专员办公室（ICO）[①] 因此裁定 NHS 与 DeepMind 侵犯了患者的隐私权。在我国，2023 年 11 月，北京互联网法院对一起涉及人工智能生成图片的著作权侵权纠纷做出了一审判决，认定人工智能绘画图片具有独创性，应当受到著作权法的保护。这是中国首例涉及"人工智能文生图"的著作权案件，标志着人工智能生成内容的法律地位得到确认。

当前，人工智能侵权事件呈现多样化趋势，涉及版权、肖像权、隐私权和名誉权等多个领域。解决这些问题需要在法律、技术和伦理等方面做出努力。一是明确人工智能生成内容的版权归属和使用规范；二是开发和应用保护隐私和防止剽窃的技术；三是制定和推广使用人工智能的伦理准则，确保人工智能应用的透明性和责任性。

（三）应用落地

随着人工智能内容生成技术的不断成熟和普及，越来越多的企业开始将人工智能生成的各类内容应用于自身业务。例如，在金融领域，一些银行已经开始尝试使用人工智能内容生成技术进行风险评估和客户服务；在制造业领域，一些企业利用人工智能内容生成技术优化生产流程、提升产品质量。国内外人工智能内容生成代表性大模型见表1。

表1　国内外人工智能内容生成代表性大模型

内容生成类型	国外代表性大模型	国内代表性大模型
多模态	OpenAI 的 GPT4.5、谷歌的 Gemini、Microsoft 的 Florence	智谱 AI 的 GLM4、百度的文心大模型、腾讯的混元、生数科技的 UniDiffuser
文本生成	OpenAI 的 GPT 系列、谷歌的 PaLM 系列、Meta 的 LLaMA	百度的文心一言、智谱 AI 的智谱清言、月之暗面的 Kimi Chat、阿里云的通义千问
代码生成	OpenAI 的 Codex、DeepMind 的 Alpha-Code、微软的 GitHub Copilot	华为的 ModelArts CodeGen、智谱 AI 的 CodeGeex-4、百度的 Comate
图片生成	OpenAI 的 DALL-E、Stability AI 的 Stable Diffusion、Midjourney	阿里云的通义万相、百度的文心一格、快手的可图、生数科技的 PixWeaver

① 英国信息专员办公室是英国负责监管数据保护、隐私和信息权利的独立机构。

内容生成类型	国外代表性大模型	国内代表性大模型
音频生成	OpenAI 的 Jukebox、Meta 的 Audiobox、Deepmind 的 WaveNet	昆仑万维的天工 SkyMusic、香港中文大学等多所高校联合开发的 UniAudio
视频生成	OpenAI 的 Sora、Meta 的 Make-A-Video、谷歌的 VideoPoet	生数科技的 Vidu、智谱 AI 的 CogVideo X、商汤的 SenseAvatar、快手的可灵
3D 生成	英伟达的 GauGAN 系列、谷歌的 DreamFusion、RunwayML 的 Gen-2	生数科技的 VoxCraft、智源的 Uni3D、字节跳动的 MVDream

资料来源：笔者根据公开资料整理。

随着人工智能产业链的完善，面对金融、能源、制造业、文娱等丰富的应用场景，更符合商业规律的模式应走向分层——先是基座大模型，后是行业大模型，再是面向更加细分场景的推理模型。而依托传统算法的行业大模型，可能作为一个阶段性的产物被淘汰。能够实现多场景、多任务甚至跨模态的大模型，才能实现类人的认知能力涌现。因此，构建全自研的大模型，推动通用人工智能技术发展是关键点，也是认知革命引发技术革命进而引发整个应用和市场革命的突破点。

二 人工智能内容生成技术应用案例

（一）智能体实践案例

随着人工智能技术的快速发展，智能体成为近年来的一个热门话题。智能体是一种能够执行特定任务或提供特定服务的自主软件实体。通过自然语言处理、机器学习等技术，智能体可以与用户进行交互，并根据用户的需求和偏好提供个性化的服务。自全球顶尖人工智能企业 OpenAI 于 2024 年 1 月推出 GPT 商店（GPT Store）以来，在短短的 6 个月内，已有约 15.9 万个公开的智能体应用在商店中供用户使用。这些智能体应用涵盖了写作、编程、教育等不同领域，大大丰富了用户的选择。

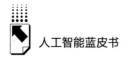

智谱 AI 推出的 GLMs 个性化智能体基于自主研发的 GLM-130B 模型构建。GLM-130B 是一个双语（中英文）的大型预训练模型，拥有 1300 亿参数，具有出色的性能和多模态支持能力。具体来说，GLM-4 可以支持 128k 的上下文窗口长度，单次提示词可以处理的文本达到 300 页，具有更快的推理速度和更强的并发性，为个性化智能体提供了强大的计算能力和数据处理能力。这使 GLMs 个性化智能体能够处理复杂的任务，提供更准确、更智能的服务。

个性化智能体定制功能是 GLM-4 的一大亮点，它打破了以往人工智能技术使用的门槛，使非技术人员也能轻松参与。用户仅需通过简单的提示词指令，即可在智谱清言平台上创建个性化智能体。这一过程无需编程知识，大大降低了大模型应用的开发难度，促进了人工智能技术的普及和应用创新。用户可以按照自己的需求定义智能体的行为模式、回应风格、专业知识领域等，从而获得一个高度定制化的智能辅助工具。用户仅需点击"+创建智能体"，在简单地描述需求后，即可创建自己的智能体。根据个性化需求，用户还可在配置信息栏中添加具体指令，对智能体进行调试，以确保智能体达到预期的效果。

GLMs 个性化智能体通过强大的定制化能力，正在各个行业展现出其在提高效率、优化体验、推动创新等方面的重要作用。

在企业应用场景，客户可以根据自身品牌调性和客户需求，定制智能客服机器人。这些智能体不仅能提供 24 小时不间断的服务、解答常见问题，还能通过学习企业的特定产品知识和客户互动历史，提供更加个性化和精准的服务，提升客户满意度和转化率。

在内容创作场景，智能体被用于辅助内容创作者进行故事、剧本、歌词甚至广告文案的创作。创作者可以通过设定特定的风格、主题或情感倾向，引导智能体产出创意内容，加速创作过程，激发灵感，同时保持内容的独特性和吸引力。

在娱乐与社交互动场景，智能体也被用于开发聊天机器人、虚拟偶像等娱乐应用，能够根据用户的兴趣和交互习惯，提供更加贴近个人偏好的对话体验，增强用户黏性，开辟人机交互的新模式。

总之，个性化智能体在提升用户体验、提高业务效率和客户满意度、强化数据利用和分析能力、创新服务模式以及扩大技术应用范围等方面都取得了显著的落地效果。

（二）文本生成实践案例

文本生成是指利用大规模的预训练语言模型生成自然语言文本的技术。这些模型通过在海量文本数据上进行预训练，具备了较强的语言表达和生成能力。用户可以通过输入一些提示词或指令，让模型自动生成故事、对话等文本内容。使用检索增强生成（Retrieval-augmented Generation，RAG）技术可以提升智能客服的质量，并有效解决人工智能知识局限性、错误输出以及数据安全等问题，为用户提供更加准确和高效的支持。

国外文本生成模型主要由顶尖的研究机构和科技公司开发，这些模型在自然语言生成领域取得了显著进展，如 OpenAI 的 GPT 系列模型、谷歌的 BERT 和 T5 模型。在国内，月之暗面的 Kimi Chat 最早实现无损上下文窗口技术突破，无损上下文长度达到 200 万字，卓越的长文本处理能力不仅让 Kimi Chat 积累了超高人气，更引发了行业内的一系列连锁反应。随后，阿里云旗下通义千问宣布将向所有用户免费开放 1000 万字的长文本处理功能；360 智脑则正在内测 500 万字长文本处理功能，并即将入驻 360AI 浏览器；百度文心一言已开放 200 万字长文本处理功能。

北京移动在政务领域开展文本生成落地实践，面向某政府用户的政务材料评审场景，开展大模型创新应用先行先试。在政务材料的评审过程中，由于人工主观判断存在差异、评审内容体量大、评审项多，存在评审尺度不一、评审效率低等问题。因此，需利用大模型技术，提供政务材料评审过程中的智能化知识问答及辅助评审。为此，北京移动提供了涵盖数据治理、大模型底座构建、应用构建、资源保障四大关键能力的解决方案。在数据治理层面，通过政务数据收集、数据标注等过程形成高质量数据集，为大模型提供数据基础。在大模型底座构建层面，引入通用大模型底座，基于模型微

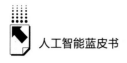

调、知识库构建、多模态（非结构化文本和图像）分析等技术，使大模型更好地适配业务要求。在应用构建层面，对大模型能力进行拓展，对上传材料的文本、图像内容进行智能解析、智能定位、智能打分并自动化生成评审报告，实现智能辅助分析结果与人员审核结果互为参照，辅助提升人员评审效率。在资源保障层面，进行算力资源与环境安全保障，确保模型应用的安全、稳定、高效。通过以上四大关键能力，北京移动实现"评审智能体"应用，推动大模型与政务场景的深度融合及应用落地，推动政府单位精细化管理水平以及业务创新能力的提升。

（三）文生图实践案例

大模型文生图是基于大型人工智能模型的文字到图像（Text-to-Image）生成技术。文生图模型需要通过大量的图像和对应的文本描述进行训练，学习如何将自然语言描述转换为视觉表达。训练完成后，模型能够接收新的文本输入，并生成与之相匹配的图像。这些图像可以是现实世界的场景、物体、人物，也可以是虚构的内容，如艺术作品或概念设计。

近年来，国内外在文生图领域取得显著进展，国外较知名的有 OpenAI 的 DALL-E 系列模型、Midjourney、Google 的 Imagen 模型、Stability AI 的 Stable Difusion 等；国内较知名的有阿里巴巴的通义万相、百度的文心一格、生数科技的 PixWeaver、快手的可图等。

以快手的可图为例，作为一款文生图模型，可图在技术水平和应用效果上均达到了国际先进水平，其强大的功能和优秀的性能在国内外受到了广泛关注。目前，可图已正式对外开放，支持文生图和图生图两类功能，上线20 余种人工智能图像玩法，支持中英文双语，支持长达 256 字符的文本输入，具备英文和中文写作能力。

在具体应用上，快手在短视频评论区推出了"AI 小快"，该功能以快手独立自主研发的大语言模型快意和文生图大模型可图为技术基座，旨在为用户在短视频评论区提供文本问答、多轮对话、文生图、人工智能扩图等多种基于短视频应用场景的服务。此外，基于可图大模型强大的图像生成能力，快手还在短视频评论区推出了"AI 玩评"功能，用户输入创意文字即可生成大量不同风格的图片，这也是业内首次在大型 App 核心业务场景的评论区应用文生图能力。

可图的优势显著。首先，基于开源、内部及自研人工智能技术训练的数十亿图文数据覆盖广泛；其次，快手的强用户黏性及其短视频评论区为可图提供了理想的应用场景；最后，快手自研中文 LLM 结合 CLIP 图文特征作为文本理解模块，并结合 Prompt 自动学习模型，使可图能深入理解中文概念并生成多样风格模板。

（四）视频生成实践案例

大模型视频生成技术是指通过对人工智能的训练，使其能够根据给定的文本、图像、视频等单模态或多模态数据，自动生成符合描述的、高保真的视频内容。

2024 年 2 月，OpenAI 发布了其首个完全由人工智能大模型 Sora 生成的一分钟视频，为人工智能领域带来了新的颠覆性变革。当前，我国科技企业在视频领域已推出了自研的可灵、Vidu、CogVLM 等视频生成大模型。

快手于 2024 年 6 月 6 日发布了可灵视频生成大模型。这是全球首个用户可用的真实影像级视频生成大模型。从呈现效果看，可灵有以下七大技术亮点。一是该模型采用了 3D 时空联合注意力机制，可生成大幅度且合理的运动视频。二是能够生成长达 3 分钟的视频，且帧率达到 30fps。三是得益于自研模型架构及 Scaling Law 激发的强大建模能力，模型可模拟物理世界特性，生成符合物理规律的视频。四是凭借对文本—视频语义的深刻理解和基于 Diffusion Transformer 架构的强大概念组合能力，可灵能够将用户丰富的想象力转化为具体的画面。五是基于自研 3D VAE，可灵能够生成 1080p 分辨率的电影级视频，无论是浩瀚壮阔的宏大场景，还是细腻入微的精致画面，都能够生动呈现。六是模型支持设置首帧和尾帧，动作流畅自然。七是模型支持精准的相机镜头控制。

（五）3D生成实践案例

大模型3D生成是指利用人工智能技术来创建3D模型和场景。3D大模型通常基于深度学习算法，经过海量的3D数据及对应描述或条件的训练，能够学习到3D物体的结构、外观、材质等复杂特征，并据此生成新的、多样化的3D模型或场景。在3D生成方面，大模型可以用于多个领域，如游戏开发、电影制作、动漫制作、建筑设计等。

3D生成在内容生成领域具有重要地位，国外较为知名的3D生成大模型有普林斯顿大学和斯坦福大学等合作开发的ShapeNet、英伟达的VoxelNet以及麻省理工学院的3D-GAN等；国内较为知名的3D生成大模型有生数科技的VoxCraft、百度的AtlasNet、上海交通大学的PointFly等。

1.3D内容生成平台

京东方致力于软硬融合的产品研发，并推出了行业首个从多模态交互、内容生成、编辑、转制、适配再到3D终端显示的全链路3D内容平台，核心功能全部在云端部署，可复用、可迁移。该平台基于大模型的理解能力、对话能力、生成能力，让用户通过文字、语言、2D图像等多模态交互方式直接参与3D内容制作过程，从而大幅降低3D内容生产成本，增强3D内容的可用性、娱乐性和交互性。这一平台的创新点主要包括两个方面。一是多模态交互，允许用户以文字、语言、2D图像等多模态方式进行端到端交互，利用大模型分析用户表达的语义，通过文本图像生成、2D到3D图像转换得到适配终端设备的3D多视点图像内容。二是视角空间一致性，在3D多视点生成中，京东方自研2D转3D技术能确保不同视角的生成结果在观看时保持一致，即从不同的角度观察场景具有一致性，实现这一目标需要关注视角间的几何和颜色一致性，以及光照、阴影和纹理等因素。

目前，京东方3D内容生成平台已取得多项落地成果，推出了大尺寸3D商用显示设备、桌面3D显示设备、3D平板、3D电子相框等一系列智能终端产品，是行业首家2D到3D图像/视频内容生成方案商。值得一提的是，京东方7.9英寸裸眼3D相框拥有49视点和24视点两款产品。其中，49视点裸眼3D相框已于2023年底量产，24视点裸眼3D相框于2024年4月在香港钜弘环球资源展首次亮相。用户可通过小程序进行定制化3D内容实时生成，一站式获得更逼真的3D图像/视频，最高支持8K分辨率。整体来说，京东方3D内容生成解决方案在3D内容质量、效率等方面提升显著。

生数科技的VoxCraft致力于降低3D内容生成的门槛，提升3D内容的生产效率，释放个人和行业专业用户的3D内容创造力。基于底层通用多模态大模型对于图像、视频等数据的强大学习能力，VoxCraft具有更强的3D生成能力。

VoxCraft的图生3D功能旨在简化2D设计到3D模型的工作流程。通过上传一张图片，用户在短短数秒后便可收获一个与原图高度相似的3D模型（见图1），生成结果自带高精细度纹理，且几何结构准确规整，大幅提升了粗模的创建效率，有效缩短了设计到实现的周期。VoxCraft 3D生成模型的优势在于，创作者可以使用该模型简化3D创作流程，为游戏开发、虚拟现实体验、影视制作等多种场景的3D创作减少后期美术成本。

图1　2D设计到3D模型生成案例

资料来源：生数科技。

2. 文生3D模型

VoxCraft的文生3D功能为创作者打开想象的大门，输入文本描述后，仅需10分钟，VoxCraft将会提供6个不同的3D模型，用户可以从多样的生成结果中挑选最符合预期的设计，也可从生成结果中获取新的创意灵感。例如，输入以下提示词（Prompt）：中国景泰蓝珐琅花瓶（Chinese cloisonné enamel vase），希腊科林斯式柱头（Greek corinthian column capital），木箱、游戏插画（Wooden chest，game illustration），便可以获得如图2所示的3D输出结果。

图2 文生3D案例

资料来源：生数科技。

3. 文生模型纹理

3D模型的纹理绘制是工作流程中耗费精力的一步，通常艺术家在人工创建模型后，还需要展UV、调整UV布局，之后在专业的贴图绘制软件中制作贴图。VoxCraft提供了快速的纹理贴图制作方案，用户可上传3D模型并输入期望的纹理描述，VoxCraft可自动处理UV并制作纹理贴图。如图3所示，上传一个模型，并输入提示词钢铁侠（Ironman），即可获得带有钢铁侠纹理的3D模型。

4. 视频转4D模型

4D模型在传统3D模型的基础上引入时间序列，即随时间变化的3D模型。基于"骨骼动画"的4D动画生成框架"AnimatableDreamer"能够直接

文本描述
Ironman
上传模型
快速搞定模型纹理

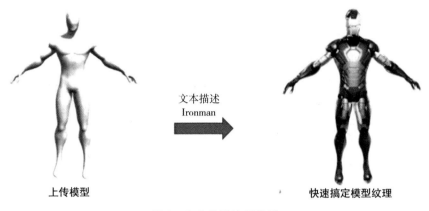

图 3　文生模型纹理案例

资料来源：生数科技。

将 2D 视频素材一键转成 4D 模型，支持自动提取骨骼动作、一键转换动画效果并可通过文字输入进行个性化角色生成。视频转 4D 案例如图 4 所示。

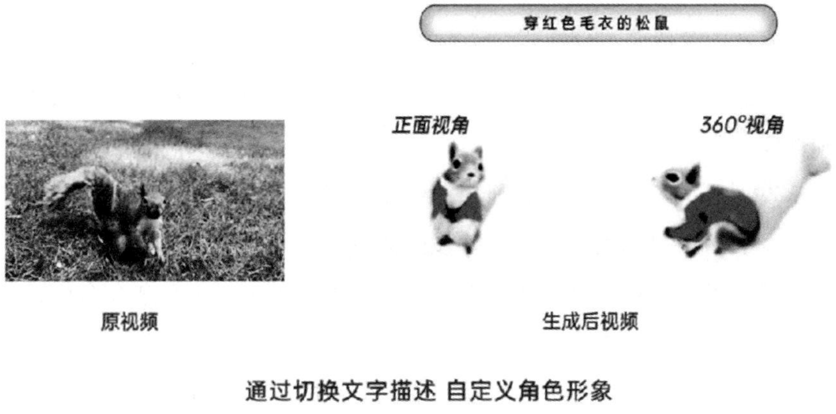

穿红色毛衣的松鼠
正面视角
360°视角
原视频
生成后视频
通过切换文字描述 自定义角色形象

图 4　视频转 4D 案例

资料来源：生数科技。

VoxCraft 模型在以下方面取得了突破。一是原生 3D 路线革新，数据驱动高效生成 3D 模型。通过收集建模师的专业 3D 建模数据、深度清洗后的高质量私有数据及部分开源数据构建一个庞大的训练数据集，并在此基础上

训练出了3D原生模型。该模型不再依赖传统的优化方法，而能直接根据输入图像推理出3D模型结构。这一创新不仅显著提升了3D模型的生成速度，还确保了模型具备较强的泛化能力。对3D目标场景进行拆分并分别生成，最终构建丰富的3D场景。例如，通过Voxcraft进行3D建模，生数科技发布了国内首部由人工智能制作的3D动画短片《最后的机器人》。二是UniDiffuser强化可控监督，精细生成多视角贴图。基于Diffusion Transformer架构的多模态扩散大模型UniDiffuser在比例缩放的过程中涌现了生成高质量多视角图像的能力，该能力可对贴图生成过程进行有效的监督，使贴图在生成的过程中特别是在精细化微调阶段依然能够遵循原图达到可控的效果。

三 总结

随着人工智能技术的飞速发展，特别是以GPT为代表的人工智能大模型的兴起，人工智能内容生成技术已成为数字内容领域发展的重要驱动力。人工智能内容生成技术不仅改变了内容创作的传统方式，提高了创作效率，而且通过自动化生成具有独特价值的内容，为创作者和消费者带来了全新的机遇和挑战。

从发展历程来看，人工智能内容生成技术经历了从深度学习发展阶段到大模型发展阶段再到大模型爆发阶段的演进。特别是大模型技术的应用，大大提升了模型的表达能力和学习能力，使之能够处理更加复杂和多样化的任务，为内容生成领域带来了革命性的变化。

然而，尽管人工智能内容生成技术已经取得了显著的进步，但在实际应用中仍面临诸多挑战。首先，如何确保生成内容的真实性和可信度，避免虚假信息的传播，是人工智能内容生成技术发展中亟待解决的问题。其次，如何平衡人工智能内容生成技术的创新性和合规性，保护知识产权和隐私权，也是未来需要研究的重要课题。

展望未来，随着人工智能技术的不断发展，人工智能内容生成技术将在更多领域得到应用，为社会带来更多的便利和价值。首先，人工智能内容生成技术将在内容创作领域发挥更加重要的作用，推动数字内容产业的创新发展。其次，人工智能内容生成技术将促进跨领域融合，为广告、教育、娱乐等行业带来新的变革。最后，人工智能内容生成技术还将助力个性化内容的生成，满足消费者日益多样化的需求。

　　人工智能内容生成技术的发展为数字内容领域带来了无限可能。面对未来的机遇和挑战，我们需要不断探索和创新，推动人工智能内容生成技术的持续进步和应用，为人类社会的发展贡献更多的智慧和力量。

参考文献

《人工智能生成内容（AIGC）白皮书（2022年）》，中国信息通信研究院、京东探索研究院，2022。

A. Creswell，et al.，"Generative Adversarial Networks：An Overview," *IEEE Signal Processing Magazine* 35（2018）.

K. He，et al.，"Deep Residual Learning for Image Recognition," in *Proceedings of the IEEE Conference on Computer Vision and Pattern*（2016）.

OpenAI Introducing ChatGPT，2022，https：//openai. com/blog/chatgpt.

《全球计算机排行：老美垄断前10，霸榜前3，中国跌出前十》，"小U侃侃谈"百家号，2023年12月4日，https：//baijiahao. baidu. com/s？id=1784345208914476649。

B.10
生成式人工智能在智能制造领域的应用

姜幸群　刘玉宇　张　真　陈玮萌　张时宜*

摘　要： 当前，人工智能技术正加速从感知智能、认知智能向通用人工智能跃迁，将逐步成为我国新质生产力的重要引擎，为中国新型工业化发展提供强大动能。通用人工智能与智能制造深度融合是一个复杂的课题，面临系统集成、技术验证、数据安全、标准规范、人才培养等众多难题。当下，生成式人工智能可以视为人工智能迈向通用人工智能过程中的一项关键技术。本报告将以生成式人工智能技术赋能新型工业化为切入点，阐述如何为中国智造带来深远的创新变革以及如何在真实的智造场景中提升技术价值。在锻造新质生产力的时代背景下，本报告还将阐述如何构建标准化研发范式、完善数字基础设施、保障工业数据安全等，助力我国在新型工业化发展道路上取得更多成就。

关键词： 生成式人工智能　智能制造　新型工业化

一　人工智能全面赋能新型工业化成为必然

（一）符合国家政策和产业发展趋势

近年来，我国人工智能发展驶入快车道。2023年，中国人工智能产业核心规模达到5000亿元。① 英国传媒机构 Tortoise Media 根据投资、创新和

---

* 姜幸群、刘玉宇、张真、陈玮萌、张时宜，京东方科技集团股份有限公司。

① 《我国人工智能蓬勃发展 核心产业规模达5000亿元》，中国政府网，2023年7月7日，https://www.gov.cn/yaowen/liebiao/202307/content_6890391.htm。

实践等多维度指标评定全球人工智能技术发展水平，2021～2023 年中国人工智能技术发展水平位居全球第二。[①]

通用人工智能（AGI）作为人工智能发展的新形态，代表了人工智能技术的一个重要进步和未来方向。通用人工智能自动化与智能化水平的持续提升，将为中国制造业带来巨大的经济效益。当下，生成式人工智能可以视为人工智能迈向通用人工智能过程中的一项关键技术。麦肯锡数据显示，放眼全球，生成式人工智能将对高科技行业产生显著影响；在中国，先进智造、先进电子与半导体、包装消费品、能源与银行将是受生成式人工智能影响最为显著的五大行业。[②]

在政策趋势上，工业和信息化部、国家发展改革委等部门联合发布了《"十四五"智能制造发展规划》，对"十四五"推进制造业智能化做了具体部署。该规划指出，应加强关键核心技术攻关。到 2035 年，规模以上制造业企业将全面普及数字技术，重点行业骨干企业基本实现智能化。[③]

2024 年 1 月，国务院常务会议研究部署推动人工智能赋能新型工业化有关工作。会议强调，要统筹高质量发展和高水平安全，以人工智能与制造业深度融合为主线，以智能制造为主攻方向，以场景应用为牵引，加快重点行业智能升级，大力发展智能产品，高水平赋能工业制造体系，加快形成新质生产力，为制造强国、网络强国和数字中国建设提供有力支撑。[④]

2024 年《政府工作报告》提出，开展"人工智能+"行动，打造具有国际竞争力的数字产业集群。习近平总书记多次谈及"新质生产力"，强调要培育发展新质生产力，并指出推进人工智能全面赋能新型工业化是主动适

---

① Tortoise Media 官方网站。

② 沈恺等：《生成式 AI 在中国：2 万亿美元的经济价值》，Mckinsey&Company，https：//www. mckinsey. com. cn/。

③ 《关于印发"十四五"智能制造发展规划的通知》，工业和信息化部网站，2021 年 12 月 21 日，https：//www. miit. gov. cn/cms_ files/filemanager/1226211233/attach/20226/95c25b0b936 d49f1995bd8771599d18a. pdf。

④ 中国政府网"国务院 1 月重要政策"，https：//www. gov. cn/yaowen/liebiao/202401/content_ 6929354. htm。

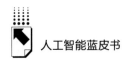

应新一轮科技革命和产业变革的必然要求。

李强总理在全国两会后调研时指出，人工智能是发展新质生产力的重要引擎。建议抢抓人工智能加速应用的重大战略机遇，加快以数智化赋能新型工业化。①

回顾世界主要发达经济体的实践经验，它们都依靠强大的制造业迈入现代化强国行列，高度工业化已成为各国实现现代化的重要路径。基于新型工业化发展需求，"人工智能+智能制造"是推动我国实现工业现代化的前提和基础，也是一个国家兴旺发达的必由之路。

至此，人工智能全面赋能新型工业化已成为必然。

（二）推动技术创新取得新突破

生成式人工智能与制造业深度融合也为我国自主创新技术突破提供了新的机遇。当下，人工智能在智能制造中的应用已非常广泛，涵盖设计、生产、管理、服务等多个环节，有效助力产品研发智能化、制造设备智能化、管理运营智能化等，这些智能化改变有助于促进我国制造业成本节约、效率提升、价值创造。

然而，人工智能赋能智能制造场景依然面临众多挑战。人工智能技术的发展是推动技术创新的关键。习近平总书记强调，要实现高质量发展，必须依靠创新驱动，这包括提升自主创新能力和突破关键核心技术。

在新型工业化过程中，生成式人工智能有望在几个关键领域取得突破。构建生产制造数字孪生工厂，可以实现工厂规划、仿真优化及实时监控，从而提高制造企业的制造柔性和智能化程度，在生产过程中对市场变化做出快速响应。利用生成式人工智能进行材料科学的模拟和优化，可快速发现新材料或改进现有材料性能，同时优化生产工艺，减少能耗和物料消耗。生成式人工智能驱动的增强现实（AR）技术，为工人提供实时操作指导、故障诊

---

① 《工信部：推动人工智能赋能新型工业化》，"光明网"百家号，2024 年 4 月 18 日，https：//baijiahao. baidu. com/s？id=1796666048417455854&wfr=spider&for=pc。

断信息，提高工人的工作效率与安全性，也促进企业加强技能培训。机器人与多模态大模型的融合促进了具身智能发展，为机器人装上具有更强逻辑推理能力的大脑，为学习新任务、与人类安全交互提供可能，将显著提升生产自动化水平。

（三）增强产业链韧性

产业韧性是指当产业面对冲击时能够保持稳定运行或者能够快速恢复到正常状态的能力，而技术话语权会在一定程度上影响产业主导权。生成式人工智能的自主创新和落地实践有助于我国提升先进制造话语权，在全球产业竞争格局中占据主导地位。

从国际形势来看，当前世界范围内技术和产业博弈不断加剧，逆全球化、单边主义、保护主义思潮暗流涌动。世界重要经济体纷纷推进"再工业化"战略，瞄准新兴技术和未来产业，积极推动高端制造业回流。先进制造业领域的国际竞争越发激烈，全球产业链重组、供应链重塑、价值链重构不断深化，全球制造业发展格局正在经历前所未有的深刻调整。

从国内趋势来看，我国正处于由工业大国向工业强国、由中国制造向中国创造迈进的关键时期，制造业增加值连续多年居世界首位。工业和信息化部数据显示，2023 年我国制造业规模以上工业增加值同比增长 5.0%，制造业总体规模连续 14 年保持全球第一。[①] 但从总体上看，我国制造业依旧面临科技自主创新能力不强，部分工业产品锁定在全球价值链中低端，工业大而不强的格局尚未得到根本改变的局面。近年来，美国通过实体清单、投资限制、标准打压、技术脱钩等手段不断加大对我国制造业的制裁力度，产业风险不断加剧。

通过技术突破和创新实践，我国将构建起更加完善的人工智能技术体系，推进技术自立自强，在智能制造、产品设计、供应链管理等多个关键环节实现效率和质量的显著提升，不断增强产业链、供应链韧性。只有产业链

---

① 《我国制造业总体规模连续 14 年保持全球第一》，《人民日报》2024 年 1 月 22 日，第 1 版。

韧性增强，新型工业化才能健康发展、持续推进。同时，领先的自主创新技术将有助于我国在全球先进制造业分工中争取主动，向全球制造业价值链中高端迈进。

通过深度参与国际合作和标准制定，我国得以更好地推广人工智能领域的创新成果，提升国际社会对我国技术实力的认可度，进一步增强我国在全球制造业中的话语权和影响力。

（四）促进产业结构优化

人工智能技术与智能制造业深度融合正在引发产业变革，涉及产业升级、产业链耦合、人才结构优化等多个层面。

1. 产业升级

产业升级是指通过技术创新手段，提升制造业的高端化、数字化和智能化水平，以推动中国制造业高质量发展。对于传统制造业而言，生成式人工智能已显示出其在处理制造业大量数据方面具有巨大潜力，能够显著提高制造业的生产效率和竞争力。同时，生成式人工智能还能够促进生产管理、生产运营、组织管理，深度推动产业结构调整。

2. 产业链耦合

生成式人工智能推动工业领域各产业链环节的协同和信息共享，正在成为工业生产的一个重要环节，为工业领域的生产性服务业延长了产业链条，促进产业链耦合。智能制造的智能化产业链涉及硬件设备、软件系统及人工智能技术应用等多个层面。生成式人工智能与制造执行系统、工业物联网等传统制造技术的集成，提升了生产智能化水平。生成式人工智能的应用也促进了智能制造产品设计、生产工艺和客户服务等方面的创新，加速了新产品的研发和上市。

3. 人才结构优化

生成式人工智能将对制造业就业结构产生深刻影响，其对高技能劳动力就业有显著的促进作用，而对低技能劳动力就业有显著的抑制作用，使制造业劳动力就业结构呈现高级化趋势。

二　当下生成式人工智能在智能制造场景的落地特点

随着技术的迭代，生成式人工智能逐渐成为智能制造行业的核心推动力。生成式人工智能旨在生产出能够自主学习并通用化解决问题的人工智能产品，其拥有传统人工智能技术不具备的灵活性与适应性。本章旨在全面探讨生成式人工智能在智能制造场景中的落地应用情况，主要包含信息系统与人工智能的深度融合、大小模型端云协同、多智能体系统方面。

（一）信息系统与人工智能的深度融合

信息系统与人工智能的深度融合大幅改变了生产和运营流程，推动制造业采用更高效、更灵活的生产模式。通过全面的数据整合和实时的人工智能分析，企业能够优化生产计划、提升资源利用率，并加强质量控制，实现高效、精准的运营。

1.数字孪生与虚拟仿真

数字孪生技术在虚拟空间中为制造系统创建精确的数字模型，实时反映设备和生产线的运行状态。生成式人工智能在此环境中模拟不同生产场景、优化生产流程、提高资源利用效率，并在系统异常时发出预警。例如，在汽车制造中，通过虚拟仿真技术和生成式人工智能，企业可以预先评估新的生产流程对现有设备的影响，从而减少生产的调试和试错时间。

2.自优化生产

人工智能算法与信息系统的融合赋予生产系统自优化能力。通过分析生产线的实时数据，生成式人工智能算法可以优化排产计划、加强设备维护与质量控制等，确保生产线持续高效运行。例如，生成式人工智能能够在产品的生产周期内实时调整资源分配、生产步骤，甚至设备配置，最大限度减少浪费，提高生产效率。

3.供应链与生产计划管理

在供应链中，信息系统与人工智能的结合有助于构建高度敏捷的供应链

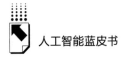

管理体系。通过采集和分析供应链各环节的运行数据,生成式人工智能可以预测市场需求,识别供应链中的瓶颈,并根据实时情况动态调整生产和物流策略。例如,在原材料供应不足或物流延误的情况下,生成式人工智能能够迅速提供替代方案,减少生产损失。

4.生产安全与风险管理

生成式人工智能可以通过信息系统进行全方位的风险管理。通过整合设备、环境和人员数据,生成式人工智能可以识别潜在的安全隐患和风险,并为不同的生产情景提供应对方案,确保工厂安全运行。

(二)大小模型端云协同

在智能制造领域,单一模型往往难以满足企业的全面需求。大小模型端云协同策略可以有效地弥补各自的不足,打造更为精准和高效的制造系统。

1.大模型的优势

大模型通常基于大量数据进行训练,具有优秀的泛化能力和较强的适应性。其在自然语言处理、数据分析等领域表现出色,适用于供应链、生产计划、物流等复杂数据环境。譬如,大模型可以分析生产线的所有传感器数据,为优化排产计划和供应链管理提供整体策略。

2.小模型的优势

小模型经过针对特定任务的精细优化,具备经济高效、准确度高、模型轻量的特点,适用于实时性要求高、数据量有限的场景。比如,在视觉质检、机器人定位与路径规划等任务中,小模型的高效算法使其可以快速完成任务。

3.协同优势

通过大小模型的协同,制造系统可以实现数据的全局分析与局部的实时决策。大模型负责整体分析与策略制定,而小模型专注于执行具体任务。例如,在预测性维护中,大模型通过分析大量设备运行数据,预测故障风险,小模型则通过实时监控关键设备的参数,实现故障早期检测。

4. 弹性部署与适应性

大小模型的协同使得制造系统具备更强的弹性部署能力。根据生产线的具体需求，大模型可与多样化的小模型相结合，实现更高的灵活性和适应性，从而快速响应市场需求变化。

（三）多智能体系统

单点智能在一个完整的系统中解决全局问题会有盲目性，为解决单点智能无法解决的复杂问题，工业领域中单智能体系统逐步向多智能体系统发展。具有自主能力，能够执行指令，可相互通信，在一定约束条件下具备一致性的多个智能体联合协作，构成多智能体系统。

多智能体协同模式在解决实际问题时具备一系列独特的优势。首先，在多智能体系统中，单智能体更容易保持与全局系统的一致性，针对全局目标进行优化。其次，多智能体系统通过一定算法约束规则实现复杂系统集成，能有效提升系统的协调性。最后，多智能体能整合人、软件、机械臂、搬运车等多种具有自主能力的异构实体。多智能体系统在解决企业生产调度、资源配置、产业链区域协同等复杂实际问题时具有巨大的优势，未来在工业中具备广阔的应用空间。

生成式人工智能在智能制造领域的应用正引发新一轮产业革命。信息系统与人工智能的深度融合实现了从生产线到供应链的全面优化，大小模型端云协同实现了全局分析与实时决策的统一。这些应用方向为制造企业带来了更高的生产效率和更低的成本，并推动制造业向数字化、智能化转型。

未来，随着生成式人工智能技术的不断进步和普及，其在制造业的应用将更加深入和广泛。企业需要积极探索并应用这些技术，以应对全球市场的激烈竞争。生成式人工智能不仅将在提高生产效率方面发挥重要作用，还将为企业提供创新的商业模式和全新的合作机会，进一步推动智能制造行业的变革与进步。

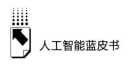

三　具体实践

在发展新质生产力的过程中，传统制造业通过智能化升级，成为新质生产力发展的中坚力量。

工业垂域大模型作为人工智能赋能新型工业化的新航标，正以通用大模型为技术基石、工业场景为突破口，引领工业智能化的新浪潮。以行业大模型为代表的生成式人工智能集中应用于研发/设计、生产/制造、市场/销售、客户服务、经营管理等典型环节。工业大模型不仅需要继承通用大模型的技术架构和知识体系，还需要通过整合特定工业领域数据与行业专家的丰富经验，实现模型的垂直化、场景化和专业化。与通用大模型相比，工业大模型展现出其独特的优势：参数量精简、专业度极高、落地性显著。精简的参数设置让工业大模型能够更专注于特定工业需求；高度专业化的特性，确保了模型在特定领域的深度应用能力；同时，工业大模型的落地性强，意味着它可以快速地从理论研究转化为实际应用，为真实的工业场景提供更为精准和高效的解决方案。

2024 年《政府工作报告》提出，实施制造业技术改造升级工程，培育壮大先进制造业集群，推动传统产业高端化、智能化、绿色化转型。本报告将围绕生产制造、研发设计等智能制造业核心环节的创新实践，讲述制造业企业如何以技术创新为驱动力、以智能化改造为手段，走出一条属于自己的新质生产力发展之路。

（一）生产制造实践

京东方作为全球半导体显示领军企业，已在全国布局 18 条半导体显示产线。目前，我国已建成 62 家"灯塔工厂"，占全球"灯塔工厂"总数的 40%，京东方就占据宝贵一席。

显示半导体制造行业具有生产工序复杂、尺度微观、工艺独特、制造精密、良率要求极高等多种特点。目前，京东方正在积极推动以生成式人工智能为代表的前沿技术与半导体显示工厂的深度融合，通过视觉大模型、机器学习、运筹优化等自主研发技术，赋能仓储配送、计划调度、产品质量、生产运营等制造核心场景，推动产业竞争格局重构。

1. 基于视觉大模型技术的显示缺陷检测系统

产品质量是生产制造的生命线。缺陷检测是指针对生产产品中存在的异常、瑕疵或不达标之处进行识别和分析的过程，是确保产品高质量和高可靠性的核心环节。

由于显示产品缺陷尺度小、产品品类多、外观复杂等，行业缺乏面向显示缺陷的自动化智能标注软件，通常采用小样本学习技术结合人工标注方案，需要工人手动进行多边形描边，一张常规不规则的显示缺陷需要点击100~1000 次，平均耗时 3 分钟，这种标注方式效率低下、耗时耗力且准确率低。由此导致的时间成本、人力成本上涨和低准确率都严重影响了工厂自主化缺陷检测系统的工作效率和检测精度。

基于视觉大模型技术，京东方研发团队构建显示缺陷智能标注系统，该系统有助于解决缺陷标注困难、人力培训成本过高的问题。显示缺陷智能标注系统对显示产品有极强的适应性，将人工描边动作简化为点击动作，单个缺陷只需点击 1~3 次（见图 1），标注点击量平均下降 90%~95%，标注人力成本缩减至原来的 1/10~1/20，效率提升 10 倍以上。

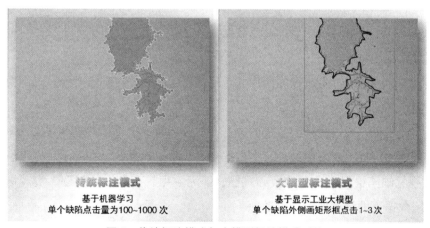

图 1　传统标注模式与大模型标注模式对比

在生产制造环节，新的显示产品需要缺陷训练数据。在没有数据的情况下，通常在良品图像上进行缺陷绘制，但是采用 PS 的缺陷数据与真实数据差异很大，训练出来的模型在真实数据上的精度不高，拿实物进行缺陷制作的成功率很低，而且绝大多数客户不允许对产品进行二次损坏。

针对行业痛点，京东方基于视觉大模型技术构建了显示缺陷数据生成系统。该系统可对罕见缺陷、未发生缺陷，做到数据生成，10 张左右的真实缺陷数据即可生成成百上千张缺陷数据。目前，系统已覆盖显示领域90%以上的缺陷类型，并根据不同场景，设计了两种不同的缺陷生成方案（见图2）。

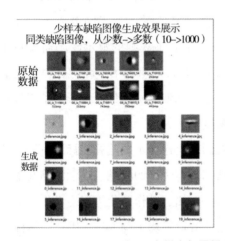
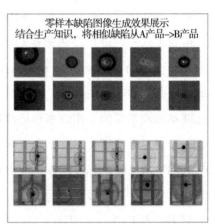

图2　少样本与零样本缺陷生成方案示意

少样本场景：根据显示行业数据训练基础模型，使用少样本数据对模型进行优化和微调。

零样本场景：生成缺陷图像并与良品图像融合，得到含有该良品图像的缺陷产品图像。

经验证，通过大模型生成的数据，在分布特征上更接近真实数据，多样性也更加丰富，表现能力与真实数据几乎一致。该系统可在一定程度上解决 AI 视觉缺陷检测冷启动的核心难题，即无数据、少数据的问题，实现极少缺陷数据下的检测模型冷启动。

通过视觉大模型技术与工业级 AI 缺陷检测系统的深度融合，这一技术路径可面向 LCD 显示产线，提供全链路核心工艺的缺陷检测服务。低门槛的人机协作机制让平台遇罕见缺陷可进行自我训练，倍数级提升缺陷判定精度，有效打破技术瓶颈。该系统于 2023 年 11 月在京东方福州 8.5 代线半导体显示工厂稳定运行，有效打破海外供应商的技术垄断，正在面向京东方全国产线进行大规模推广复制。京东方福州 8.5 代线年产显示屏 3000 万块以上，是京东方产线数智化的代表，该案例成果入选了中国人工智能产业发展联盟 2023 人工智能十大先锋案例（见表 1）。

表 1 中国人工智能产业发展联盟 2023 人工智能十大先锋案例

案例名称	申报单位
智能计算赋能快速射电暴和脉冲星搜寻	之江实验室、中国科学院国家天文台
大模型驱动下的智能代码助手提效实践	北京百度网讯科技有限公司
"天工"大模型:AI 辅助降低成药抗体生产成本	北京昌平实验室、中国医学科学院病原生物学研究所、华为技术有限公司
基于深度学习算法模型的抗原-抗体中和效应预测	上海商汤善萃医疗科技有限公司、复旦大学基础医学院
科技文献垂直领域大模型及其应用	科大讯飞(北京)有限公司、中国科学院文献情报中心
知识融合的 AutoML 平台在支付宝生态小程序智能化的实践	蚂蚁科技集团股份有限公司
九天智能推荐平台赋能数字内容"千人千面"数智化运营能力提升	中国移动通信有限公司研究院
面向显示制造全流程的缺陷检测视觉大模型技术方案	京东方科技集团股份有限公司
华为云盘古药物分子大模型辅助新靶点新类别广谱抗菌药研发	华为云计算技术有限公司、西安交通大学第一附属医院
吉利汽车智能座舱 AI 系统建设	吉利汽车集团有限公司

2. 良率预测和良率问答

针对 OLED 制造产线，京东方构建了 OLED 生产过程中光学良率预测模型，融合多种异常检测技术，实现自动化预警，为工厂不良排查工作提供有效的数据支撑。此前，OLED 显示屏良品量化鉴别设备及技术长期被海外厂商掌控，OLED 屏幕良品鉴别技术实现了 10 种高发缺陷鉴别算法复现，算

法最高准确率达 100%。

无独有偶，为解决一线生产经验随人走、新员工上手慢等问题，有效盘活京东方三十余年的制造经验，京东方构建了显示工业知识垂域大模型——良率智能问答系统。该系统包含以下几个技术特点。

一是大语言模型与显示工业知识体系深度融合。系统深度挖掘显示制造领域的专业知识和经验数据，构建知识体系和模型结构。

二是高效的语义检索能力。基于领域数据微调模型，该系统深度对齐语义关系，通过检索增强生成技术，将知识库与大模型通识知识有机结合，显著提升问答的专业性与可读性。用户可对制造不良现象进行描述，系统通过智能分析，自动输出不良原因、改善措施和相似案例等信息，并提供参考文献。

三是灵活的知识库更新机制。文档数据可自动化解析与提取，进行语义向量化与入库。

四是数据安全设置。该系统采取了严格的权限管理和数据安全措施，保障企业信息安全。

目前，该系统已应用于显示制造一线产线和研发部门，并针对不同环节提供专业、友好的专业知识服务。在生产阶段，能够辅助技术专家快速识别不良现象、找出不良原因、给出改善建议；在研发阶段，提供全面的不良现象数据库和知识库，帮助优化产品设计和工艺流程；在运营阶段，系统还适用于新员工培训与辅导，帮助其快速熟悉 LCD 不良分析方法和流程。

3.基于"机器学习+运筹优化"的双引擎智能排产系统

生产排产作为制造业的核心管理活动之一，直接关系生产效率、成本控制等问题。针对超大规模变量、复杂生产约束条件的痛点，京东方研发团队建立了基于"机器学习+运筹优化"的双引擎智能排产系统。

区别于市场中传统排产软件的规则算法，基于"机器学习+运筹优化"的双引擎智能排产系统首次考虑了产线切换、产能爬坡类型等因素，采用针对百万级变量的大规模运筹优化算法。在京东方内部产线运行过程中，30分钟内即可生成自动执行率达90%的排产方案，最高可同时排产16种产品、

20 条产线、120 天生产需求。排产时间从 3~5 天缩短到 0.5 小时内，有效提升产能利用率，降低库存，助力工厂降本增效。

（二）研发设计实践

在与某民航制造业的深度合作中，第四范式观察到客户依赖的传统工业设计软件存在显著的局限性。首先，该软件的操作流程烦琐，影响了员工的工作效率和工作体验。其次，其数模检索功能的精准度不高，无法精确匹配所需的零件模型，导致在产品的全流程、全生命周期中频繁出现相似零件的重复设计生产问题。这种重复工作不仅造成了资源的极大浪费，还使得企业的生产成本始终保持高位，难以降低，给企业的竞争力和经济效益带来显著的负面影响。

针对上述问题，第四范式结合客户需求和实际情况，设计了一系列有针对性的解决方案。首先，第四范式对软件界面进行了全面升级，通过引入直观的对话框交互形式，员工可以更加便捷地进行零件检索、自动化装配等操作，极大地缩短了数模检索的时间，提高了工作效率。其次，第四范式升级了软件的内核算法，基于先进的图学习几何相似性搜索能力，实现了二维搜三维、三维搜三维的功能。这一创新使得零件的重用率得到了显著提升，有效避免了重复设计和生产的问题。在整个零件的生命周期内，第四范式为客户节约了上亿元的成本，极大地提升了企业的经济效益和竞争力。最后，第四范式还进一步打造了自主可控的三维辅助设计工具，不仅满足了民航制造业的特定需求，还具备拓展至其他行业的潜力。

（三）垂域知识体系构建

在制造业场景中，大量的操作手册、技术文档和流程说明需要被理解和执行。大语言模型能够理解和处理人类语言，自动进行文档解析和信息提取。这使得它们能够与人类操作员进行更自然的交流，针对专业生产知识提出优化生产流程、资源调度等技术建议，帮助操作员做出更加科学合理的决策。

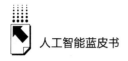

中国船级社现有的知识系统智能化程度不高导致知识采集困难、加工效率低下、检索结果不精确；知识资产整合利用不足，造成知识分散存储、重复管理，知识查找和使用不便。迫切需要建立一个体系化、可智能查询的技术知识中心，集成内外部专业知识和系统，为科研、规范、检验、客户服务、内外部培训等全业务流程提供专业的知识服务。

科大讯飞推出的羚羊工业互联网平台，可训练具有船舶行业通用知识的行业大模型，支持多模态和多种数据类型对特定领域问题进行搜索，并能基于用户的特征、行为、习惯等，建立画像及推荐模型。同时，支持查看知识点和原文档内容，保障知识的可靠性。

中国船级社通过建立技术知识采集生产加工中心，形成技术知识采集、生产与加工机制，以及知识再生产能力和行业知识集成机制，打造高效的知识工厂，提升知识生产、管理及检验业务效率，促进全社内部技术创新和船舶行业健康发展。

四 未来发展建议与展望

生成式人工智能在智能制造领域的落地应用已取得显著进展，但在迈向通用人工智能的过程中，仍需克服诸多困难。基于当前的积极探索与经验积累，行业已发掘出一系列卓有成效的策略与方法，旨在持续推进通用人工智能与智能制造深度融合。

目前，基于对工业应用落地的深入探索，笔者已发现并验证了一系列切实可行的解决方案和策略。

（一）打造专业化工业垂域大模型

在工业场景中，大模型正在逐步得到应用，助力企业提高生产效率、降低成本、优化产品设计，并增强企业的核心竞争力。然而，工业场景高度专业化、定制化，以及对精度要求较高的特点，导致通用大模型难以落地。因此，研发专业化的工业垂域大模型成为当下解决通用大模型落地难题的有效手段。

工业垂域大模型的研发包括有针对性地梳理生产需求；在特定行业内收集、清洗和整理大量数据；结合人工智能技术选择合适的基座大模型；基于数据和需求对模型进行训练与优化；以及在试点项目中验证和迭代模型，直到效果达到指标要求。经过这一系列过程，才能打造出真正可用的模型。

另外，工业垂域大模型的打造也需要注重培养具备专业知识的人工智能人才，以及对接行业生态，确保大模型的发展和延续。

（二）形成标准化、体系化的研发范式

形成标准化、体系化的研发范式有助于提升工业智能应用的研发效率。工业产品的多样性以及生产工艺的复杂性，导致工业智能应用通常需要持续的升级迭代，甚至不得不重新研发。因此，研发效率对工业智能应用至关重要。

研发范式的标准化包括建立一套从需求分析到生产导入标准化的研发流程，制定统一的文档模板和标准，以及搭建专用的研发平台，并确保现有工具和平台能够互相兼容和集成。研发范式的体系化包括建立完善的质量管理体系、人才培养及激励体系和业务支撑体系。

（三）加强底层基础设施建设

大模型的训练和推理需要强大的计算能力。工业场景巨大的数据吞吐量以及对时效性的高要求，进一步加大了算力的需求。企业需布局高性能计算资源，如 GPU 集群、TPU 等，以保障工业大模型落地。

大模型的训练需要大量数据。建立高效的数据存储和管理系统以及统一的数据平台，实现数据的整合、清洗、标注和管理，有助于提高数据的质量和可用性，为大模型的训练和应用提供支持。此外，需要确保网络基础设施的稳定和高速，以支持大模型的远程访问和协同工作。考虑到大模型持续迭代升级的需要，需构筑大模型快速部署和高效运行的基础，可合理使用边缘计算、容器化等技术。

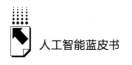

（四）提升生成式人工智能的准确性与稳定性

生成式人工智能作为概率模型的一种，面对复杂且精度要求高的工业场景，持续评估其准确性和稳定性是非常重要的。要进行评估，首先，需要根据应用场景制定一套全面的评估框架，包括多项指标，确保评估结果与实际需求相匹配。其次，需要在工业环境中部署实时监控系统，收集人工智能系统的性能数据、运行日志和异常情况，以及人工和其他设备的检测结果，从而推算出相关指标的数值。在数据采集困难的场合，还有必要定期通过模拟或已知分布数据对人工智能系统进行性能测试。最后，评估还有必要定期对一线操作员、维护人员和管理层进行问卷调查或访问，以获得定性评价结果。

（五）保障工业数据的安全性

工业智能化在提升生产效率和经济效益的同时，带来了数据安全的新挑战。要保障数据安全，企业需要建立和完善数据安全管理体系，建设达到安全级别的网络体系和信息系统，并定期对数据安全风险进行评估，识别和消除安全隐患。此外，工业智能化过程中产生的训练、知识和问答等数据往往具备极高的业务价值，需要做好相关数据的区隔、分级和保护工作。

从总体上看，生成式人工智能赋能智能制造场景将推动数字经济与实体经济深度融合，锻造新质生产力，为新型工业化的量质双升提供基础动能。

伴随我国工业发展进入提质升级的关键阶段，制造业规模和影响力不断扩大。技术创新能力和落地应用进入"并跑"甚至"领跑"阶段，我们有理由期待未来中国将在新型工业化发展道路上取得更多成就。

参考文献

杨汉录、宋勇华：《打造灯塔工厂》，企业管理出版社，2022。

马兆远：《智造中国：中国制造业升级路线图》，北京联合出版公司，2022。

张虹、黄贞静：《"新"与"型"：新一代信息技术赋能新型工业化的机制研究》，《高科技与产业化》2024年第3期。

陈常、朱华、由韶泽：《基于视觉的同时定位与地图构建的研究进展》，《计算机应用研究》2018年第3期。

王荣浩等：《地面无人系统的多智能体协同控制研究综述》，《动力学与控制学报》2016年第2期。

江苏省工业和信息化厅：《新型工业化是人工智能全面赋能的工业化》，《唯实》2024年第3期。

钟文：《面向新质生产力，"人工智能+"到底怎么"加"?》，《成都日报》2024年4月22日，第6版。

《关于印发"十四五"智能制造发展规划的通知》，工业和信息化部网站，2021年12月21日，https：//www. miit. gov. cn/cms_ files/filemanager/1226211233/attach/20226/95c25 b0b936d49f1995bd8771599d18a. pdf。

《国家智能制造标准体系建设指南》（2021版），工业和信息化部网站，2021年11月，https：//www. miit. gov. cn/cms_ files/filemanager/1226211233/attach/202111/550f91ee 72f5 468d8e6d9527a371503a. pdf。

沈愷等：《生成式AI在中国：2万亿美元的经济价值》，Mckinsey&Company，https：//www. mckinsey. com. cn/。

《腾讯研究院发布报告：行业大模型应用落地速度呈"微笑曲线"特征》，央广网，2024年5月13日，http：//tech. cnr. cn/techph/20240513/t20240513_ 526703695. shtml。

Bo-hu LI et al. ，"Applications of Artificial Intelligence in Intelligent Manufacturing：A Review，" *Frontiers of Information Technology & Electric Engineering* 1（2017）：86-96.

"BMW Group Starts Global Rollout of NVIDIA Omniverse，" NVIDIA，March 21，2023，https：//blogs. nvidia. com/blog/bmw-group-nvidia-omniverse/.

B.11
生成式人工智能在汽车领域的应用

胡 伟 王姣杰 杨 燕 宋逸群*

摘　要：　本报告详细分析了生成式人工智能（GAI）在智能座舱和自动驾驶领域的应用，以及它对汽车智能化进程产生的深远影响。研究发现，智能座舱得益于 GAI 的高度表现力和理解能力，特别是在语音助手的上下文理解方面取得了显著进展，为用户提供了更加综合的服务体验。在自动驾驶技术中，GAI 通过提升数据处理的精确度和效率，降低了成本，并加快了模型的优化与测试进程，推动行业从规则驱动向数据驱动转型。这种转型显著增强了车辆在复杂道路环境中的感知、理解和规划能力。尽管 GAI 在多模态数据融合、云端计算能力、车载硬件部署以及安全性和一致性方面面临挑战，但预计它将更深层次地融入智能座舱和自动驾驶系统。本报告展望了 GAI 技术的持续进步及其在推动汽车行业数字化和智能化转型中发挥的核心作用，强调了其作为关键技术的潜力。

关键词：　生成式人工智能　大模型　智能座舱　自动驾驶

一　智能汽车发展概况和面临的挑战

（一）行业发展现状

在新时代背景下，汽车产业正在经历前所未有的转型。中国的汽车市场

＊　胡伟，北京中科金财信息科技有限公司；王姣杰，北京中科金财信息科技股份有限公司；杨燕，北京市商汤科技开发有限公司；宋逸群，阿里云（北京）科技有限公司。

同样迎来历史性的跃迁，由电动化逐步发展为智能化。本报告从汽车行业发展现状出发，总结中国汽车市场在这一浪潮中的表现。

目前，中国已是世界最大的电动汽车市场之一，正在探索建立智能电动汽车生态系统。中国的汽车产业已从单纯追求电动化，转向对智能化功能的高度重视。这一转变不仅反映在消费者开始寻求具有高级智能化功能的电动汽车上，也体现在行业供应链上。

事实上，智能化需求是目前推动汽车软硬件解耦的强大动力之一。传统的电子电气架构正逐步向域集中式架构过渡，软件也由信号导向向服务导向转变。底层的硬件和嵌入式软件不再有强耦合关系，而是转向底层软件与上层应用相互独立。

在软件领域，中国市场的竞争尤为激烈。通过车载软件为消费者创造丰富且可感知的驾车体验是当前市场发展的重点。不同企业正通过软件和算法构建竞争优势以及打造差异化的产品和服务。例如，应用层软件直接涉及用户体验，并因此成为汽车品牌间激烈竞争的焦点。随着功能的持续迭代升级，应用层软件所占的单车价值比重日益提升。

中国的汽车厂商不再仅满足于优化硬件组件，其战略焦点转向车载软件市场。中国智能电动汽车的车载软件市场正迎来一段快速发展期。尤其是本土车载基础软件的加速量产和技术验证，预示着中国汽车产业在智能化竞争中正成为一股越发重要的力量。

智能电动汽车领域巨大的市场潜力和高度的生态化趋势，显示出中国对发展这一领域的巨大信心。同时，车企、智能部件供应商与科技公司的联合也构成了一个新的供给生态，这不仅促进了电动汽车制造领域的创新，也为智能化技术的引入奠定了基础。

在这一创新的浪潮中，中国已经表现出强大的市场领导力。通过竞争加快技术创新的步伐，建设现代化基础设施，以及整合产业链等。中国正在用实际行动证明其在智能化汽车领域拥有巨大的潜力。尽管这一进程颇具挑战性，需要解决技术成熟度、消费者认知、政策法规等多方面的问题，但中国的汽车产业已经在电动化与智能化融合的道路上稳步前行。智能座舱和自动

驾驶技术的飞速发展，预示着中国汽车产业将继续在全球舞台上发挥日益重要的作用。

（二）智能汽车发展面临的挑战

然而，在快速发展的同时，智能汽车也面临不少挑战。本报告从以下 5 个方面探讨智能汽车在智能座舱和自动驾驶方面面临的主要挑战。

1. 智能座舱功能同质化现象普遍

随着智能化技术的普及，越来越多的汽车制造商将智能座舱作为标准配置，并采用类似的交互方式和功能。这导致智能座舱的功能趋于同质化，很难为用户提供独特的驾驶体验。制造商需不断创新，以提供更有区分度的产品，增强用户体验。

2. 自动驾驶训练数据需求量巨大，成本过高

自动驾驶技术的进步依赖大量的数据训练，以实现更准确的判断和响应。收集、处理和分析如此巨量的数据不仅需要耗费大量的计算资源，还需应对数据质量、数据隐私等问题。同时，模拟能力的提升也对算法的优化和硬件的支持提出了更高的要求。

3. 用户交互体验的多样性与复杂性向技术实现方案提出了更高的要求

为满足不同用户的需求，智能座舱必须提供多样化的交互方式，如语音、手势、触摸等。然而，设计符合用户直觉、易于理解和操作的交互系统是一大挑战。除此之外，如何在满足操作便利性的同时，确保驾驶安全，避免分散驾驶员的注意力，也是智能座舱设计中必须考虑的问题。

4. 技术安全与隐私保护的重要性越发凸显

智能汽车收集和处理大量个人信息和驾驶数据，这不仅涉及数据安全问题，还涉及用户隐私保护和伦理问题。如何确保数据传输、存储的安全，防止黑客攻击和数据泄露，是智能汽车技术必须面对的重要挑战。

5. 法律法规与伦理道德风险需持续关注和解决

自动驾驶技术的发展牵涉复杂的法律法规和伦理问题，如责任归属、事故处理、行驶权益等。目前，许多国家和地区的相关法律法规尚不完善，缺

乏对自动驾驶技术的具体指导和规制。而且，随着座舱智能化的程度越来越高，智能助手需要具备规避违反法律法规和伦理道德风险的能力。因此，在保证公共安全的前提下，制定合理的法律框架是推动自动驾驶商用化和座舱全面智能化的重要前提。

综上所述，智能汽车在智能座舱和自动驾驶方面的发展虽然前景广阔，但仍需应对功能同质化、数据处理、用户交互、安全隐私和法律法规等方面的挑战。应对这些挑战需要汽车行业、科技公司、法律制定者和社会各界人士的共同努力，只有这样才能实现智能汽车的安全、高效和普及。

二 生成式人工智能在智能座舱的应用实践

智能座舱在汽车交互和智能化中扮演了"中枢"的角色，通过融合多模态交互技术，提供了直观、灵活的控制方式，提升了用户的交互体验。智能座舱也是大模型在智能汽车应用的优选落地场景。

（一）场景分析

用户在汽车使用过程中的场景需求涵盖出行、生活和娱乐等多个方面，它们反映出用户希望汽车不仅仅是一个代步工具，而是一个能够提供全面体验的生活空间。

在出行方面，用户需求集中于车辆的续航能力、行程规划和服务便利性。用户已经不满足于精准的位置导航，而是希望能够基于地理位置、外部环境、用户偏好提供综合性服务。用户期望车辆能够具备智能化的功能，以提高日常使用的便捷性，然而现实情况是，当前汽车的功能越来越多，但有大量功能用户使用频次极低，甚至很多用户都不知道有这些功能。

生活层面的需求主要体现在用户在不同场景下对座舱服务的差异化诉求上，如亲子出行、二人世界、长途出游、单人模式等。在不同的场景下，需要对司乘进行健康关注和情感关怀。

随着自动驾驶功能配置率的快速上升，在保证安全的情况下，用户对座

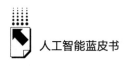

舱娱乐性的要求也越来越高。

总体而言，用户的场景需求正在推动汽车从单一的交通工具向综合性的生活伴侣转变，这不仅需要汽车在技术层面的升级，也需要汽车品牌在服务和体验设计上更贴近用户的日常生活和个性化需求。

（二）大模型的应用场景与发展趋势

大模型在智能座舱的落地场景是一个涵盖多种功能的前沿领域，它可以通过深度学习和自然语言处理技术提升驾驶员和乘客的车载体验。以下是大模型在智能座舱中的一些典型落地场景。

情感对话：大模型可以分析用户的语调、语言模式和性格特征，以便更好地理解用户的情绪状态，提供有同理心的交流体验。这使得车载系统不仅能理解命令，还能给出更人性化的反馈，就像一个真正关心用户感受的好友。

出行规划：借助大模型，智能座舱能够根据用户的历史出行数据和偏好，自动推荐个性化的路线并给出出行建议。同时，能够实时监测路况，动态调整规划，甚至提前提示用户关于行程的重要信息。

用车顾问：智能座舱中的大模型能够提供专业的用车建议，如保养提醒、油耗分析、故障诊断等，并给出相应的解决方案或预约服务，帮助用户更好地维护和使用车辆。

儿童陪伴：针对带孩子出行的家庭，大模型可以扮演娱乐和教育的角色，通过互动游戏、寓教于乐的内容等形式为儿童提供陪伴，同时避免驾驶员分心，保障行车安全。

热点问答：智能座舱可以连接到互联网，通过大模型处理用户对新闻、天气、股市等热点问题的查询，实时提供最新的信息。

AI 口语陪练：对需要语言训练的用户，大模型可以根据各种语言和口音的特点，提供定制化的口语练习，帮助用户提升语言能力，这对于一些频繁需要在不同文化环境中交流的用户来说十分有用。

健康问诊：车载健康监测系统连接大模型后，可以为用户提供基本的健康问诊服务，对乘客可能出现的晕车、应激反应等情况给出建议，并在紧急情况下指导用户进行自救或帮助用户拨打紧急救助电话。

这些场景展示了大模型在智能座舱中的多样化应用，能够极大地丰富用户的驾乘体验，同时提高整个出行过程的安全性、便捷性和舒适性。随着技术的发展，未来智能座舱中的大模型将更加智能化，能在各类场景中提供更加个性化的服务。

（三）关键技术解析

应用于智能座舱领域的关键技术之一是多模态交互，包括多模态理解、多模态上下文学习、多模态链式思考和多模态生成。这些技术让智能座舱能够处理视频、音频等多种类型的信息，并在复杂的推理任务中生成中间步骤，帮助座舱更自然地与用户交互。

在应用方式方面，大模型采用本地及云端结合的架构，以适用于不同的服务场景，并支持软件功能的 OTA 更新，以维持产品竞争力。智能座舱需要选择适合的多模态大模型，并通过大模型管理引擎，评估模型能力、匹配最优模型、提供针对性服务。

AI Agent 是大模型落地最典型的产品形态之一，涉及任务分解、决策制定、长期规划等能力，以及 API 集成、第三方服务接入、实时数据获取等服务调用能力。其学习能力允许智能座舱从交互中逐渐了解用户的习惯与偏好。多 Agent 架构是提供个性化服务的利器，能够扮演不同角色，满足复杂多变的环境需求。此外，Agent 开发平台便于第三方开发者加入，以丰富生态系统，并推动创新。

三 生成式人工智能在自动驾驶的应用实践

大模型驱动自动驾驶技术实现从基于规则到基于生成的范式变革，无人驾驶车辆得以突破特定场景或预先划定路线的限制，应对不同道路条件、天气状况，不断提升自动驾驶的安全性和强泛化能力。

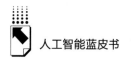

（一）应用场景

大模型在自动驾驶汽车中的应用广泛且深入，涵盖汽车自动驾驶的核心环节，包括感知、理解和预测、决策和规划、数据生成与仿真等。以下是一些具体的应用场景。

感知：在自动驾驶的感知环节，大模型首先通过点云和视觉多模态融合的方式，实现相机和主动光不同类型传感器的优势互补，兼顾深度、准确性和信息丰富程度，最大化刻画和还原环境中的障碍物。此外，鸟瞰视图（Bird's Eye View，BEV）和Transformer模型可以共同提高智能驾驶感知能力和泛化能力，实现更完善的数据自标注，将原始数据批量自动转化成粗标及精标数据，解决标注数据获取这一限制感知效果提升的问题，增强自动驾驶汽车对环境的理解力，提高整体感知能力的上限。

理解和预测：在理解和预测环节，大模型可以捕捉并学习交通参与者的运动模式和历史轨迹数据，预测他们未来的行为和轨迹。此外，大模型有较强的泛化能力，有助于长尾数据的挖掘和场景理解，能够更好地应对复杂多变的城市和高速公路场景。

决策和规划：在决策和规划环节，大模型可以捕捉动态环境、路况信息、车辆状态等数据，利用Transformer模型的多头注意力机制确定不同信息源的权重，以便在复杂环境中做出合理的驾驶决策。大模型规划决策层的驾驶策略生成正在逐渐从规则驱动向数据驱动转变，这将有利于自动驾驶汽车应对更多的驾驶场景。

数据生成与仿真：大模型可以实现自动标注，提高数据标注的精度和效率，同时降低成本。在虚拟环境中，大模型可以生成用于训练的仿真数据，模拟真实道路场景和高风险场景，以加速模型的优化和测试。

大模型应用于自动驾驶汽车领域对提升汽车的感知、理解和预测、决策和规划能力十分重要，并且能够有效地提高数据处理和模型优化的效率。然而，目前大模型在自动驾驶汽车中的应用还处于初级阶段，需要进一步研究和优化。大模型的进一步发展和改进无疑将有助于提升自动驾驶汽车的性能和效率。

（二）大模型应用于自动驾驶领域的挑战

相较于智能座舱，大模型在自动驾驶领域的应用面临的挑战主要来自多模态数据融合、云端算力需求、车端部署以及安全性和一致性等方面。

1. 多模态数据融合

自动驾驶系统需要处理来自不同传感器的信息，如摄像头、雷达、激光雷达等。大模型需有效整合这些多模态信息，以便为驾驶决策提供全面的依据，这需要在保留各种传感器信息特点的同时实现数据的高层次整合。

2. 云端算力需求

大模型在云端的应用需要巨大的算力支持。随着自动驾驶模型复杂性的提升，如何提供足够的云端算力以维持其运行和持续学习成为一大挑战。

3. 车端部署

大模型在车载系统中的部署涉及将计算密集的模型压缩使其适应车辆的硬件要求。此外，强大的模型算力需求亦推高了车端处理器的性能要求，这向车辆制造商提出了更高的要求。

4. 安全性和一致性

大模型需确保算法的稳定性和可靠性，特别是当模型处理动态和不可预见的道路场景时。此外，安全性和一致性也是法规审查和公众接受的关键。

四 大模型在汽车行业的应用案例

（一）汽车大模型引擎

车企在应用大模型的过程中，主要面临以下几个方面的挑战。首先，智能座舱涉及多样化的应用场景，比如深度车控交互、资讯百科查询、娱乐服务推荐，不同的服务对模型能力的要求也会有所不同。其次，考虑到成本和

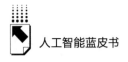

敏感数据安全性要求，需要有一套系统能够快速帮助车企选择合适的模型。而大模型引擎的引入实现了底层大模型与应用场景的连接，以下是中科金财大模型引擎架构（见图1）。

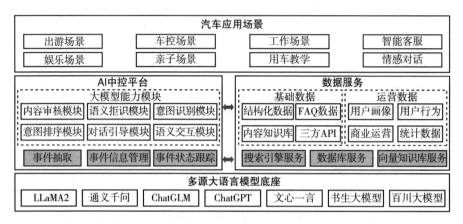

图1　中科金财大模型引擎架构

大模型引擎能够支持主流开源、闭源模型的轻松接入和更新换代。同时，通过 AI 中控平台实现意图判断、语义分发、对话管理功能。另外，数据服务模块对用户数据、汽车知识数据和场景数据分别进行管理。

大模型引擎的加入促进了大模型在智能座舱领域的应用，其价值主要体现在以下几个方面。一是为车企提供了一套成熟完整的大模型集成调用架构，支持大模型应用于智能座舱的各类业务场景。二是基于场景数据的评测，选择最优模型，提升服务质量和用户体验。三是通过不同参数规模的云端模型和端侧模型的组合，一方面，避免了不必要的资源浪费，节省了算力成本；另一方面，保障了用户数据和车辆数据的安全，降低数据泄露的风险。

（二）智能座舱多模态场景大脑

随着科技的飞速发展，消费者对汽车的期望已经从单一的交通工具转变为一个高度智能化、个性化、互联互通的移动空间。传统智能座舱设计往往以单点功能为主，不同功能之间相互独立，用户在使用过程中需要在不同的系统之间频繁切换，这不仅增强了操作的复杂性，而且影响用户体验的连贯性，使用户难以获得一个无缝、流畅的交互过程。

以多模态大模型和大语言模型为基础，商汤绝影打造敏锐洞察、深度思考、高效执行的多模态场景大脑，让智能汽车可以高效准确地全景感知和深度理解用户需求与周围环境，并以场景大脑为核心打通不同应用，可以全局调用车上开放的软硬件服务，将离散的单点功能聚合在一起，从而为用户提供更多个性化的主动关怀和服务。其价值主要体现在以下几个方面。

第一，基于地理位置推荐符合用户喜好的餐厅、介绍用户感兴趣的自然景物，并进行优质景点推荐是商汤绝影智能座舱产品的基础功能。

第二，凭借强大的多模态感知能力，搭载商汤绝影智能座舱的车辆能准确感知车外信息，包括周围车辆的车型、标志性建筑物等，以语音、图片或视频等方式为舱内人员提供更为准确和全面的内容，帮助用户了解和掌握来自外部环境的信息。

第三，通过对用户行程安排和实时交通数据进行精准分析，并结合用户的表情和语气，商汤绝影"场景大脑"能够及时发现驾驶员可能面临的迟到风险，并提供两条可选路线与预计抵达时间，用户可通过手势或语音命令进行确认。

（三）自动驾驶大模型

随着自动驾驶技术水平的持续提升，目前我国已全面进入城市级全无人商业化运行的阶段。面向更大范围、更多用户的出行需求，需要覆盖全城的全无人驾驶出行服务。一是无人驾驶汽车应具备显著高于人类驾驶员的安全性；二是以有人驾驶出行服务为标准，做到驾驶合理、体验舒适和及时送达；三是满足时空覆盖需求，并能快速扩展到更多区域。

百度 Apollo 利用大模型重构自动驾驶技术栈。推进全系统向模型化演进，

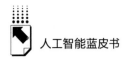

通过深度学习方法解决传统机器人学习领域的决策规划难题，逐步实现全系统数据驱动。百度逐步将系统中多个小模型任务整合到一起，扩大模型规模，发布了全球首个支持 L4 级自动驾驶的大模型 Apollo ADFM（Autonomous Driving Foundation Model）。大模型驱动自动驾驶实现技术跃迁，百度 Apollo ADFM 基于大模型技术重构自动驾驶，可以兼顾技术的安全性和泛化性，攻克城市级复杂道路场景，每天全无人运行 10 万公里。截至 2024 年 4 月，百度 Apollo ADFM 自动驾驶测试总里程超过 1 亿公里，无重大安全事件，安全性高于人类驾驶员 10 倍以上。依靠自动驾驶大模型的应用实践，百度萝卜快跑参与武汉的无人化出行服务，具有较大的影响力。

（四）汽车行业 BI 大模型

传统的商业智能（BI）产品痛点明显。数据准备过程耗时耗力，汽车制造业数据众多，需要建立近千个 BI 指标；当分析需求变化时，IT 人员必须重新建模或修改模型；由于 BI 通常优先支持高层需求，一线业务人员想做更多分析时，往往缺少资源。

由中国一汽联合阿里云通义千问打造的大模型应用 GPT-BI，为中国一汽的数字化转型升级增添新活力。BI 产品的背后是复杂的数据治理过程，中国一汽创建"五阶十六步"法确保数据的准确性，将指标解构成指标对象、维度和度量，实现指标的数字孪生。GPT-BI 可接受自然语言查询，结合企业数据自动生成分析图表，目前可达到近 90% 的准确率。值得一提的是，相比传统 BI 产品的"固定问答"，大模型可实现问答任意组合、数据随时穿透，做到"问答即洞察"。

阿里一汽 BI 大模型本质上是企业用"数字化+AI"的方式进行的决策革命，以全面提升企业的敏捷性。正如一汽数字化负责人所说，敏捷是应对未来不确定性的重要方式。方案兼顾了公共云上基础大模型的先进性和一汽敏感数据的安全性，实现了高性能 AI 大模型在制造业的落地，提升了一汽的竞争力（见图 2）。

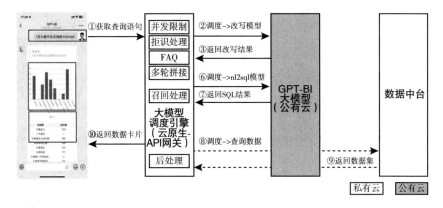

图 2　阿里—汽 BI 大模型架构

五　总结和展望

智能座舱和自动驾驶是汽车行业的核心创新领域，大模型已在这两个领域发挥了重要作用，并将在未来继续推动它们的进步和发展。以下是对大模型在这两个领域中应用情况的总结。

首先，智能座舱是车辆的互动中心，大模型的表现力和理解能力增强了车辆与用户之间的交互。例如，新一代语音助手，引擎由大模型驱动，使车载智能助理在人机多轮交互中获得更强的上下文理解能力。这使得车载智能助理能够提供真正意义上的全方位服务，包括语音指令、导航规划、日程安排、信息查询、健康提醒等。

其次，大模型在自动驾驶应用方面已经取得突破性成果。通过应用大模型，可以实现数据自标注，提高数据标注的精度和效率，同时缩减成本；对长尾数据和场景进行挖掘，大模型具有较强的泛化性，有助于加速解决长尾问题；场景仿真和数据生成，模拟真实道路场景和高危险性场景，加速模型优化。

大模型在智能座舱和自动驾驶领域的发展趋势主要表现在以下几个方面。

多智能体应用：在智能座舱中，各种智能系统在并行工作，比如语音助手、驾驶行为分析、乘客单独的娱乐系统等。多智能体应用允许这些系统通过大模型共享信息和学习成果，提升协同工作效率。这种交互不仅增强了用户体验，而且通过整合和处理多源数据提高了整个车辆系统的智能化水平。

混合式模型架构：大模型发展趋向于融合多种类型的模型，如结合传统模型和深度学习模型。混合式大模型架构综合了规则逻辑的可解释性与深度神经网络的泛化能力，此类架构可在智能座舱的用户接口中提供更灵活的服务，同时使自动驾驶具备更加可靠和准确的推理、规划能力。

端到端的自动驾驶大模型：端到端的自动驾驶大模型是指模型处理从感知到推理再到规划和执行的整个流程。在感知方面，大模型能够对来自各种传感器的数据进行整合和分析，从而实现对周围环境的准确感知。推理环节，大模型通过对未来情景进行预测，帮助车辆对潜在的安全威胁和交通动态进行评估。规划方面，大模型通过分析各种潜在的行驶路径和策略，为车辆提供最优行驶方案。执行环节，大模型将决策转化为汽车的控制信号，确保车辆可以执行规划好的行动。

在未来的发展中，大模型预计将更深入地融入智能座舱和自动驾驶的各个环节。利用大量的训练数据和强大的算力，大模型的感知和推理能力将逐步接近或超越人类的水平，实现高级别的自动驾驶。同时，由于其出色的泛化能力，大模型还将有效处理长尾数据和复杂情景。随着技术的不断演进及大规模应用数据的积累，大模型将持续改进其性能及功能，可能出现更加专业、适应特定应用场景要求的模型，也将不断优化以适应车载硬件的条件。此外，在实际部署中，大模型系统的安全性、稳健性和可解释性将成为开发者和监管机构的关注重点。

总的来说，大模型在智能座舱和自动驾驶应用中展现出巨大潜力，未来其有望成为核心技术，促进汽车行业的数字化与智能化转型。

参考文献

中国汽车工程学会：《2024 年度中国汽车十大技术趋势》，2023。

亿欧智库：《2023 中国智能电动汽车车载软件市场分析报告》，2023。

Frost & Sullivan：《AI 大模型市场研究报告》，2023。

安信证券：《AI 大模型在自动驾驶中的应用》，2023。

罗兰贝格：《生成式人工智能技术的产业影响》，2023。

刘静、郭龙腾：《GPT-4 对多模态大模型在多模态理解、生成、交互上的启发》，《中国科学基金》2023 年第 5 期。

B.12
生成式人工智能在电商领域的应用

柴爱新　宋逸群　乔婷婷　孔斐斐　张爱华 *

摘　要： 随着电商市场和新技术的快速发展，生成式人工智能广泛应用于电商行业，并在提升用户体验、挖掘消费潜力、扩大经济规模、优化客户服务、提升供应链效率等多方面带来新的价值。本报告聚焦生成式人工智能在电商领域的应用，分析了电商领域目前存在的个性化体验缺失、内容创新困难、中小企业启动困难、合规成本过高等问题。结合生成式人工智能技术，针对上述电商发展问题，本报告认为我国应支持生成式人工智能电商应用创新，降低成本、优化体验、鼓励技术平台优化服务，围绕营销、直播、供应链探索更多应用，并在保障安全合规的前提下打造更多生成式人工智能创新应用，为电商行业带来更多的可能性和机遇。

关键词： 电商　生成式人工智能　直播　内容生成

一　生成式人工智能在电商领域的应用现状

在全球范围内，电商行业仍保持增长态势，展现出巨大的发展潜力。一是许多新品牌涌现，凭借其独到的创意、卓越的产品及高效灵动的运营策略为电商行业注入新的活力。二是各大电商平台不断开拓新的市场、扩大业务范围、提升服务水平，为电商企业带来更多的商业机会和更广

---

* 柴爱新，淘天有限公司；宋逸群，阿里云（北京）科技有点公司；乔婷婷，北京快手科技有限公司；孔斐斐，北京中科金财科技股份有限公司；张爱华，湖南中科金财智算科技有限公司。

阔的发展空间。三是以快手、抖音为代表的直播短视频平台崛起，通过与网络红人及关键意见领袖合作，实施更直接且精准的市场推广，为电商行业带来新的发展机遇。据 eMarketer 预测，到 2024 年，全球电商销售额将突破 6 万亿美元，而到 2025 年，这一数字将进一步增至 7 万亿美元。①

与此同时，电商行业正在经历一场以生成式人工智能（GAI）为代表的重大技术变革，对优化顾客体验、革新库存管理、精准调整定价策略以及个性化营销等产生了深刻影响。具体应用有 Google 的虚拟试穿功能模型"TryOnDiffusion"、抖音电商内容创作的"即创"、快手的女娲数字人直播平台、淘宝导购助手"淘宝问问"等。生成式人工智能为电商链路创造的价值，在运营端、供应端、消费端都有不同程度的体现。随着人工智能技术的不断进步和应用，"GAI+电商"将在未来继续引领电商行业的创新和发展，为整个行业带来更多的可能性。

AI 电商（AI-driven E-commerce）指利用人工智能技术驱动和优化的电子商务平台。在以 ChatGPT 为代表的生成式人工智能出现之前，电商领域就已应用人工智能技术，实践证明人工智能技术的应用在改善购物体验，提高客户满意度，提升库存、仓储和供应链能力，增强竞争优势等方面有积极作用。尤其在大语言模型出现之后，新的应用快速迭代升级，人工智能技术在电商领域的人机交互、商品呈现、智能营销等环节，不断提升用户体验、优化购物过程、提高营销效果并降低运营成本。生成式人工智能与电商的深度融合将对数实融合产生更深层次的影响。

（一）提升用户体验与洞察力，挖掘消费潜力，扩大经济规模

电子商务自 2000 年左右出现之后，始终是创新迭代较为快速的领域，特别是在市场端，效率不断提升。生成式人工智能与电商的融合将更加契合现

---

① 《2024 年全球电商销售额将破 6 万亿美元》，福建省商务厅网站，2024 年 1 月 9 日，https://swt.fujian.gov.cn/xxgk/jgzn/jgcs/dzswhxxhc/yjzx/202401/t20240116_6381585.htm。

代人单体化或家庭小单元化的特征，为消费者提供个性化的智能导购服务，超越平台传统分类，为用户提供更加人性化和个性化的购物体验。这不仅能消除语言、文化背景、生活习惯方面的障碍，而且它能够像密友一样，让用户通过口语表达甚至无须开口就实现智能导购。AI 试衣，一键上身试效果；AI 比价，不用担心买贵了；AI 客服，更懂你更高效。未来甚至有可能出现超级入口，每个用户都可以拥有一个既为你着想，又贴心、安全的 AI 导购密友——AI 助理，帮助用户随时随地获取所有可链接资源，以满足用户的潜在需求。

从传统电商的关键词搜索—筛选—购买，到社交电商的游戏化传播/社交推荐—购买，再到内容电商的直播互动/内容种草—购买，不断缩短用户购买的决策链路和时间，同时使购买场景更加丰富，销售效率越来越高，供需匹配越来越精准。阿里巴巴曾经开展过一项针对首页个性化推荐的 ABtest，随机选取 500 万用户关闭他们的个性化推荐功能，结果显示：首页推荐的市场成交量（笔数）显著下降 86%，成交额显著下降 81%。虽然个性化推荐是最基本的数据智能应用，但足见智能推荐/导购在激发潜在消费方面的能力。未来，随着 AI 电商终端用户交互环节用户体验与洞察能力的提升，必将更充分地挖掘消费潜力，扩大消费规模。

（二）带动中小制造企业和产业带扩大产能，促进地方经济发展

消费规模的提升是经济持续发展的核心动力。在平台商家侧，智能化运营帮助电商从业者大幅降低经营成本，同时提升毛利率。增长的毛利可以反哺企业，增加管理、研发和新品制造环节的投入。数据显示，中小商家人力支出在管理费用中的占比超过 30%①，而商家 AI 工具将辅助管理者和从业者，将他们从大量重复性工作中解放出来，将工作重点转移到更需要想象力和创新驱动的工作场景。AI 驱动带来的想象力和创意有助于增强中小企业的多元化竞争力，使其避免同质化竞争。

---

① 孟延杰：《税收优惠政策与科技型中小企业研发支出会计核算》，《中小企业管理与科技》2023 年第 7 期，第 173~175 页。

上游生产端，AI 辅助工厂发现商机，不仅能够拓展传统认知以外更多的新消费市场，而且还可以辅助工厂生产。特别是在生成式人工智能出现后，AIGC 创新应用缩短了消费决策链路，提高消费需求向商家的传递效率。随着人工智能技术与电商的深度融合，中小制造企业在运营和生产两方面受益，潜力得到最充分激发，带动地方经济发展。2023 年度"淘天百亿产业带"和"淘天增长型产业带"名单显示，越来越多传统产业带上的制造业中小企业更广泛地运用电商渠道，传统产业带电商渗透率显著提升。可以预见，未来还会出现与 AI 电商相匹配的新生产模式，进一步激发产业带的潜力，实现工厂产能的最优化利用与产业带集聚组合效应的最大化，助力地方经济发展。

（三）推动电商范式变革，加速供应链优化

从终端用户，到平台商家，再到上游生产端，人工智能技术推动平台更深度融入买卖双方的交易。这可能会改变现有平台商业模式的定义和描述，平台商业模式在人工智能时代可能产生新的商业规律。

迄今为止，人工智能技术已基本覆盖电商各环节：基于大数据分析市场需求、供应链优化管理、营销自动化、客服智能化、商品欺诈检测、合规监控等。在市场经济的作用下，人工智能技术一直在寻求能够释放最大势能的商业场景，以寻求价值最大化。而广袤的制造业、复杂的供应链场景才是它真正的用武之地。人工智能技术可以帮助企业更高效地处理库存、物流和排产问题。通过预测分析，平台能够实时调整库存水平，根据交货时间、成本和效率等多种因素，优化配送路线和调整生产安排等。未来，AI 电商可以真正做到"去中间环节"，工厂可以通过 AI 电商平台直接面对市场。

二　当前电商行业的发展痛点

（一）用户的个性化体验缺失

用户对商品推荐的个性化与购物体验的期望日益提高，同时对网购中客

服和售后的响应速度要求越来越高。一方面，电商平台上有海量的商品，用户需要花费大量时间，从中挑选符合自己心意的商品，这在一定程度上考验了算法推荐的精准性，并影响用户的购物体验。另一方面，在网购中用户需求的响应速度是影响其满意度的重要因素，而人工客服往往存在服务不及时、服务质量参差不齐以及成本高等问题。

（二）内容创新困难

海量商品营销需要持续更新的创意内容，这样的营销推广方式成本高昂且难以规模化。素材生产难点主要有：一是创意的生产，二是素材内容的生产。相比后者，创意的生产更有难度，因为创意更需要人的灵感、创造力和对行业的认知与对人性的洞察。同时，素材内容的生产一般需要专人负责。因此，在实践中企业需要投入大量的人力物力来实现内容创新，这其中还包含高昂的试错成本。

（三）中小商家启动困难

在起步阶段，如何精准匹配目标客户，实现触达的同时有效提高用户的转化效率，这对所有商家而言，都是一个不小的挑战。尤其是中小商家，他们在资金实力、运营经验等方面都受限，更容易成为电商平台上的"弱势群体"。

（四）合规成本过高

当前，生成式人工智能技术还在不断改进和迭代，其生成内容很难做到100%准确。事前备案程序虽然有所简化，但评估过程依然烦琐，备案周期不固定。进入常态化监管阶段，平台的合规意识和水平均大幅提高，受到舆论的影响，内容审核监管趋严，可能抑制某些创新探索。

三　生成式人工智能在电商领域的应用

电商在我国的高速发展为生成式人工智能应用提供了良好的土壤和场

景。为解决上述问题，国内电商企业展开了积极的探索，以下将从电商全链路应用、提升消费者直播体验和辅助内容生成三个维度，对目前生成式人工智能电商应用进行案例分析，全面展示应用的广度和深度。

（一）发展电商全链路生成式人工智能应用

淘宝作为最大的电商平台，根据行业特点和监管需求，其采用"模型即服务"的开放模式，在降低开发者对生成式人工智能使用门槛的同时提高开源系统的可控性，让生成式人工智能的通用能力服务于更多类型、不同体量的开发者和用户。

1. 淘宝已具备生成式人工智能电商应用全链路能力

对于商家而言，通过人工智能技术降低经营成本、优化消费者的购物体验、规范平台经营活动，可以辅助生成商品文案、图片等内容，帮助其节约商品上架、展示、推广的时间和成本。帮助商家进行运营托管，并提高商家对经济数据的分析能力，降低数字化经营的门槛。对于消费者而言，通过提供智能导购、立体展现商品形态等，生成式人工智能可以使商家更为准确地理解消费者的需求，让消费者获得更为便捷、高效、优质的购物体验。此外，还能通过知识问答等方式，帮助商户和消费者更为准确地理解监管部门要求以及平台运行规则，让平台上的经营和消费活动变得更加规范。同时，使应用从 AI 辅助走向 AI 原生，为商户和消费者提供更易于交互、功能更全面、操作更方便的 AI 助理，为用户带来全新的智能购物体验。

2. 升级基于数据的智能化运营平台，推动电商运营从数字化转向智能化

2003 年淘宝推出千牛卖家工作台，为平台上的商家提供一站式店铺管理服务。① 千牛智能助手将电商运营知识封装，突破现有线上商品供给的规模和类型，为商家尤其是中小微商家降低运营成本和门槛，向商家提供全方位的经营知识问答、AI 经营工具、图片制作与加工等工具。淘宝对 150 万

---

① 淘小二：《天猫开店、装修、营销与推广实战一本通》，人民邮电出版社，2016。

商家进行问卷调查，结果显示，有近30%的商家表示平台提供的20多款经营工具和AI工具帮助很大。核心产品千牛copilot作为商家辅助经营助理，主要功能有AI作图、AI文案、AI开店、AI数据分析、AI客服。AI作图提供商品素材，可生成场景图、模特图、白底图等，具有强大的图片生成和编辑能力，以及图片尺寸灵活调整与局部圈选擦除能力等，为商家节省模特、拍摄、美工后期等费用，降低商品素材的制作成本。AI文案提供智能创作文案服务，让内容创作更加高效。AI开店提供极速开店服务，支持AI快速发品，自动生成主图、详情页，并根据商品风格，自动生成店铺Logo和店铺名，5分钟内完成新店创建与商品售卖。AI数据分析提供智能分析服务，通过AI趋势分析、周报总结、文档解读、咨询解答等，让运营分析更简单。AI客服具备智能接待、智能导购、智能解答等能力，提升店铺的接待能力和转化效率，降低人力成本。

3.解决与电商企业供应链智能管理相关的难题

借助AIGC自动化/半自动化方式降低商家的经营成本。结合大数据分析，为商家设计流行款式；AI自动优化高爆低转品，提升商品展示效果和转化率。如AI创意工厂能更早地挖掘市场热点，包括材质、款式、颜色、印花、XX同款等潜在流行元素，并设计出一些产品款式供商家选择。

4.在客服能力提升方面，AIGC等技术的出现提高了电商企业的客户服务质量

智能语言处理模型可以更加及时地处理客户的查询和问题，并提供准确的回答，缩短客户等待时间和问题处理时间，有利于进一步提高客户满意度，提升客户忠诚度和回购率。此外，在智能聊天机器人或虚拟助手的帮助下，直播电商平台可以实现自动回复用户的常见问题，提供更高效的客户服务。这不仅降低了人工成本，也使得用户能够更迅速地获取所需信息，提高了整体服务效率。

（二）发展面向消费者体验的智能直播

直播领域已成为生成式人工智能最佳落地场景之一。短期来看，直播电

商中的商品描述、营销广告、社交媒体内容生成等领域已经逐渐成熟；中长期来看，成熟的智能客服、虚拟主播带货、商品 3D 化展示有望大规模推广应用。AIGC 等技术有望应用于产品定位、广告营销以及售后服务等多环节，实现降本增效。当前，人工智能技术商业化已经开启，直播电商在内容生成、广告营销、虚拟人直播等领域与 AIGC 等技术具备天然的适配性。

在内容生成方面，生成式人工智能技术使得产品描述更为生动有趣，同时极大地提高了信息呈现的效率，提升线上购物体验与产品转化率。这些生成的高质量的商品文案与图片不仅可以展示商品的各个角度和特色，吸引用户关注，还使用户更容易了解产品的细节。如商品三维建模应用主要体现在商品展示和虚拟试用方面。通过基于商品在不同角度下的拍摄图像，利用视觉算法生成商品的三维模型和纹理，平台可以提供更为真实、立体的商品展示。这使得用户在线上购物时可以更全面地了解产品，从不同角度欣赏商品的外观和细节。而虚拟试用通过线上虚拟的"看、试、穿、戴"，为用户提供贴近实物的差异化网购体验。这种技术的应用，不仅满足了用户对商品的好奇心，也增强了用户对商品的信任感，促使用户做出购买决策。

在广告营销方面，生成式人工智能技术让直播电商推送更加精准。系统可以通过分析用户行为，了解用户的兴趣和偏好，实时生成符合用户偏好的内容，从而提高直播电商的吸引力和互动性，同时能够更加准确地推荐相关的服务内容，使用户更容易找到符合其需求的产品或服务。因此，人工智能等技术能够精准识别消费者需求，帮助企业更深入地洞察市场，明确自身产品和服务的市场定位。如快手使用 AIGC 帮助广告主生成素材，降低素材生成成本。如通过视频 AIGC 产品"盘古"、数字人直播 AIGC 产品"女娲"实现短视频和直播素材生产，显著降低了获客成本（同比下降 62%）。由生成式人工智能技术支撑的个性化数字人直播表现亮眼，其转化率接近真实主播，快手已支撑起超过 2200 路数字人进行全天候直播。此外，快手通过智能投放策略有效控制了成本。快手通过生成式人工智能技术精准匹配用户与广告主，确保广告投放的智能化、简易化及高准确性。利用人工智能技术，

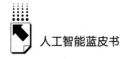

综合考量全域数据、竞争态势、素材质量及用户画像等因素，选取最优运营策略，优质商家的交易额增长 30%。智能分发机制实现对目标受众更为精准的匹配。通过分析站内用户行为，商家得以掌握用户的偏好与兴趣变迁，提升了用户兴趣定向的精度。

生成式人工智能技术结合数字人应用，大幅提升智能导购能力。快手自主研发了一系列数字人核心技术，涵盖光场扫描重建、超写实人像建模、智能绑定、动作捕捉与驱动、物理仿真等。推出的"快手虚拟演播助手"和"快手智播"两大创新方案，融合内容营销的独特优势，应用于艺术设计、技术研发、运营管理、市场营销等多个领域，成功孵化了如"关小芳"这样拥有百万粉丝的虚拟主播以及蒙牛集团首名虚拟员工"奶思"等知名 IP，加速传统行业的数字化、智能化转型。展望未来，快手将持续探索智能编曲、图像/视频合成、大语言模型（LLM）等人工智能技术在文旅、教育、游戏、直播电商等领域的应用，为客户提供高性价比的 2D 与 3D 数字人解决方案。

同时，在直播互动方面，生成式人工智能技术对粉丝的弹幕反馈进行意图分析，快速响应各类查询需求。该系统能自动识别并分析弹幕内容（如连续对话、商品推荐、详细说明请求、模糊问题反问、商品比较、商品搜索等），仅需上传商品基本信息文档，数字人主播即可自主学习并展示商品亮点，确保合规，引导用户做出购买决策。直播结束后，人工智能技术继续补充未充分覆盖的信息点，以增强用户体验和提高商品交易额。会员享有优先答疑权，系统优先处理涉及物流、价格、促销等关键话题的询问，并根据不同用户级别设计差异化互动话术。基于生成式人工智能的直播互动逻辑如图 1 所示。

中科金财的中科灵心作为电商大模型的解决方案，已在京东、淘宝、唯品会、拼多多、美团、抖音、快手和视频号八大主流平台上，为 200 余家知名品牌提供服务，帮助企业实现 24 小时无人直播，降低经营成本，精准优化直播策略与商品推荐，实现更加个性化的营销，同时提升用户体验感和参与感，增强客户黏性。

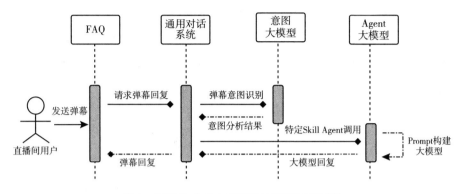

图1 基于生成式人工智能的直播互动逻辑

（三）持续提升电商运营能力

阿里万相实验室为广告主解决快速、高效、低成本的广告创意优化问题。商家可以一键完成广告制作，平台会根据大数据分析自动生成满足这些诉求的投放素材。通过引入人工智能技术，广告主只需提供简单的商品图，万相实验室就可以自动生成丰富的场景营销图片；通过与阿里妈妈的智能广告投放系统深度结合，在每次广告展现中给消费者带来精彩、有效的创意内容。人工智能技术的使用使商品抠图、构图更加简单高效，如0成本适配模特、0成本创造场景、30秒批量创造高规格商品图，同时还能为新品训练数字分身，让呈现效果更加逼真、创意角度更加多元。应用场景主要在美妆、食品等行业，加速驶入"AI上新"快车道，目前已有超12万商家使用，巴黎欧莱雅、GoPro、花知晓、白大师等品牌已率先试用。

生成式人工智能升级面向用户的电商搜索。淘天集团在通义千问的基础上研发面向淘宝用户的电商搜索智能导购产品淘宝问问，基于对消费者需求和货品的理解，对用户提出的问题进行及时、真实和有效的答疑，从而帮助用户实现更高效的消费决策。目前，淘宝问问有两个核心能力：指令模式可以在消费者搜索商品时直接给出需求指令，如价格、品牌等；问问模式通过生成式人工智能更强大的自然语言处理、内容生成能力以及对用户需求的准

确识别和理解，提供导购服务，还能解答生活中的问题，如烹饪方法、热点话题等。平台数据显示，传统搜索框中有约 10% 的需求无法甄别其对应的产品、店铺、品牌或品类。淘宝问问则为消费者在购物中遇到的问题，提供一站式解决方案，消费者的每一个需求都会得到响应。

四 风险与挑战

尽管生成式人工智能已在电商领域广泛应用，但也面临以下风险与挑战。

（一）训练推理成本高昂

生成式人工智能训练和推理通常需要大量的计算资源，包括高性能 GPU 和大量存储空间。这对于许多电商企业来说是一笔不小的开销。例如，训练一个超大规模的语言模型可能需要数千块 GPU 运行数周，成本高达数百万美元。当前，人工智能基础设施的不完备是整个行业的问题，会直接影响人工智能技术的发展和迭代进程。一是算力有限。当前影响发展的最大制约因素是算力，所有的选择都是在算力受限的情况下做出的。二是缺乏高质量数据集。高质量数据集在生成式人工智能研发中尤为稀缺，特别是在高质量文字、图库、视频资源方面，不仅数量不足、成本高昂，且资源大多掌握在国外供应商手中，导致国内企业难以获得理想资源。以业内著名的数字内容服务提供商 Shutterstock 为例，这是一家美国运营商，是 OpenAI 的合作伙伴，其图像资源较为丰富且较为适合文生图 AI 训练，但一张图的平均单价为 30~50 元，而文生图生成式人工智能的训练需要数亿张这样的图片，成本十分高昂。国内企业没有在地优势，拿不到优质资源。

（二）合规与技术风险

首先是数据质量和隐私问题。电商数据包含大量的用户敏感信息，如何在保护用户隐私的同时有效利用这些数据训练模型是一大挑战。应实施严格的数据脱敏和匿名化处理，并采用联邦学习等技术，在不集中数据的情况下协同训练模型，以保护用户隐私。

其次是模型的可解释性问题。在电商场景中，决策需要高度透明，但生成式人工智能往往被认为是"黑盒"，让人难以了解其决策过程。目前，已有许多团队跟进开发可解释性工具，如 LIME 和 SHAP 算法，帮助理解模型决策逻辑。同时，结合业务规则和专家知识，设计更透明的模型架构。

对电商而言，多模态融合应用始终是难题。虽然多模态生成式人工智能在提升用户体验（如商品图像识别、语音搜索）方面有巨大潜力，但如何有效整合文本、图像、视频等不同类型的数据是一项技术挑战。应加速研究和发展高效的多模态预训练模型。阿里达摩院发布的 M6 就是一个面向电商领域的多模态大模型，应加速推进融合算法发展，提高模型在多种输入下的表现。[1]

（三）不断升级的消费体验

在电商场景中，快速的产品搜索结果、即时的聊天机器人反馈、精准的商品推荐等都能显著增强用户体验，提升用户满意度和转化率。快速的推理能力确保了服务的即时性，这是影响电商竞争的关键因素。尤其是对直播带货、虚拟试衣等互动性强的应用，低延迟的推理算力是实现流畅用户体验的基础。这能帮助用户更好地参与和享受购物过程，促进用户做出购买决策，还能在后端供应链管理、库存预测、价格优化等环节发挥重要作用，帮助企业更快地做出决策，降低成本，提高整体运营效率。同时，节假日、促销活动等会带来流量高峰。强大的推理算力可以灵活应对这种波动，确保系统在高负载下仍能稳定运行，避免系统响应慢造成客户流失。

---

① 林俊旸、周畅、杨红霞：《超大规模多模态预训练模型 M6 的关键技术及产业应用》，《中兴通讯技术》2022 年第 2 期，第 28 页。

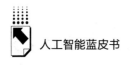
五　未来发展趋势与建议

（一）生成式人工智能在电商领域应用的发展趋势

生成式人工智能在电商领域的应用成果显著，已成为推动行业智能化变革的关键力量。生成式人工智能通过深度学习用户行为、偏好和社交数据，能够提供高度个性化的商品推荐、内容生成和客户服务。这不仅提升了用户的满意度和忠诚度，还有效提高了转化率和销售额。在库存管理、物流配送、供需预测等方面，生成式人工智能通过对大量历史数据进行分析，精确预测需求波动、优化库存、避免库存过剩或缺货的情况发生，从而降低成本并提高运营效率。AIGC 技术的应用使广告创意、营销文案、产品描述等可以自动且高质量的生成，极大地提高了营销效率和创意多样性，同时降低了人力成本。结合自然语言处理和计算机视觉技术，生成式人工智能支持的智能客服、语音搜索、视觉搜索等功能让购物体验更加自然流畅，增强了用户体验。通过对海量数据进行即时分析，生成式人工智能为电商企业提供了强有力的决策支持系统，帮助企业快速响应市场变化，有效管理风险，特别是在价格策略调整、市场趋势预测等方面。

1. 统一架构生成式人工智能模型应用于电商领域

统一架构的多模态大模型能够处理多种类型数据（如文本、图像、音频、视频等），可在不同模态之间进行有效迁移和融合，支撑视频直播、图文搜索、文本分析、内容生成甚至模态转化等多种场景，实现模态间的互补和增强。通过整合更多维度的数据，提供个性化的产品推荐、内容定制和交互体验。例如，通过应用情感分析技术，电商平台能更精准地捕捉用户情绪，推送符合其心情和场景的商品。

2. 商家智能化运营与决策能力提升

随着算法的进步，生成式人工智能将在库存管理、价格优化、广告投放等方面发挥更大的作用，帮助商家实现自动化、精细化运营。这包括预测供应链变化、供应链极限情况模拟、动态定价策略以及基于用户行为和市场趋势的实时广告创意生成。从用户反馈收集到产品设计、库存管理、营销策略，再到售后服务，AIGC 将渗透电商的每一个环节，创建一个闭环的智能生态系统。

3. 多模态、多语言、多场景内容生成

生成式人工智能驱动的 AIGC 将更加普及，不仅能生成商品描述和广告素材，还能创作具有高度创意和情感共鸣的营销故事、视频内容，参与品牌 IP 的孵化与培育，提升品牌影响力。生成式人工智能在自然语言处理上的进步将促进电商的全球化，实现更高效、更准确的跨语言沟通和服务。这将帮助电商平台打破地域限制，为全球用户提供本地化体验。结合计算机视觉和语音识别技术，生成式人工智能将推动电商向更直观、自然的交互方式转变，如通过语音命令购物、使用 AR 试穿试妆等，提升购物的便捷性和趣味性。

4. 生成式人工智能应用的可持续性和治理能力提升

随着对人工智能伦理和社会责任的关注，生成式人工智能的应用将更加注重环保、隐私保护和公平性。例如，利用生成式人工智能分析消费者对可持续产品的偏好，引导绿色消费，同时确保算法决策过程的透明度和公正性。

但也要解决如何在保障数据安全和个人隐私的前提下，合理地使用生成式人工智能技术的问题。生成式人工智能的训练和运行需要耗费大量的计算资源，这不仅加重了环境负担，也对企业的成本控制提出了考验。开发和应用生成式人工智能需要大量掌握人工智能技术知识的专业人才，当前市场上这类人才供不应求，限制了生成式人工智能的广泛应用。生成式人工智能可能在训练过程中吸收并放大数据中的偏见，导致不公平的决策，如何确保算法的公平性、透明度和遵守道德规范是一大难题。

（二）引导生成式人工智能应用于电商领域的建议

尽管面临诸多挑战，生成式人工智能作为未来电商创新驱动引擎的重要

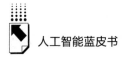

性亦不容忽视。它不仅能够大幅提升电商的效率和竞争力，还能够实现电商行业的可持续发展，构建更加人性化和智能化的购物环境。随着技术的不断成熟和相关问题逐步得到解决，生成式人工智能将更加深入地融入电商的每一个环节，推动行业向更高层次的智能化转型，为消费者带来前所未有的购物体验，同时为企业创造更大的商业价值。因此，持续投资生成式人工智能的研发、应用，对电商行业的未来发展至关重要。为更好地促进生成式人工智能在电商领域的发展，本报告提出以下几点建议。

1. 打通算法、算力、数据等基础设施堵点

考虑到电商行业快速迭代的特点，建议针对电商行业更多采取触发式监管，坚持强制规定与柔性监管并举，提升监管的弹性；建立常态化沟通机制，加强监管部门与企业的沟通交流，就共同关心的问题展开讨论，直致达成共识。更多通过闭门研讨和指导等方式解决问题，避免引发负面舆情；鼓励创新突破，以提升产业核心竞争力为导向，边发展边治理，以监管促发展，避免前置监管阻碍新兴技术创新和发展的情况发生。

2. 建立合规与激励并行的敏捷治理机制

敏捷治理强调在动态变化的环境下，跟随科技创新的节奏和产业发展的速度调整政策的节奏和力度，避免阻碍、延缓前沿科技发展的不利情况发生。同时研判新兴技术应用的潜在风险，平衡多元利益主体，建立不断变化、容许失败的治理体系。在技术快速迭代期，保持制度弹性，建立激励相容机制与合规激励机制。

建议将生成式人工智能尤其是结合多模态的相关科技创新成果广泛应用到各行业、各领域，如推动各行业探索生成式人工智能在具体场景的应用，将数实融合推向深入，赋能数字消费发展。引导平台企业参与传统商业数字化升级，布局 VR 虚拟购物等体验式消费场景与跨境直播电商等电商行业新业态新模式。

3. 统筹协调安全与发展，谨慎出台收缩性政策

应尊重市场规律和平台经济发展规律，统筹协调安全与发展，给予新兴产业足够的政策空间。尤其是在新技术新业态发展的初期，应坚持"包容审慎"监管。另外，宏观政策的一致性评估应落到实处，发挥实效。加强涉民营经济发展政策的一致性评估；同时，增强一致性评估过程中的互动性和广泛性，确保评估过程的透明公开。

4. 科学制定数据保护制度

制定数据保护法律，明确生成式人工智能使用个人数据的界限，要求企业在收集、存储、处理用户数据时遵循最小必要原则，采取数据加密和匿名化处理措施。[①] 强制实施数据泄露通报机制，确保用户在数据安全事件发生时能及时获知并采取相应措施。形成公开透明的算法说明，向公众清晰地展示算法的工作原理、输入数据及预期输出，增强用户对技术的信任。建立监督机制，对算法产生的结果进行监控，及时采取措施应对可能出现的偏见和歧视现象，保障所有用户都能获得公正待遇。成立跨学科的伦理审查委员会，包括技术专家、法律学者、社会学家等，对生成式人工智能的设计和应用进行伦理审查。

参考文献

《2024 年全球电商销售额将破 6 万亿美元》，福建省商务厅网站，2024 年 1 月 9 日，https：//swt.fujian.gov.cn/xxgk/jgzn/jgcs/dzswhxxhc/yjzx/202401/t20240116_6381585.htm。

孟延杰：《税收优惠政策与科技型中小企业研发支出会计核算》，《中小企业管理与科技》2023 年第 7 期。

淘小二：《天猫开店、装修、营销与推广实战一本通》，人民邮电出版社，2016。

林俊旸、周畅、杨红霞：《超大规模多模态预训练模型 M6 的关键技术及产业应用》，《中兴通讯技术》2022 年第 2 期。

金龙君、翟翌：《论个人信息处理中最小必要原则的审查》，《北京理工大学学报》（社会科学版）2023 年第 4 期。

---

① 金龙君、翟翌：《论个人信息处理中最小必要原则的审查》，《北京理工大学学报》（社会科学版）2023 年第 4 期，第 140~150 页。

B.13
大模型在通信领域的应用

中国移动通信有限公司研究院

摘　要： 随着人工智能技术的快速发展，人工智能正由助力千行百业提质增效的辅助手段，升级为支撑经济社会转型不可或缺的基础设施和核心能力，特别是以大模型为代表的通用人工智能技术正在加速推动产业变革。在通信领域，运营商在通信网络管理和通信信息服务方面面临诸多挑战，利用大模型技术能够显著提质增效，实现智慧网络和智慧信息服务的转型升级与规模化应用，为社会经济发展和人民生活品质提升构筑智能化信息通信基础设施。未来，通信领域需要进一步解决复杂系统智能化的问题，促进人工智能技术深度融入服务行业，打造通用人工智能时代的新型基础设施。

关键词： 大模型　网络智能化　智慧信息服务　智能客服　体系化人工智能

一　人工智能在通信领域的应用

通信网络和人工智能是我国新基建的重要内容，二者互融互促，共同推动经济社会数智化转型。推进通信网络与人工智能结合，打造更加自动化、智能化的网络，赋能网络服务创新，是未来通信领域发展的必然趋势。

在通信领域，人工智能有广泛的应用场景，主要包括网络的智能化场景和智慧信息服务场景两大类。网络智能化场景，是将人工智能技术与通信网络的硬件、软件、系统、流程等深度融合，利用人工智能技术实现通信网络

228

运营流程的智能化，实现提质、增效、降本，推动业务敏捷创新，构建智慧内生网络。智慧信息服务场景，是利用人工智能技术促进个人业务、家庭业务、企业业务等多类信息服务智能化升级，为客户提供更加便捷、高效、优质的通信服务。

二 网络智能化场景的应用

（一）网络智能化面临的挑战

1.网络智能化的背景

网络智能化是将人工智能技术与通信网络深度融合，利用相关理论、架构和算法等核心技术及软硬件，实现通信网络运维智能化、网络服务智能化，构建智慧内生网络，助力通信网络提质增效、赋能行业数智化升级。在4G领域，引入人工智能技术，降本增效，可以为各工作流程赋能。在5G领域，网络与人工智能相互融合，多需求场景共生。在6G领域，网络智能化从架构、功能、软件设计多维度实现智慧内生。

2.网络智能化面临的挑战

网络数智化转型已成为业界共识，但如何将人工智能技术与通信网络融合，无论从人工智能的角度，还是从网络技术的角度来看，都将面临诸多挑战。

从人工智能技术的角度来看，机器智能主要来自环境、知识、数据三个方面。在环境方面，通信行业环境还不具备柔性特征，若想在网络上尝试新的算法和模型，风险将是巨大的。在知识方面，运营商掌握大量有关无线网、传输网、核心网等领域的核心知识，这些知识存在于人的经验、书本、文档、标准中，并没有得到体系化的表达，需要考虑如何利用数字化手段对知识进行体系化表达和数字化利用。在数据方面，海量设备感知到的海量数据被采集、传输、存储下来，这些数据是否有效、如何挖掘这些异构数据、对网络的感知是否正确等，这些都是有待

探索的问题。

从网络技术的角度来看，通信网络具有高体系性、高复杂度、高可靠性、超大规模等特点，网络智能化在算法理论、工程技术、应用创新等方面面临挑战。在算法理论方面，"高体系、高可靠"的通信网络与"以非确定性建模为核心"的人工智能技术交叉融合，基础理论和算法处于起步阶段，亟须攻关和突破。在工程技术方面，通信网络实际上是多种网络的并存，现网运营标准高，具有高度复杂性。人工智能技术落地和迁移成本高、效率低，在高复杂度、超大规模的网络中实现规模应用，面临巨大的挑战。在应用创新方面，通信运营商网络规模大、运维组织复杂、区域发展不均衡，应用人工智能技术促进网络智能化转型面临巨大的挑战。

（二）网络智能化水平提升和网络大模型构建

为应对以上各方面挑战，运营商研发了与网络智能化相关的大模型、平台和应用，并不断完善技术标准，实现网络规划、建设、运维、优化、运营全流程智能化升级，助力提质、降本、增效，加快向"AI+网络"转型。

1. 网络大模型的构建与技术创新

大模型具备强大的语义理解和智能推理能力，在通信领域能够加快感知智能、预测智能、控制智能、诊断智能、决策智能以及通信科学智能等各种智能能力的构建。随着人工智能技术的发展，通信网络基础理论也将发生巨大的变化。人工智能技术应用的成果也将以多样化的形式嵌入通信网络，推动智慧网络迈入新阶段。

中国移动研发了九天网络大模型，面向网络运维场景，使用百亿级网络域专业语料和10万+无线小区结构化数据，基于九天语言基础大模型进行训练，实现网络知识问答和数据自助查询，以及无线网络区域整体自动化感知、诊断和优化。基于网络大模型的网络运维AI助手上线，服务超20个省份的公司运维人员，支撑网络运维知识问答、数据自服务和故障处理等应用

230

场景，降低人工智能技术赋能网络的边际成本。

华为在 2024 年世界移动通信大会上发布了通信大模型，提供关键的智能化技术，并将其用于优化通信网络性能、智能调度资源等，提供基于角色的 Copilots（AI 助手）和基于场景的 Agents（智能体）的两类应用，支撑运营商实现智能化。面向不同角色，增强智能语言交互能力，提升员工知识水平和工作效率；面向不同运维场景，提供智能体应用，分析拆解复杂流程，编制操作方案，提升用户体验和满意度。①

中兴通讯研发了星云通信大模型，具备通信领域高质量语料、精准的领域增强训练技术、可迭代进化的多 Agents 低成本工厂、大小模型协同以及多模型协同、开放共享等特色能力。通过内容和推理，让星云通信大模型更专业、更聪明。在通信内容方面，建设了海量高质语料库，积累了 100B 的专业通信 Token；在通信推理能力方面，将电信领域的知识进行合成和萃取，让大模型在具体场景中进行拟人化推理。②

2. 网络智能化平台技术创新

通信网络领域智能化工程研发存在门槛高、周期长、难度大等特点，为实现工程研发的系统化构建了网络 AI 算子体系、采用可视化建模工具等多种新技术。

中国移动为实现多类能力在全网范围的高效部署应用，设计"1 个中心资源池+N 个省级资源池"的云边协同能力部署架构，构建体系化的能力运营平台。

亚信科技公司推出 AISWare ReTiNA 智能化网络规划平台，基于通信人工智能与机器学习算法引擎，为运营商提供无线网络规划、建设、优化、维护全生命周期的智能化、自动化支撑。帮助运营商提升网络质量及用户感知，打造自智网络，助力数智转型。③

---

① 资料来源：中国网等多家媒体报道。
② 资料来源：通信产业网。
③ 资料来源：亚信科技公司网站。

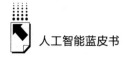

3.网络智能化应用技术创新

网络智能化应用涉及通信网络"规、建、维、优、营"各个环节，有助于实现规模化应用。以中国移动网络智能化应用产品体系为例，其实现了算网能效管理、网络多模态稽核、智能服务满意度提升三大类应用。

算网能效管理产品，提出以感知、预测、分析、控制等一系列人工智能技术为核心的动态策略生成、平台级闭环安全保障技术实现算网能效管理。

网络多模态稽核产品，基于网络运维场景的视觉 AI 算法，实现网络费用智能稽核、政企装维智能稽核、传输隐患智能稽核、哑资源智能稽核等，完成网络多模态稽核。

智能服务满意度提升产品，综合网络、投诉、业务、用户等多维数据，在服务前、服务中、服务后三个阶段提供用户意图感知、用户体验评估、质差小区识别、网络故障定位、故障解决方案、服务质量分析等端到端自助服务，替换传统人工方式，减少人工投入，提升投诉处理效率与用户满意度，以实现业务的智能保障。

三　智慧信息服务场景的应用

（一）智能客服应用

1.客服场景面临的挑战

客服是运营商面向客户的重要窗口，也是利用人工智能赋能客服转型升级的典型应用场景。传统客服中心具有劳动密集的特点，人工坐席工作压力大，痛点凸显：一是服务问题管控不全面，海量客服语音数据仅靠人工测听耗时耗力，覆盖率低，难以发现全部问题；二是数据价值挖掘不充分，数据中蕴涵大量有效信息，仅靠人工无法全面挖掘数据价值；三是数智化转型需求迫切，线上服务需求日益增多，劳动密集型客服中心人工成本高、工作压力大。

智能化是客服行业数字化转型和降本增效的关键驱动力,通过推进智能客服应用,可以有效降低运营成本、减轻人工压力、提高服务效率和升级服务能力,促进服务体验智能化、个性化。有效推进客服中心服务业态转型和运营模式升级、推动客服中心的数智化转型,大模型在降本、增效和提质方面发挥巨大作用。

2. 智能客服技术与解决方案

中国移动研发九天·客服大模型(见图1),基于其在客户服务行业长期积累的业务领域知识、交互反馈日志、系统接口数据、人工坐席经验,实现以大模型和人工客服协同工作为中心的客服流程设计,贯通全场景、全流程。不但可以完成信息交换,而且能够关注客户的情感:在设计模型时,以对客户的情感维护和客户满意度作为模型训练的目标;珍惜与客户接触的每一次机会,主动关爱客户。

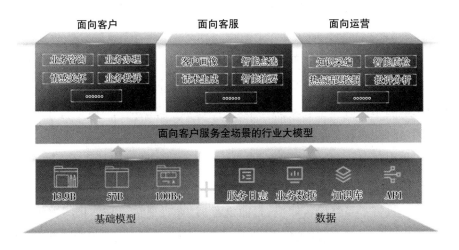

图1 中国移动九天·客服大模型

华为云客服·呼叫中心 CEC(Customer Engagement Center)面向企业提供智能化云联络中心服务,融合 VoLTE 音视频、视频振铃和菜单(企视秀/名片等)、NLP、协作共享等技术,提供音视频客服、AI 机器人(电销外呼/多轮会话/智能语音导航)及能力开放(一键双呼/语音通知/二次定制

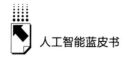

呼叫中心）等服务，助力企业高效获客、触客，并推动客服实现数字化转型。①

（二）来电秘书应用

1. 来电秘书面临的挑战

随着社会经济的发展，语音通话成为人们日常生活中通讯连接的重要一环。传统的"漏接提醒""语音信箱"等服务功能简单，难以满足用户获取未接来电场景信息和详细通话信息的需求。一方面，通讯需求持续增加，用户漏接、拒接重要通话的总量不断升高，传统服务模式下用户仅能通过来电号码或通话语音来判断每一通来电是否重要，人工参与成本高，重要通话筛选效率低。另一方面，广告促销、金融营销、保险推销等骚扰诈骗电话不断增加，用户需求由最初的"担心漏接电话"转变为"害怕接听电话"，传统服务模式下难以提炼通话主要信息帮助用户过滤低质通话。

将传统呼转类通话与大模型相结合，不仅可以为用户提供准确的通话场景信息，而且通过人工智能代接能够实现基于当前通话内容的智能交互，获取更全面的通话信息。全面标注未接来电场景，提示诈骗风险，提升用户未接通话信息获取效率及质量。

2. 来电秘书技术与解决方案

中国移动"和留言"来电秘书应用（见图2）深度融合通话与人工智能技术，具备"自然语言处理+智能语音+计算机视觉"一体化的视频通话代接能力，助力来电信息的准确获取和高效反馈用户。面向保险、金融、广告等推销场景与外卖、快递、网约车等不同生活场景，打造基于大模型的文本一站式解决方案，基于不同场景及意图构建信息抽取能力，关注高频次对话场景下用户可能关注的有效信息。从语音识别、语音合成等方面提供服务，覆盖多场景多环境，语音识别满足噪声、复杂音频环境下的稳健性要

---

① 资料来源：华为云官方网站。

求，语音合成可根据需求自由调节速度、音高、前后静音、采样率等属性。基于大模型图像合成技术实现 3D 人像合成应用，为用户提供 3D 虚拟形象应答选择。结合视频媒体播放技术，为用户提供开放式的视频化应答通信方案，提供定制化的信息内容服务，触达形态更加多样化。

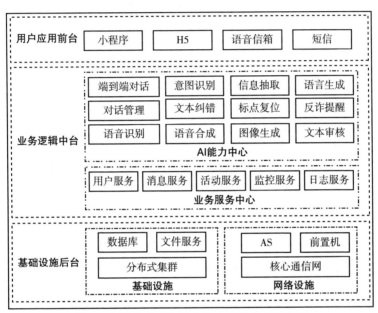

图 2 中国移动"和留言"来电秘书应用框架

中国电信天翼通信助理采用人工智能技术满足用户重要来电信息不错过的诉求，包含漏话提醒、智能应答、留言信箱等功能。能够自定义场景，从快递、外卖到商务、娱乐，用户可按需自定义应答内容，让数字人无缝接入生活服务场景，满足用户的多样化需求。这不仅提升了沟通效率，还让用户在忙碌或特定情景下避免被打扰。

（三）5G 新通话应用

1.5G 新通话面临的挑战

随着人工智能技术的发展，传统音视频通话已无法满足社会日渐丰富的沟通需求，5G 技术、人工智能技术的革新为通话的智能化升级提供了契机。

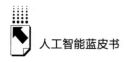

一方面，通话作为社会生活的基础设施，传统的语音方式受到传播介质的限制，难以在短时间内交互高质有效的信息。另一方面，在云端处理高并发的通话 AI 加工需求，对通话网络的架构和算力资源要求极高。

通信的普及让高速发展的人工智能技术触达每个互联网应用、每个网络节点和每位用户，让人工智能无处不在。而人工智能的加持，让通信能力大幅提升，比如在通话过程中，实时调用各类人工智能技术，将通话转化成高清晰度、高可视化、高交互性、高智能性的新通话。

2.5G 新通话技术与解决方案

5G 新通话致力于实现人工智能与网络共生，全力打造全链路智能化的通信网络（见图 3）。在通信底座上，5G 新通话构建与通信网络连接的 AI 算力应用基座，通过数据通道（Data Channel）在音视频通话的前/中/后阶段提供沉浸式交互体验，支持在通话中实时调用各类人工智能技术，构建起智能通道（AI Channel）。依托通话实时媒体处理平台，将通用智能体、数字人、IVR、语音转写 ASR 引擎等人工智能技术引入通话网络，将高清音视频通话通道转化为高清晰度、高可视化、高交互性、有人工智能技术加持的

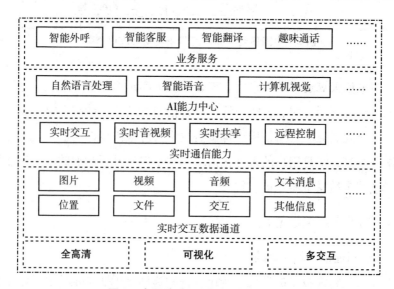

图3　中国移动 5G 新通话应用框架

智能通话生态系统，实现人工智能技术在通信中的全覆盖，在技术突破与应用效果上取得突破。

在 AI 服务上，通过广泛汇聚业界主流通用大模型及优质数据集，形成模型矩阵，支持端侧算力的最优化调用。在单次 AI 服务中，实现云、边、端协同的算力最小化。在 5G 新通话的实践中，使用 CPU 算力资源进行语音转写，准确率损失 1%，但算力成本比 GPU 方案节省 1/2。

在开放生态上，一是开放 5G 新通话 SDK 接入，将 5G 新通话 AI、视频能力解耦、封装成 SDK，支持互联网应用开发者集成。二是发布 5G 新通话应用商店，提供多种合作模式，支持能力方、内容方、开发者、渠道商接入，构建"应用×能力×渠道"的 AI 生态联盟，让"能力随时结合，应用随时推广"。

3.5G 新通话应用实践

华为 5G 新通话基于 5G 网络的超清语音通话、视频通话业务及相关增值业务，提供一系列创新通话服务和创新应用，如 5G VoNR 超清通话、智能翻译、趣味通话、智能客服、内容分享、远程协助等功能，为用户带来多媒体、可视化、全交互的通话体验。为快速推进 5G 新通话业务、提升用户通话体验，可结合终端产业链发展进程，分阶段推广新通话业务，逐步提升新通话用户体验。[①]

中国移动通话字幕/智能翻译，在通话中引入实时 ASR 能力实现语音转写文字，辅以英文等多语种翻译能力，帮助老年人、特殊人群实现无障碍沟通，消除跨语种沟通障碍。通过反诈大模型识别高风险通话，帮助用户有效防范诈骗风险。趣味通话为广大群众提供更为有趣、温暖的通话服务。AI 速记应用通过引入语音识别和大模型能力，可生成通话纪要和待办事项，大幅提升办公等场景的信息处理效率。

（四）企业级语音质检应用

1.企业级语音质检面临的挑战

运营商面向企业用户提供语音通信服务，服务形式以语音开放平台、虚

---

① 资料来源：2023 世界 5G 大会。

拟号、互联网平台的网络语音服务为主，应用于电商、网约车、招聘等诸多垂直行业。为保障服务质量和通话安全，企业级语音通信服务可进行授权录音，并全量或抽样质检，确保服务话术合规、服务态度良好、客户满意度高；确保通话没有被盗用或滥用于非企业报备的业务场景，甚至是套取客户信息的违法违规行为。

传统质检技术手段痛点明显。首先，企业级语音通信服务量级大，传统的人工听取录音质检的方式成本高、效率低。例如，家庭宽带装维工单处理质量一直是运营商家客业务的重点，安装人员在与客户的沟通中强制改约、交付不到位等情况直接影响服务质量，而人工质检无法及时覆盖海量工单，亟须借助人工智能技术实现自动化批量质检。其次，在企业级语音通信业务中，单一的文本内容质检不足以对一通电话进行全方位的审查，往往需要从语音、语义、声纹、情感多维度进行分析。例如，某外呼平台希望对其客服通话进行满意度打分，可以综合情感识别和语义分析对客服人员的对话进行打分，对服务进行综合评价。

2. 企业级语音质检技术与解决方案

基于企业通话大模型开发的企业级语音质检应用可以灵活调用语音识别、语音关键词检索、声纹识别、语音增强、自然语言处理等人工智能核心技术，实现对语音通话进行文字转换、分析通话话术、评估通话满意度、挖掘商机等功能。为降低质检成本，产品依托语音识别和语音关键词检索技术，取代人工听音，实现自动化批量质检，同时设计风险分级质检策略，根据通话风险等级进行不同颗粒度的质检（见图4）。

（五）电视大屏智能推荐应用

1. 电视大屏智能推荐应用面临的挑战

传统的电视大屏内容多由人工编排运营，在实际生产中人工编排速度慢，人工运营工作量大，只能向用户提供千人一面的相同编排内容，且无法及时更新。人工运营覆盖的媒资数量有限，无法充分利用资源储备达成业务目标。而且大屏场景下家庭用户人数多，家庭中不同用户的兴趣分散，人工

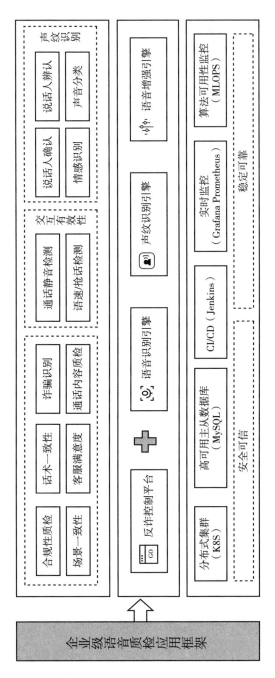

图 4 中国移动企业级语音质检应用框架

运营编排难以兼顾多用户兴趣。

2.电视大屏智能推荐技术与解决方案

电视大屏智能推荐应用提供"一人一面、随时而变"的个性化推荐，且具备数智化、精细化、差异化运营能力，致力于实现用户与内容商品的实时化和智能化连接，从人（用户）、货（内容）、场（运营）三方面打造集中式的数智化产品及运营能力。

"三模式兴趣+五阶段算法推荐框架"。打造大屏业界首个实时个性化推荐引擎，实现用户稳定兴趣探查与实时兴趣精准捕捉。在业界首次提出"五阶段算法推荐框架"，灵活支撑各类推荐场景，并可根据细分场景动态灵活调整推荐框架，结合实体识别、媒资对齐、媒资画像、用户画像、知识图谱等人工智能技术，确保推荐结果的多样性、精准性、均衡性。

结合精准的用户画像和丰富的内容画像，针对各类场景，依托用户行为数据，构建面向组织和不同角色的事实、模型及预测三层标签体系，精准识别家庭多成员的个性化需求。围绕电视大屏的家庭构成与成员角色开展智能细分，形成面向家庭和成员的"两层多维"画像能力，精准识别和捕捉不同成员间的差异化内容需求。开展用户细分与多场景建模，精准推荐引擎帮助用户快速发现感兴趣的内容。

构建电视大屏用户生命周期模型，针对促达、促活、促订、促续、挽留5个运营阶段，匹配差异化运营策略和评估指标，提升电视大屏业务的全流程闭环运营能力。

（六）数字人应用

1.数字人面临的挑战

在运营商数字内容生产服务平台的运营中，传统人工运营、视频解说、内容制作等工作需要投入大量资金。同时，随着短视频时代的到来，传统人工内容制作方式已无法满足移动互联网用户日益增长的内容需求。此外，传统的纯人工新媒体运营方式存在内容质量不稳定、缺乏创新和想象力、无法准确把握用户需求等问题。

数字人是一种利用多种通用人工智能技术融合打造的整体解决方案，包括计算机视觉、语音识别及合成、自然语言理解等，能够有效解决以上痛点。

2. 数字人技术与解决方案

数字人在 AIGC 领域形成了 AI 配音、AI 配画、文生图、文生视频等技术应用。采用大模型驱动表情动画，让面部表情更贴近真人表情，更加生动细致，解决了目前真人驱动数字孪生存在的表情相似度低、表情僵硬等业界难题，从而更好地支撑虚拟人直播交互等业务场景，在多个场景下提升平台运营和内容生产效率，为用户提供更好的服务体验。

数字人虚实交互方面，采用语音驱动进行交互动作生成，通过音频或文本语音合成形式的驱动源，驱动 3D 数智人产生面部唇形动画。该能力用于数智人智能问答、数智人智能播报、数智人读书、数智人内容生成等。语音驱动能力的特点是可以驱动任何支持 51BS 面部绑定的数智人，支持多种语言，如普通话、英语等。语音驱动能力可以根据数字人风格控制说话动作，技术成熟度较高。

中国电信推出"AI+数字分身"，通过与热门游戏 IP 的联动，结合用户 DIY 声音复刻，使用 AIGC 技术打造出个性化数字形象，不仅在游戏、会议等不同情景下智能代接电话，还通过大模型摘要生成技术实现智能应答、全程速记，防止错过重要信息。在视觉与语音上呈现个性化的风格，使交互体验更加真实。[①]

华为云 MetaStudio 数字人技术只需对一段 3~5 分钟的视频进行训练，就能快速生成分身数字人模型。这一过程包括精准的面部特征点识别、基础模型匹配、精细调整等多个步骤，涵盖建模、渲染、驱动等过程，全面确保数字人形象的逼真和生动。在建模过程中，创建者基于输入的照片，通过对面部的特征点进行识别，并对头发、眉毛等不同区域进行处理，然后通过捏脸

---

① 《中国电信 AI+产品升级计划发布会成功举办》，人民网论坛，2024 年 5 月 21 日，http://www.rmlt.com.cn/2024/0521/703169.shtml。

和精修调整，最终完成安达和赛努两位数字人模型创建。建模完成后，华为采用云调用、云渲染技术对数字人进行渲染。采用 MetaEngine 云渲染的 AI 加速技术，渲染效率提升 2~4 倍，使得数字人在呈现上更加流畅自然。[①]

四　大模型在通信领域的应用

（一）大模型规模化落地时面临来自复杂系统的挑战

通信网络可以看作一个"复杂系统"，当大模型在信息行业规模化落地时，必将面临来自复杂系统的巨大挑战。

复杂系统的智能化不是简单的 AI 系统的应用，而是智能化进一步升级的主要方向。在大模型时代，虽然大模型具备强理解、强生成和强信息集成能力，但同时面临多重难题。从算法和理论方面来看，需要克服当前大模型大而不稳、多而不合的问题；从工程方面来看，需要显著降低大模型的训练和部署成本，使其在云边端灵活部署；从体系方面来看，需要一种更便捷的方式满足泛在的智能化需求。

（二）体系化人工智能技术有望助力解决来自复杂系统的挑战

体系化人工智能（Holistic AI，HAI）是应对复杂系统智能化挑战而提出的技术体系，主要研究的是对人工智能技术进行体系化重构所需的理论、技术、机制、范式和框架。目标是依托无处不在的通信网络和智能算力，在开放环境中根据智能化业务需求，按需对 AI 能力进行灵活且高效的调度、配置和运行监控，使其在最合理的算网资源上运行，以满足用户日益丰富的数智化业务需求，同时确保 AI 业务可信、可控、安全。

体系化人工智能技术框架涉及多项独特的核心技术，包括 AI 服务大闭

---

① 《点燃冰雪激情，华为云 MetaStudio 数字人为"十四冬"注入 AI 力量》，央广网，2024 年 2 月 18 日，https：//tech.cnr.cn/techph/20240218/t20240218_526597281.shtml。

环（Big-Loop AI）、AI 能力原子化（Atomized AI Capabilities）、网络原生 AI（Network Native AI）以及安全可信的 AI 服务（Secure and Trusty AI Service）（见图5）。

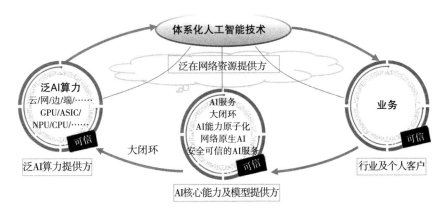

图5　体系化人工智能技术框架

AI 服务大闭环主要研究多个大小模型串并联使用时端到端的优化技术，基于神经结构搜索的多 AI 能力闭环组合优化参数搜索算法、Holistic Neural Network（Holi-NN）多模态上下文学习方法以及黑盒模型进行联合优化。

AI 能力原子化强调通用 AI 能力、行业 AI 能力、领域 AI 能力的原子化抽象，是人工智能服务互联互通、端到端大闭环优化和人工智能服务边际成本下降的基础，AI 能力原子化需明确其接口、适配器等。

网络原生 AI 研究人工智能技术与网络技术的融合，现有 AI 算法和模型在设计时深入考虑了 AI 计算基础软硬件的特色，忽略 AI 训练和推理时需要的网络传输特性。网络原生 AI 指人工智能技术在设计之初就充分考虑网络传输等特性。

安全可信的 AI 服务主要研究大规模服务场景下的安全可信技术，包括基础设施安全、模型安全、业务安全等。

此外，在模型的编排和调度方面，Holistic OS 可以完成任务概要、任务分解、原子化模型探索与调度、任务反馈与经验积累等一系列闭环工作。

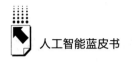

（三）大模型在通信领域应用的建议

人工智能技术助力数字经济发展，以数字化、网络化、智能化、高端化、绿色化、低碳化为基本特征的新质生产力，推动运营商业务从通信服务向信息服务转型。关于大模型在通信领域的应用，本报告提出了一些建议并对其进行了展望。

利用体系化人工智能等技术针对通信领域的人工智能应用建立系统性框架，自上而下解决复杂系统智能化问题，构建供给、汇聚和运营一体化的人工智能服务运营体系。

加快大模型迭代升级，持续提升语言对话和多模态推理能力，促进大模型在网络智能化和智慧信息服务各应用场景、各环节中的深度运用，助力生产流程再造、生产效率提升。

统筹发展与安全，守牢安全底线，完善安全技术标准及相关法律法规，把好数据"入口关"和算法"出口关"，防范化解人工智能的内生风险和衍生风险，使其更好地服务社会。

运营商和设备服务商等通信行业相关企业正在利用人工智能技术加速构建自智网络，积极推进网络数智化转型，通过提供开放、高效、安全的智能化服务，赋能千行百业的智能化改造、数字化转型，为中国式现代化构筑强大的技术基础。

B.14
算力调优在生成式人工智能领域的应用

刘龙飞　缪路文　王向阳　陶治华　戴威*

摘　要：　算力调优在生成式人工智能领域存在技术栈复杂、调优手段通用性差、性能瓶颈分析困难的问题。据此，本报告提出大模型训练推理独立优化、云端协同优化、生成式人工智能应用系统优化、基础设施和算法协同优化的解决思路。通过软硬件相结合的调优手段，算力调优从硬件层、网络层、系统层、算法层到应用层，逐层进行问题分析，利用传统性能调优经验，结合生成式人工智能大模型强计算、高吞吐、多模态的特性进行整体算力优化。算力调优既强调单个环节的极致优化，又兼顾不同环节之间的资源协同，最终实现端到端的降本增效。

关键词：　算力调优　大模型　云端协同　基础设施优化　生成式人工智能

一　生成式人工智能时代的算力市场及算力调优概述

全球对算力的需求呈现指数级增长，截至 2022 年底，全球算力总规模达到 650EFLOPS，其中通用算力规模为 498EFLOPS、智能算力规模为 142 EFLOPS、超算算力规模为 10EFLOPS[①]。

根据国盛证券和一流科技的统计数据，前期预训练阶段，成本主要与模

---

[*]　刘龙飞，北京中科金财软件技术有限公司；缪路文，北京中科金财信息科技有限公司；王向阳，北京奇虎科技有限公司；陶治华，北京智谱华章科技有限公司；戴威，阿里云（北京）科技有限公司。

[①]　新华三集团、中国信息通信研究院：《2023 智能算力发展白皮书》，2023 年 8 月，https://roadshow.h3c.com/zl/pdf/2023zhinengsuanli.pdf。

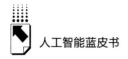
型参数量大小以及训练数据规模相关，1750 亿参数模型使用 3000 亿 token 训练一次的成本约为 140 万美元，而成功产出一个可以发布的大模型往往需要经历多次预训练。后期进行模型服务部署，需要投入大量高配算力资源和高额电费。据估算，像 ChatGPT 这样日访问量过千万的大模型，服务器采购成本为 7.59 亿美元，每日电费则高达 4.7 万美元。[①] 高额的硬件采购和运营成本阻拦了更多公司参与生成式人工智能产业。算力调优可以在控制硬件成本的同时达到更高的算力利用率，帮助更多公司开展生成式人工智能业务和实现智能化转型。

受到算力资源的限制以及中美贸易摩擦导致的算力储备制约，国内生成式人工智能发展过程中高成本、低效率的问题越发显著。国外显卡厂商如英伟达的旗舰显卡产品 B200，其单卡算力已达到峰值 20PFLOPS，且提供 192GB HBM3 显存，通过第五代 NVLink 技术将 72 张 B200 互联组成的 DGX SuperPOD，更是能以单一 GPU 的形式提供 1.4EFLOPS 算力和 30TB 显存。相比国外的先进技术，国内 GPU 和智能芯片领域还处于追赶阶段，代表显卡如华为昇腾 910B 单卡具有峰值 376TFLOPS 算力和 64GB HBM2E 显存，在制程上还存在明显差距。同时国内厂商 GPU 研发起步较晚，基于硬件的研发生态还处在快速迭代时期。为奠定生成式人工智能研发基础，需要芯片厂商不断提升硬件制程，完善软件开发生态，同时需要中科金财这样的生成式人工智能应用研发参与者，将业务中积累的算力调优经验输出给社会，让更多有相同需求的公司和机构从中受益。

综上所述，算力调优的重要性不言而喻，极致的调优效果可以带来质量更高的生成式人工智能服务和成本更低、效率更高的大模型迭代。智算时代的算力优化与传统的 CPU 时代相比更具挑战性。异构计算框架和复杂的计算范式，都为调优工作带来了极大的挑战。单一团队无法实现最佳的调优效果，需要更多的技术力量投入该领域，以使国产算力发挥出最大价值。

---

① 国盛证券：《Chatgpt 需要多少算力》，2023 年 2 月 12 日，https：//www. fxbaogao. com/ detail/3565665。

二 算力调优的典型应用

随着生成式人工智能模型规模的不断扩大，现有算力无法有效支撑千亿、万亿参数模型，导致模型迭代周期延长、成本增加，训练质量和效率难以保证，限制了模型规模的扩大和性能的提升。高昂的推理成本也阻碍了生成式人工智能技术的广泛应用。

为系统性地解决这些问题，业界开始探索算力调优技术，通过算法优化、模型改进和计算效率提升，提高算力利用率和降低训练及推理成本。算力调优技术门槛较高，需要深入理解模型结构、掌握异构计算框架优化技术，并具备丰富的实践经验。它是生成式人工智能行业核心竞争力的重要组成部分。如阿里云、华为等都推出了从底层硬件到上层应用的算力调优系列产品，根据调优动机和解决方案可以将算力调优工作分为 4 个不同领域。图1 为算力调优技术涉及的细分领域。

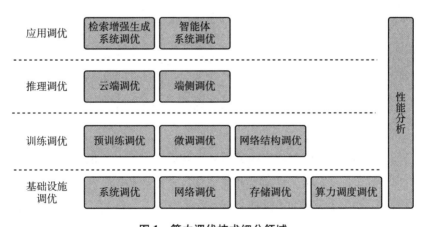

图1 算力调优技术细分领域

（一）应用调优

自 2022 年 11 月 OpenAI 发布 ChatGPT 以来，大语言模型的应用范围迅

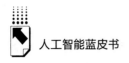

速扩展，催生了众多实际落地案例。系统设计架构中涌现出多种创新模式，显著提升了模型的回复质量和交互体验。在这些应用模式中，基于检索增强生成（Retrieval-Augmented Generation，RAG）技术和以大模型为基础的智能体（Agent）技术尤为突出。本节将重点介绍这两种技术，并探讨算力调优在提升其性能中的应用策略。

1. 检索增强生成系统调优

检索增强生成是一种将大语言模型与检索系统相结合的创新技术。检索增强生成技术的核心优势在于利用检索结果辅助生成过程，从而减少生成答案中的"幻觉"现象。自 2023 年起，检索增强生成技术已成为基于大语言模型的最流行的架构之一。

基本检索增强生成技术将原始文档分割成多个块（Chunk），随后将这些块转换为向量并存储于向量数据库中。当处理查询请求时，系统会将请求转换为向量，并在向量数据库中检索最匹配的 N 个块。最终，大语言模型结合问题和检索到的块，生成答案。高级检索增强生成技术通过改良基本检索增强生成技术，解决问答系统准确率不高的问题。

随着检索增强生成系统设计的不断优化，业务流程将变得更加复杂，文档需要在系统中经过多次处理。块的多次向量化以及大模型的多次调用都对系统性能提出了更高的要求。因此，针对不同检索增强生成系统的调优，需要结合系统设计原理和性能分析报告，制定细致的优化策略。

2. 智能体系统调优

智能体系统是大模型应用的另一种系统设计模式，它的理念是将大语言模型设计成一个智能体，实现对外部工具或系统的调用，让大语言模型具备一定的自主性、反应性、主动性、社会能力等。为了让大语言模型拥有上述能力，需要巧妙地利用大型语言模型特点进行系统设计，如 ReAct 架构、Plan & Solve 架构、LLMCompiler 架构等。下面就以经典的 ReAct 架构为例进行介绍。

ReAct 架构：ReAct 是 Reaseaning 和 Action 两个词的前缀合成，代表着先推理再行动的一种架构设计模式。进一步拆解来看，ReAct 有 3 个重要的组成部分：规划（Planning）、行动（Action）、观测（Observation）。在没有 ReAct 架构之前，让大语言模型处理复杂问题需要使用思维链（Chain of Thought，CoT）技术。这样单次调用大语言模型的方式需要进行复杂的提示词描述，而过多无效执行的提示词会降低模型执行的准确率。而有了 ReAct 之后，复杂任务被拆解成了一个个小的执行单元，每个子任务执行后都需要由观察者进行观察，然后将结果交给规划者，规划者再进行下一步行动规划。循环往复，直到问题被解决。这种方式有助于让智能体维持短记忆，提升任务执行准确率。

从上面的示例中可以看到，随着智能体系统设计变得复杂，大语言模型的调用次数也越来越多。往往一个问题需要进行几次至十几次的大语言模型调用，这给智能体系统调优带来新的挑战。如何设计更为简洁高效的系统成为智能体系统调优的关注重点。

（二）推理调优

传统模型参数少、计算需求低。大模型因参数众多，在推理时需耗费更多计算资源和算力，如千亿参数模型需要高达 200GB 的显存、5555.6PFOP/s-day 的算力[①]，其部署需要分布式计算和高效数据传输存储方案。大模型推理挑战在于其对大量计算资源的需求以保证时延和吞吐，支持超长上下文对内存显存要求极高，同时要提升速度并确保内容的可信度，避免出现幻觉和安全问题。此外，硬件和框架的快速迭代要求推理调优不断适配新技术。

以下从模型分割、模型裁剪量化以及图优化三个角度，探讨推理调优策略。

1. 模型分割

深度神经网络模型的特点是其网络结构由不同职责的子网络组成，部分

---

① 《从大模型演进测算全球 AI 算力空间-金融界》，"金融界"百家号，2024 年 4 月 17 日，https：//baijiahao. baidu. com/s？id＝1796536350466445484&wfr＝spider&for＝pc。

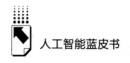

网络结构如嵌入向量查询为 IO 密集型，其他如 attention 计算这类包含大量矩阵乘法计算的网络则为计算密集型。通常我们可以将 IO 密集型网络放置在 CPU 中，而将计算密集型网络放置在 GPU 中以提高计算速度。此类模型切分已在搜推领域有广泛应用。

当面对大模型时，可以基于相同的理论对网络结果进行切分，并且衍生出多种切分策略。包括按照 Transformer 网络结构特性进行 Encoder 和 Decoder 层拆分、注意力机制中注意力头的拆分，以及优化算法自动寻找最优拆分策略。

2. 模型裁剪量化

模型剪枝（Model Pruning）是一种优化深度学习模型的技术，旨在缩小模型的规模和降低计算复杂度，同时尽量保持模型性能。这项技术特别适用于大模型，它们可能需要大量的存储空间和计算资源。模型剪枝通过移除模型中不重要的部分来实现这一目标，这些部分可能对模型的整体性能影响很小或没有影响。剪枝方式主要包括权重剪枝、神经元剪枝，在卷积神经网络中尤为常见的通道剪枝，以及通过设置极小值（接近或者等于零）权重的稀疏性剪枝。

模型量化技术的原理是将模型中的浮点数权重和激活转换为低精度的表示，如整数，以减少模型的内存占用和加速推理过程。常见的量化手段有 INT8 量化和 INT4 量化，在部分硬件上还有 FP8 等特殊的量化。在移动或嵌入式设备上，量化模型的推理可以减少计算资源的使用，从而降低能耗。一些专用的 AI 加速器只支持整数运算，量化使得模型能够在这些硬件上运行。量化的挑战主要集中在提升推理性能的前提下如何保证计算的准确度。

大模型量化的主流方案涵盖训练后量化（PTQ）、量化感知训练（QAT）、整数量化、混合精度量化、SmoothQuant。图 2 展示了 Meta 提出的 LLM-QAT 关于 Transformer 网络的 QAT 量化实现。

3. 图优化

图优化技术通过在结构上对计算图进行优化减少计算资源消耗并提高执行速度，包括算子融合、常量折叠、权重共享、权重合并、计算与内存访问重排，以及中间结果重用，如大模型计算中常用的 KV-cache 即属于此类优

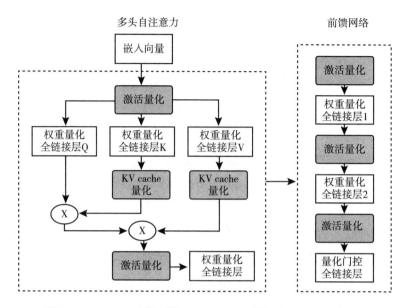

图 2　LLM-QAT 中提到的 Transformer 量化感知训练改造方案

化。图 3 是 TVM 关于图编译阶段算子融合的规则以及示例，只有对计算设备软件开发生态，以及模型网络结构有深入理解才能实现最佳的算子融合。

　　中科金财凭借其在算力调优方面的领先技术和丰富经验，为云知声智能科技股份有限公司提供了全面的算力调优服务，包括从系统、网络、存储和框架等多个方面进行优化，以及自动化调优工具和基础软件生态建设。针对推理调优，在大模型底层进行算子优化、算子融合，在多种量化技术的支持下，云知声的模型推理平均性能得到大幅提升。

（三）训练调优

　　大模型训练可以分为预训练和微调两个阶段。预训练的目标是利用海量通用训练数据，对基座模型进行训练，以奠定模型在广泛任务中的性能基础。随后，微调在基座模型的基础上，采用垂直领域的专有数据，对模型进行进一步训练，从而有针对性地优化模型性能，调整全部或部分模型参数。

　　预训练过程对计算资源需求较高，需经过长达数月的训练，才能获得满

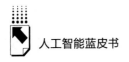

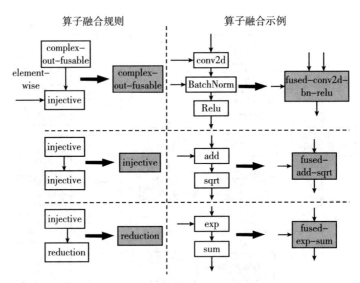

图3　TVM中关于算子融合规则的解释与示例

足性能指标的模型。在此过程中，研究者需关注收敛效率、断点重训以及算力消耗等问题。相较之下，微调阶段更注重模型的迭代效率以及在垂直领域中问题的解决质量，如何在有限的计算资源下，利用相对少量的数据快速获得目标模型成为关键问题。

除了对现有的主流大模型进行优化以外，科研人员也在努力从网络结构创新层面入手解决计算性能问题。国内外专家提出的 FlashAttention、Mamba 和 RWKV 等新型大模型结构，都从不同维度解决了现有网络的计算问题。

1. 大模型预训练调优技术

大模型因其庞大的参数量和复杂的计算，在预训练阶段的性能优化策略涉及多个关键点。首先，针对网络通信开销，训练中各设备执行局部计算，并通过层间数据传输实现完整网络计算，包括激活值传递、梯度传输和参数同步。其次，模型计算子图分布在不同设备中，通过张量并行和流水线并行等模型并行方法，有效提高训练效率。再次，大模型训练中显存占用高，包括模型参数和中间状态参数。因此，优化显存管理、减少内存与显存间数据拷贝是关键。最后，训练中断容灾也很重要，需从中断节点迅速恢复检查点，确保模型收敛并继续训练。接下来将深入讨论模型并行技术和显存优化技术。

（1）模型并行技术

传统深度学习模型训练通过数据并行提高单步计算的数据吞吐量，然而在大模型时代，数据并行已无法满足需求。在现代计算设备具备高算力和高带宽的条件下，借助诸如 MindSpore、DeepSpeed 等针对大模型深度优化的训练框架，实现了千亿级别大模型的预训练。主流的模型并行技术包括张量并行、流水线并行、MoE 并行、多维混合并行。Colossal-AI 通过多维张量并行技术，提高了深度学习模型的显存和通信效率，计算效率提升 1.57～2.32 倍。[①]

（2）显存优化技术

相较于张量并行，流水线并行依据模型计算的不同阶段，将模型划分为多个部分，并分配至不同设备上进行独立数据计算，通过计算时间的重叠效应，减小整体运算耗时。为减少反向传播过程中梯度计算使用的激活值对显存的占用，类似 GPipe 的流水线并行实现，采用重计算策略，在反向传播环节重新计算激活值，从而显著减少单台设备的显存占用。

阿里云发布的通义千问开源的 Qwen1.5-32B 模型在多项子任务上超越了先前的 SOTA（state-of-the-art）水平。为降低部署难度，该模型在设计和训练过程中充分考虑了推理效率。通过采取先进的模型并行、数据并行以及混合并行策略，结合高效的硬件加速技术，确保模型在响应用户请求时保持较低的延迟。此外，模型采用了先进的知识蒸馏、模型量化等技术，进一步压缩推理时的计算成本，使其在保证高性能的同时，能够在有限的计算资源下提供实时服务。

同时，为适应不同硬件环境和应用场景，Qwen1.5-32B 模型在设计之初就注重内存占用的有效管理。通过精细化的模型结构设计、动态缓存策略

---

① Zhengda Bian et al., "Maximizing Parallelism in Distributed Training for Huge Neural Networks," https://arxiv.org/pdf/2105.14450.

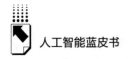

以及内存优化算法，模型能够在保持高性能的同时，显著降低对内存资源的需求。这使得 Qwen1.5-32B 模型不仅能在高端服务器上顺畅运行，也能在嵌入式设备或云环境中高效部署，极大地拓宽了其应用边界。

2. 大模型微调调优技术

模型微调需要在预训练的基座大模型上进行参数优化，而微调所需的计算资源远小于预训练，主要得益于先进的微调技术。常用的微调方法包括 LoRa 低秩微调、Prompt Tuning、P-Tuning、Adapter Tuning、全参数微调（SFT），需要根据模型大小和使用场景选择恰当的微调方法。

ChatGLM3 是智谱 AI 与清华大学 KEG 实验室联合发布的对话预训练模型，其中的 ChatGLM3-6B 作为该系列的开源模型，不仅保留了前两代模型的对话流畅性和低部署门槛等优点，还引入了更强大的基础模型 ChatGLM3-6B-Base。该模型使用了多样化的训练数据、充足的训练步数和合理的训练策略，在多个数据集上展现出其作为 10B 以下基础模型的领先性能。此外，ChatGLM3-6B 还采用了全新设计的 Prompt 格式，除了支持正常的多轮对话，还支持工具调用、代码执行和智能体任务等复杂场景。

3. 网络结构调优

除了对训练范式进行不断优化以外，科研人员还对网络结构进行创新。这些网络结构同样从计算并行度和显存占用两个角度出发，对当前主流的 Transformer 架构进行修改，以进一步提升模型能力和训练与推理效率。

FlashAttention 通过 tiling 和存储 softmax 归一化因子减少 GPU HBM 和 SRAM 间的内存读写，重点完善自注意力机制，将训练速度提升 3 倍以上。[1] Mamba 模型结合 RNN 与 CNN 的优势，通过选择性扫描算法和动态矩阵调整，实现线性时间复杂度的高效并行计算与内容感知推理。[2] RWKV 模型融

---

[1] Tri Dao et al. "FlashAttention: Fast and Memory-Efficient Exact Attention with IO-Awareness," June 23, 2022, https://arxiv.org/abs/2205.14135.

[2] Albert Gu, Ti Dao, "Mamba: Linear-Time Sequence Modeling with Selective State Spaces," December 1, 2023, https://arxiv.org/abs/2312.00752.

合 RNN 与 Transformer 模型的特点，通过 Channel-Mixing 和 Time-Mixing 捕捉复杂模式，采用位置注意机制和"上下文无关嵌入"技术优化梯度传播，处理变长序列，同时保持低计算和通信成本。[①]

（四）基础设施调优

近年来生成式人工智能技术发展迅速，除了算法技术的突飞猛进以外，其在基础设施层面也发生了翻天覆地的变化。以英伟达为代表的人工智能芯片企业重新定义了生成式人工智能算力，并且在这轮竞争中处于绝对领先的地位。对于算力调优来说，也需要对基础设施层面进行优化，因为它决定了系统性能表现的上限。基础设施调优包含系统调优、网络调优、存储调优以及面向整个集群性能优化的算力调度调优。

1. 系统调优

系统层优化从底层决定了软件领域优化的上限，合理的系统配置和底层库的实现是系统调优的重点。

GPU 是人工智能核心硬件，广泛应用于生成式人工智能领域。以英伟达 GPU 为例，其软件技术体系包括 CUDA Toolkit 和 Nvidia GPU Driver。CUDA Toolkit 由 CUDA Libraries 和 CUDA Runtime 组成。图 4 展示了英伟达 GPU 的开发生态。

BIOS 全称为 Basic Input Output System，其在人工智能系统配置中往往被工程师们忽视。BIOS 的主要功能是初始化和测试系统硬件，除了在安装操作系统时，需要借助 BIOS 进行引导安装之外，它在系统优化中起着至关重要的作用。

为充分发挥硬件性能，大模型公司会对每个细节进行优化。中科金财在 BIOS 性能优化方面进行了多项探索。例如，BIOS 中的电源配置应设定为最大功率，以提升大模型训练性能。P-State 允许 CPU 核心在 NUMA 节点

---

① Bo Peng et al., "RWKV: Reinventing RNNs for the Transformer Era," May 22, 2023, https://arxiv.org/abs/2305.13048.

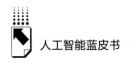
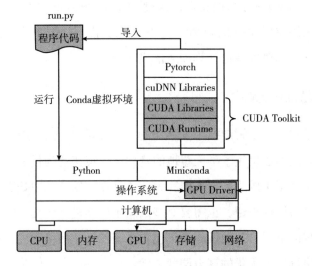

图 4　英伟达 GPU 开发生态示意

上进入"睡眠"模式以节省电能，但在性能导向的系统中应予以禁用。C-State 旨在 CPU 空闲时降低功耗，但在性能配置的 BIOS 中应同样禁用。Turbo 模式通过 Intel Turbo Boost 技术提升处理器核心速度，从而增强单线程和多线程性能。超线程技术提高 CPU 处理多数据流的能力，但在高 CPU 利用率情况下可能需要禁用，以避免性能下降。针对特定 CPU 版本，IO Non-Posted Prefetching 参数应予以禁用。CPU 和内存频率应设定为最高值，以实现最佳性能。内存通道模式推荐使用独立模式。节点交错配置会影响 NUMA 模式，为提升性能，应禁用交错并启用 NUMA。通道交错允许 RAM 分多部分同时进行读/写操作。散热模式应设定为性能模式，这可能涉及更高的功率和风扇速度。HPC 优化模式在 AMD 处理器中类似 C 状态模式，旨在提升能效。通过采取这些优化措施，最终大模型训练效率平均提升 5%。

2. 网络调优

人工智能场景对网络性能的要求很高，尤其是在大模型出来后。总体来看，人工智能对网络性能的要求主要体现在模型的训练上。

对于训练场景而言，更大的模型带来的变化就是更高的算力要求。这对连接算力与算力的网络要求更为严格。大模型训练可能会因为网络瓶颈产生木桶效应。事实上，目前大多数模型训练中网络优化已成为首要问题。从高速互联的网络框架来看，主流的网络框架是 InfiniBand 和基于以太网的 RoCE v2（RDMA over Converged Ethernet Version 2）。

RoCE 是一个允许在以太网上执行远程直接内存访问（RDMA）的网络协议，分为 RoCE v1 和 RoCE v2 两个版本。RoCE v1 作为链路层协议，支持同一广播域内主机间通信；而 RoCE v2 作为网络层协议，允许数据包路由。RoCE 融合了以太网的优势，也适用于传统网络。

InfiniBand（IB）是专为高性能计算设计的计算机网络通信标准，以其高吞吐量和低延迟特性，广泛应用于计算机间数据互连、服务器与存储系统的直接或交换互连，以及存储系统间的互连。

奇虎 360 不论是在 RoCE 网络还是在 IB 网络的建设方面都积累了丰富的调优经验，并取得了一系列成果，有效支撑了 360 智脑、360 智绘等相关大模型的研发落地。接下来分别介绍 RoCE v2 网络和 IB 网络在奇虎 360 的落地情况。

（1）基于云原生环境搭建 RoCE v2 网络

物理机上一共有 6 张网卡，以太网卡 lan0 和 lan1 做 bond4 后作为主机的管理平面网络，IB 网卡 lan2、lan3、lan4、lan5 作为主机的数据平面网络（见图 5）。

主网络插件 cilium 负责维护整个 kubernetes 集群管理平面网络，对应每个 Pod 中的 eth0 网络接口。第三方网络插件 multus-cni、macvlan 等主要负责维护整个 k8s 集群数据平面网络，对应每个 Pod 中的 net1、net2、net3、net4 网络接口（主要由下文提到的第二网络的三个网络组件配合实现）。Node1 节点和 Node2 节点上的 net1、net2、net3、net4 通过 RoCE 进行网络通信。

Network-operator 是 Nvidia 推出的专门用来在 kubernetes 集群中启用 RDMA 网络的解决方案，核心组件包括 MOFED，即用于 mlx 网卡的驱动程序，被直接部署在物理机上以增强系统稳定性，而非通过 network-operator

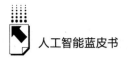

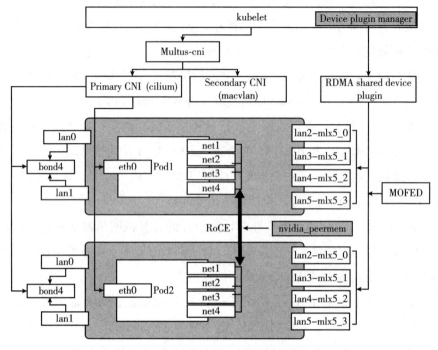

图5 奇虎360内部RoCE网络架构

容器化部署。RDMA shared device plugin 允许将服务器上的 mlx 网卡作为 kubernetes 扩展资源，供业务使用。此外，为支持分布式训练的多机多卡通信，kubernetes 集群中构建了第二张网络平面。Multus-cni 作为 k8s 的多网络方案，支持在 Pod 中附加多个网络接口，与第三方插件兼容，避免冲突。Container networking plugins 中的 macvlan 插件为 Pod 中的 mlx 资源创建新 MAC 地址以转发流量。Whereabouts 组件则负责在集群内为 Pod 中挂载的 mlx 网卡分配 IP 地址。

（2）基于云原生环境搭建 IB 网络

相比 RoCE v2 网络，IB 网络建设主要有以下几方面不同。除了 IB 网卡外，还需要专门的 IB 交换机支持，通过 nvidia ufm 统一管理 IB 网络。在 kubernetes 集群中不需要通过第三方网络组件，即可建立第二网络平面（见图6）。

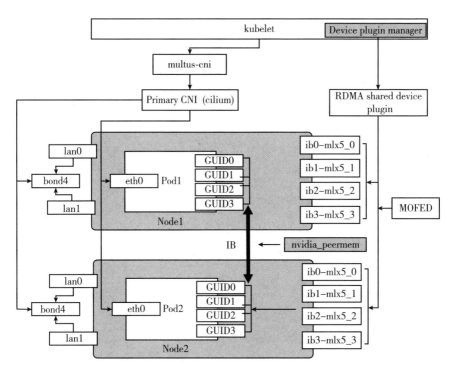

图6 奇虎360内部IB网络架构

从表1的测试结果可以看出，相比传统以太网络，RoCE v2网络和IB网络性能都得到极大的提升，这有效地支撑了奇虎360内部千亿规模大模型的成功训练。

表1 奇虎360 AI团队测试MPI分布式训练任务中AllReduce多机通信带宽

单位：GB/s，倍

网络结构	峰值带宽	性能倍数
Ethernet(基线)	14	1.00
RoCE v2	88	6.29
IB	141	10.07

综上所述，IB网络与RoCE网络在不同的场景下有各自的优势，需要结合自身业务进行谨慎选择。

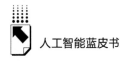

3. 存储调优

在大模型系统中，存在大量的数据流动。尤其对大规模分布式系统来说，保持数据的高并发、高可用和高安全性是系统稳定的基石。存储方式主要有数据块存储、对象存储和文件存储。数据块存储将数据分割成固定大小的块，每个块有唯一地址或块号，支持用户直接访问单个数据块。而对象存储以对象形式存储数据，每个对象包含数据和元数据，使用唯一标识符定位，支持内容寻址。文件存储则是基于服务器的存储系统，允许共享访问，文件包含元数据如文件名、大小等，支持多用户访问。

智谱 AI 使用了优刻得自主研发的 UPFS 并行文件系统，并以此优化模型推理性能。UPFS 支持 IB/RoCE 网络，提供对数据百微秒级的访问和最高数百 GB/s 的读写吞吐，进一步提高数据传输和通信效率。

4. 算力调度调优

算力调度调优是集群级别的算力调优。通过对模型训练任务和集群的理解，将任务分配到适合的计算资源上，并且最大限度提升整个集群的利用率。任务和资源调度决策是一个复杂的过程，需要根据任务的类型、计算量大小和时间分布，进行资源的弹性调度，并合理解决任务排队的情况，减少资源碎片的出现。

在众多算力调度调优案例中，ExeGPT 作为一种约束感知大模型，通过采取循环分配和工作负载感知分配两种调度策略，针对 NLP 任务提供量身定制的优化解决方案，在给定的系统延迟约束下，找到最佳的执行策略。经测试，在 6 种 LLM 配置和 5 项 NLP 任务下，ExeGPT 取得了比 Faster Transformer 高 15.2 倍的吞吐量，以及 6 倍的延迟。[①]

（五）性能分析

在开展算力优化工作之前，首要任务是确定当前模型性能瓶颈。性能瓶

---

① Hyungjun Oh et al., "ExeGPT: Constraint-Aware Resource Scheduling for LLM Inference," April 27, 2024, https://doi.org/10.1145/3620665.3640383.

颈通常源自四个方面。首先是算力墙，即计算需求超出硬件承载能力，特别是当使用梯度下降等迭代计算密集的优化算法时。其次是内存墙，这发生在模型所需数据和参数超出硬件内存容量，导致频繁的磁盘 I/O 操作，极大地降低训练速度。再次是数据墙，数据预处理、清洗和转换等步骤也可能占用大量时间，影响训练效率。最后是能耗墙，模型规模扩大导致计算资源和能源消耗增加，同时高能耗带来的散热问题需要高效的冷却系统来解决，以保持设备稳定运行。这些问题共同影响模型训练性能和效率的提升。要想解决这些问题，首先需要明确衡量性能的指标，然后通过高效的分析工具测量这些指标，并归纳问题出现的原因。

1. 性能指标定义

在大模型训练过程中，人们会从多个层面衡量网络结构、算子实现、训练架构的计算效率，关键指标包括 TPS（Tokens Per Second），即每秒钟大模型端到端可以生成的 token 数量，数值越高表明模型整体计算效率越高。首 token 耗时，这是流式生成文本模式下决定应用服务体验的关键时延；吞吐量，指单位时间内处理的数据样本数量，反映了系统的并行度；FLOPS，即计算设备单位时间处理的浮点数计算次数，是一个通用的计算性能指标；资源利用率，如显存占用率和计算饱和度，体现了计算资源的使用效率；能耗，在保证同等计算能力的前提下，低能耗有助于构建更大的计算集群，增强计算能力的扩展性，同时符合环保原则，有助于减少碳足迹。

2. 性能分析工具

国内外硬件厂商和训练框架开源项目都配备了功能完备的性能分析工具，并且均提供可视化交互界面，极大地简化了性能分析流程。

Nsight Compute 是 NVIDIA 开发的 CUDA 性能分析工具，提供详细性能报告、错误定位、优化建议和内存使用可视化，支持主流开发环境，提升程序性能。Radeon GPU Profiler 是 AMD 提供的性能分析工具，适用于 Radeon GPU，支持性能计数器、硬件监控、多维数据视图和深度调试，集成 Visual Studio，生成详细分析报告。国内的如 PaddlePaddle Profiler 是百度开源的深度学习性能分析工具，支持多硬件设备，具备实时监控、性能瓶颈定位和多

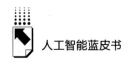

维数据展示等功能，优化模型训练和推理过程。MindStudio Profiler 则是华为的 AI 应用性能分析工具，专用于 Ascend AI 处理器，支持实时监控 CPU、内存、网络和能耗性能指标，生成详细的分析报告。

三 发展趋势与展望

算力调优以保障算法效果为核心，提升计算效率，是人工智能算力与算法快速发展的产物。其技术随着人工智能算法技术以及中美芯片竞争格局下算力的快速发展迭代。因此，算力调优技术也需要快速适配，才能跟得上技术发展的步伐。

算力调优涉及的技术点相对分散，从应用、算法、软件、系统到硬件均有涉及。对于调优任务来说，需要站在比较高的位置，从各个维度进行思考才能发现问题，解决问题。算力调优人才的稀缺性也是不容忽视的问题。根据脉脉高聘 11 月发布的《2023 人工智能人才洞察》报告，2023 年 1～8 月，人工智能新发岗位数量已与 2022 年全年持平。2022 年人工智能行业人才供需比为 0.63，而 2023 年 1～8 月下探至 0.39，相当于 5 个岗位要争夺 2 个人才。同时在薪资方面，报告显示 2022 年人工智能新发岗位平均月薪为43817 元，2023 年 1～8 月上涨至 46518 元，提升了 6.16%。值得注意的是，大模型引发的创业潮导致生成式人工智能领域新发岗位薪资的持续上涨，平均月薪从 2023 年 1 月的 47015 元上涨至 8 月的 59638 元，涨幅达 26.85%。算力调优需要同时对人工智能技术和工程技术有非常深入的了解，这也进一步提高了该类人才的稀缺性。

在此背景下，2024 年中国将加大生成式人工智能领域的投入力度，为充分发挥算力的性能，算力调优将在中国人工智能技术发展中起到至关重要的作用。应用调优、推理调优、训练调优、基础设施调优等调优技术将在人工智能技术领域实现进一步发展。

附录一

中国人工智能大事记（2023~2024年）*

丰沛林　刘 瑄**

2023 年 1 月 10 日　百度举办 Create AI 开发者大会，百度将该届大会称为首届"人机共创大会"。百度在大会中深度应用 AIGC 技术，创造、搭建、连接了数个具有科技感的数字化演讲场景。

2023 年 1 月 31 日　腾讯研究院发布《AIGC 发展趋势报告 2023：迎接人工智能的下一个时代》。该报告从技术发展、产业生态、应用趋势、治理挑战等维度，对生成式人工智能的发展趋势进行了深入思考。

2023 年 2 月 7 日　中科金财与昆山杜克大学召开 AIGC 合作研讨会。双方就 AIGC 的发展进行了深入交流，在数字人直播、数字人短剧、Web3.0 内容制作引擎、多模态超写实数智人、全媒体智能客服方面展开合作研讨。

2023 年 2 月 13 日　北京市经济和信息化局在北京人工智能产业创新发展大会上正式发布《2022 年北京人工智能产业发展白皮书》。白皮书指出，截至 2022 年 10 月，北京拥有人工智能核心企业 1048 家，占我国人工智能核心企业总量的 29%，数量位列全国第一。核心区域产业集聚能力位居全国第一，已经形成了全栈式的人工智能产业链。

2023 年 2 月 20 日　复旦大学计算机科学技术学院邱锡鹏教授团队发布国内首个对话式大型语言模型 MOSS，邀请公众参与内测，MOSS 成为国内

＊　统计时间为 2023 年 1 月至 2024 年 5 月，资料来源于网络。

＊＊　丰沛林、刘瑄，北京区块链技术应用协会。

首个发布的类 ChatGPT 模型。

2023 年 2 月 23 日 华东政法大学政治学研究院和人工智能与大数据指数研究院在上海发布《人工智能通用大模型（ChatGPT）的进展、风险与应对》研究报告。

2023 年 3 月 14 日 国内头部大模型初创公司智谱 AI 发布了 ChatGLM。

2023 年 3 月 16 日 百度发布了知识增强大语言模型"文心一言"。

2023 年 4 月 11 日 阿里云宣布推出大语言模型通义千问，旨在提供领先的自然语言处理能力。

2023 年 5 月 6 日 科大讯飞发布了"讯飞星火认知大模型"。

2023 年 5 月 18~21 日 第七届世界智能大会在天津举办。大会举办期间，中国工程院发布《中国新一代人工智能科技产业区域竞争力评价指数 2023》报告。

2023 年 5 月 19 日 北京市推出了"通用人工智能产业创新伙伴计划"，计划到 2025 年，北京市将基本形成一个要素齐全、技术领先、生态完备的通用人工智能产业发展格局。

2023 年 5 月 20 日 成都市发布了《成都市人工智能产业高质量发展三年行动计划（2024—2026 年）》，旨在通过一系列创新举措，将成都打造成国家新一代人工智能创新发展试验区和国家人工智能创新应用先导区，推动地方经济转型升级。

2023 年 5 月 25~30 日 2023 中关村论坛在北京举办。论坛举办期间，科技部新一代人工智能发展研究中心发布《中国人工智能大模型地图研究报告》。该报告显示，中国研发的大模型数量排名全球第二，仅次于美国；从国内大模型区域分布来看，北京、广东、浙江、上海处于第一梯队。

2023 年 5 月 30 日 北京市人民政府印发《北京市加快建设具有全球影响力的人工智能创新策源地实施方案（2023—2025 年）》，提出到 2025 年，人工智能核心产业规模达到 3000 亿元，持续保持 10% 以上增长，辐射产业规模超过 1 万亿元。

2023 年 5 月 30 日 北京市人民政府办公厅印发《北京市促进通用人工

智能创新发展的若干措施》，围绕算力、数据、模型、场景和监管五大方面，提出了21条具体措施，助力北京加快建设具有全球影响力的人工智能创新策源地。

2023年6月7日　商汤科技、上海AI实验室、香港中文大学、复旦大学、上海交通大学联合发布了名为"书生·浦语"的大语言模型。"书生·浦语"不仅在知识掌握、阅读理解、数学推理、多语翻译等多个测试任务上表现优异，而且具备很强的综合能力。

2023年6月10日　北京智源人工智能研究院发布了悟道3.0大模型系列，涵盖了多个领域，包括自然语言处理、计算机视觉等。

2023年6月9~11日　2023全球人工智能技术大会在杭州举办。40位中外院士、近300位专家就大语言模型、大数据、数字孪生、人工智能安全、伦理规范等关键技术和热门议题在大会上开展深度探讨。

2023年7月7日　华为在其开发者大会上发布了华为云盘古大模型3.0，这是中国首个全栈自主的AI大模型。

2023年7月10日　国家互联网信息办公室联合国家发展和改革委员会等部门印发了《生成式人工智能服务管理暂行办法》。该办法旨在促进生成式人工智能健康发展和规范应用，维护国家安全和社会公共利益，保护公民、法人和其他组织的合法权益。

2023年7月13日　京东云在2023京东全球科技探索者大会暨京东云峰会上正式推出了京东言犀大模型。这一模型是源于产业、服务产业的大模型，融合了70%的通用能力与30%的产业定制能力。

2023年7月22~23日　2023中国人工智能大会在福州举办。大会聚焦国内外人工智能的研究进展和学术前沿，旨在为人工智能基础理论突破、关键技术创新、产业化应用提供新启发。

2023年7月25日　重庆市经济和信息化委员会发布了《重庆市以场景驱动人工智能产业高质量发展行动计划（2023—2025年）》，提出到2025年，基本形成多维度、多层次、多元化的人工智能场景创新体系，新技术、新产业、新业态、新模式加速发展，人工智能发展整体迈上新台阶，成功创

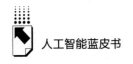

建国家人工智能创新应用先导区。

2023 年 7 月 27 日 杭州市人民政府办公厅发布了《关于加快推进人工智能产业创新发展的实施意见》，主要内容包括：组织开展基于人工智能技术的产业数字化升级；构建政企协同推进机制；优化人工智能产业生态；加强人工智能应用示范；加强人工智能人才培养和引进；加强人工智能伦理法规建设。

2023 年 8 月 4 日 成都市经济和信息化局印发《成都市加快大模型创新应用推进人工智能产业高质量发展的若干措施》，提出要引导国家超算成都中心、成都智算中心合理扩容，布局多种计算单元集成、混合精度的通用智能算力，配置成熟易用的人工智能全栈运行环境，加快建成国家新一代人工智能公共算力开放创新平台。

2023 年 8 月 7 日 全国信息安全标准化技术委员会秘书处就《网络安全标准实践指南——生成式人工智能服务内容标识方法（征求意见稿）》公开征求意见，该文件围绕文本、图片、音频、视频 4 类生成内容给出了内容标识方法，可用于指导生成式人工智能服务提供者提高安全管理水平。

2023 年 8 月 12 日 新华社研究院中国企业发展研究中心发布《人工智能大模型体验报告 2.0》。该报告指出，当前国产大模型产品已显著进步，但与接受过高等教育的人类相比，在智商、情商等方面仍存在一定差距。

2023 年 8 月 17 日 字节跳动宣布开始对外测试其人工智能对话产品"豆包"。

2023 年 9 月 7 日 在 2023 腾讯全球数字生态大会上，腾讯公开展示了其混元大语言模型，并宣布该模型将通过腾讯云平台对外开放。这是腾讯首次向公众披露其在通用大语言模型领域的进展。

2023 年 9 月 8 日 北京市人民政府办公厅印发《北京市促进未来产业创新发展实施方案》，围绕人工智能算力算法数据和通用人工智能布局，推动以人为中心的人机物三元融合，助力新一轮科技革命加速朝智能化、网络化、融合化方向演进。

2023 年 9 月 21 日 鹏城实验室主任、中国工程院院士高文正式发布了

"鹏城·脑海"通用 AI 大模型。

2023 年 9 月 21 日　360 智脑大模型全面接入 360 "全家桶"，正式面向公众开放。

2023 年 10 月 11 日　北京市经济和信息化局发布了《人工智能算力券实施方案（2023—2025 年）》，支持企业在人工智能领域的研发和应用，符合条件的企业与智能算力供给方签订智能算力服务合同后，可以向北京市经济和信息化局申领算力券，单次申领算力券金额最高不超过智能算力合同额的 20%。

2023 年 10 月 18 日　国家互联网信息办公室发布《全球人工智能治理倡议》。该倡议提出，发展人工智能应坚持相互尊重、平等互利的原则，各国无论大小、强弱，无论社会制度如何，都有平等发展和利用人工智能的权利。

2023 年 10 月 20 日　工业和信息化部印发《人形机器人创新发展指导意见》，指出人形机器人集成人工智能、高端制造、新材料等先进技术，有望成为继计算机、智能手机、新能源汽车后的颠覆性产品，将深刻变革人类生产生活方式，重塑全球产业发展格局。

2023 年 10 月 25 日　安徽省科技厅发布了《安徽省通用人工智能创新发展三年行动计划（2023—2025 年）》，明确"力争到 2025 年，充裕智能算力建成、高质量数据应开尽开、通用大模型和行业大模型全国领先、场景应用走在国内前列、大批通用人工智能企业在皖集聚、一流产业生态形成"的行动目标。

2023 年 10 月 31 日　2023 云栖大会在杭州举办。大会举办期间，阿里云正式发布千亿级参数大模型通义千问 2.0。

2023 年 11 月 13 日　广东省人民政府发布了《关于加快建设通用人工智能产业创新引领地的实施意见》，提出"到 2025 年，智能算力规模要实现全国第一、全球领先"的总体目标。

2023 年 11 月 29 日　2023 人工智能计算大会在北京举办。大会举办期间，北京市科学技术委员会、中关村科技园区管理委员会发布了《北京市

人工智能行业大模型创新应用白皮书（2023 年）》。

2023 年 12 月 13 日　国家自然科学基金委员会官网发布"元宇宙理论与技术基础研究"和"生成式人工智能基础研究"专项项目申请指南，拟资助元宇宙及生成式人工智能类项目各 6 项，资助强度为 50 万元/项。

2023 年 12 月 16～17 日　2023 中国人工智能数字创新大会在温州举办。同期还举行了 CAAI 系列白皮书发布会以及中国（温州）智能谷揭牌仪式等多个发布会及仪式。

2024 年 1 月 10 日　浙江省人民政府办公厅发布《关于加快人工智能产业发展的指导意见》，提出力争到 2027 年，浙江将成为全球重要的人工智能产业发展新高地。

2024 年 1 月 25 日　中国信息通信研究院联合中国工商银行牵头发布《智能化软件工程技术和应用要求第 1 部分：代码大模型》标准，该标准适用于代码大模型研发、评估和验收等过程，为代码大模型能力的建设和改进提供参考，为代码大模型的技术选型提供指引。

2024 年 1 月 30 日　科大讯飞发布基于首个全国产算力训练的讯飞星火 V3.5，该大模型七大核心能力全面提升，数学、语言理解、语音交互能力超 GPT-4 Turbo。

2024 年 3 月 1 日　全国网络安全标准化技术委员会（TC260）正式发布了 TC260-003《生成式人工智能服务安全基本要求》，这是国内首个面向生成式人工智能服务安全领域的技术文件，将有助于提高生成式人工智能服务安全水平。

2024 年 3 月 5 日　2024 年国务院政府工作报告提出，要深化大数据、人工智能等研发应用，开展"人工智能+"行动，打造具有国际竞争力的数字产业集群。

2024 年 3 月 7 日　中国人工智能学会发布《2023 年度吴文俊人工智能科学技术奖奖励公告》，70 项成果被授予 2023 年度"吴文俊人工智能科学技术奖"。中国工程院院士高文获得 2023 年度吴文俊人工智能科学技术奖最高成就奖。

2024 年 3 月 20 日 福州市人民政府办公厅印发《福州市促进人工智能产业创新发展行动方案（2024—2026 年）》，提出到 2026 年，人工智能技术在福州市经济社会各领域得到深度融合应用，人工智能产业创新发展水平进入国内领先行列，人工智能带动福州市产业升级和经济转型的效果作用更为凸显。

2024 年 4 月 25~29 日 2024 年中关村论坛在北京举办。平行论坛未来人工智能先锋论坛、通用人工智能论坛等成功召开。论坛举办期间，北京市发展和改革委员会发布了《北京市关于加快通用人工智能产业引领发展的若干措施》；北京市科学技术委员会、中关村科技园区管理委员会发布了《北京市人工智能大模型行业应用分析报告》。

2024 年 5 月 22~23 日 2024 福布斯中国人工智能科技企业峰会暨TOP50 颁奖典礼在上海举行。阿里云、科大讯飞、百度智能云、腾讯云智能、商汤科技、第四范式、海天瑞声等人工智能领域优秀企业入选。

附录二
2023年中国人工智能产业发展图谱

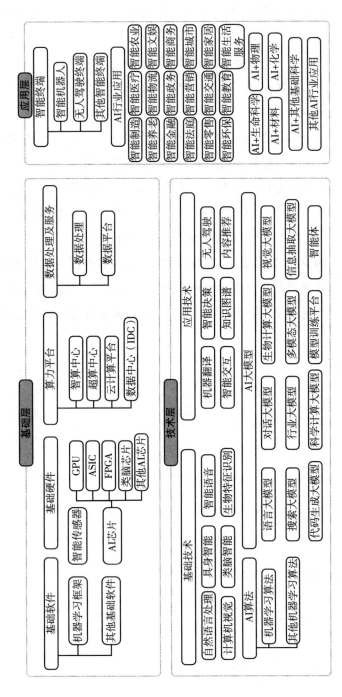

资料来源：上奇产业研究院、国家工业信息安全发展研究中心。

Abstract

Development and Innovation of Generative Artificial Intelligence is the first blue book on artificial intelligence. This report summarizes, concludes and combs the characteristics and trends of AI in China in the past five years and the development of general AI represented by generative AI at this stage, and discusses the current hotspots, core characteristics and future direction of generative AI development, taking into account the policy and market situation as well as generative AI's practical experience in the fields of banking, healthcare, content generation, smart manufacturing, automotive, e0commerce, communication, and arithmetic power tuning, to provide strategic guidance for promoting the sustainable development of China's AI industry. future direction, to provide strategic guidance for promoting the sustainable development of China's AI industry, and to provide a think tank reference for governments, enterprises and research organizations. This report is divided into five parts: general report, policy chapter, thematic chapter, application chapter and appendix.

The report points out that the scale of China's AI industry has begun to grow rapidly since 2019, with a year-on-year growth of 33. 3% in 2021, and the scale of the AI industry reached 508 billion yuan in 2022, with a year-on-year growth of 18%. The scale of AI reached 578. 4 billion yuan in 2023, with a growth rate of 13. 9%, and the number of AI enterprises exceeded 4, 500. In the whole year of 2023, there were a total of The number of AI enterprises will exceed 4, 500. There will be a total of nearly 600 financing events in the year 2023, with a financing amount of more than RMB 70 billion. A total of nearly 80, 000 AI patents have been filed; more than 1, 000 AI projects with ultra-high impact (number of branches greater than 100) have been created on GitHub. In terms of

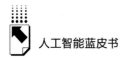

talent cultivation, the University of Chinese Academy of Sciences established China's first AI technology college in 2017. in 2019, Peking University and Tsinghua University successively set up undergraduate programs in AI. The Ministry of Education's "Results of the Filing and Approval of Undergraduate Specialties in General Colleges and Universities in 2018" shows that the most additions are some specialties related to artificial intelligence. On the regional front, the number of AI-related enterprises in the Beijing-Tianjin-Hebei region reached more than 2,300 by the end of 2023. In 2023, there were nearly 180 AI financing events in the Beijing-Tianjin-Hebei region, with a total financing amount of more than 26 billion yuan, and 18,000 related invention patents were applied for.

The report suggests that since 2017 China has issued a series of policies and regulations, such as the New Generation Artificial Intelligence Development Plan, Guiding Opinions on Accelerating Scenario Innovation to Promote High-Quality Economic Development with High-Level Application of Artificial Intelligence, Guidelines for the Construction of a New Generation of National Artificial Intelligence Standard System, and Interim Measures for the Management of Generative Artificial Intelligence Services. Provinces and cities such as Beijing, Shanghai, and Guangdong took the lead in introducing new measures to support the development of AI-related industries, followed by provinces such as Zhejiang, Henan, Guizhou, Yunnan, Sichuan, Shandong, and Shaanxi, which also released relevant policies and plans to synergistically promote the development of the AI industry.

The report describes the situation in terms of large language models, one of the centers of gravity of generative AI technology, and China's AI enterprises, related universities and research institutes have also invested great enthusiasm. As of May 2024, 117 generative AI service products have been recorded in China. At present, various types of generative big models, industry big models and end-side big models in China have achieved application results in many fields. In finance, medical care, intelligent manufacturing, e-commerce, automotive, communications and other fields, big language models have become an important tool for improving service quality and efficiency.

The report suggests that policy support and services should be coordinated to cultivate the big model industrial ecosystem, realize data sharing and interaction across the entire AI industry chain by adopting technologies such as cloud computing, IoT, and blockchain, encourage the breaking of information silos, and then strengthen close cooperation between the upstream and downstream of the industry chain, and promote the formation of an open and orderly industrial ecosystem for the domestic AI industry. Combined with the stage of industrial development and enterprise demand, focusing on talent, funds, industrial ecology and other aspects, give full play to the resource advantages of various departments, strengthen regional linkage, and promote the formation of synergy and accelerate the implementation of relevant policies. It is also recommended to build a perfect computing power service platform ecosystem to realize interconnection and instant cooperation among industries such as cloud computing, big data and big models, and to improve the overall efficiency and competitiveness of the computing and data resource pool.

Keywords: Generative Artificial Intelligence; Artificial General Intelligence; Large Models; Digital Economy

Contents

I General Report

Abstract: The rapid development of Artificial Intelligence (AI) has profoundly impacted human society, driving significant progress in multiple fields. As the demands for AI capabilities continue to grow, the limitations of existing AI technologies become increasingly apparent, catalyzing the movement towards a higher level of intelligence—Artificial General Intelligence (AGI). AGI's efficiency and effectiveness in diverse real-world tasks can be comparable to human intelligence, reflecting a paramount milestone in AI evolution. Currently, Large Language Models (LLMs) or generative AI, driven by massive computational power and data, have become an important technical path towards AGI. The transition from "general algorithms" to "general models" represents a new and important paradigm for AGI research and development. This paper reviews the recent development, characteristics, challenges and trends of LLMs or generative AI. By exploring the current state and future trajectory of AGI, this paper aims to enhance a collective comprehension and catalyze broader discussions among researchers and practitioners on AGI.

Keywords: Artificial General Intelligence; Generative Artificial Intelligence; Large Model

Ⅱ Policy Reports

Abstract: Artificial Intelligence, as one of the most influential technologies of the 21st century, is profoundly changing the business model of various industries, which realizes intelligent decision-making through big data analysis, machine learning, and large model computing, improves enterprise productivity, cultivates new service areas, and brings great changes to economic and social development. Generative AI is able to create a large and diverse amount of data by training generative models, which is crucial for many machine learning tasks. Currently, AI is showing explosive growth and has become a hotspot of concern for countries around the world. Generative AI does not completely replace traditional AI technologies, such as classification, clustering, prediction, etc., and the two can complement each other to jointly promote the development and application of AI. Based on this, countries have introduced policies to promote the development of AI and generative AI, but they have also developed regulatory measures to ensure that AI and generative AI applications comply with laws, regulations and ethical principles, and to guard against the risk of data use, the risk of misuse of AI-generated content, the risk of misuse of AI algorithms and other risks. Through a comparative analysis of AI-related regulations and policies in the world, China, and domestic provinces and cities in 2023−2024, this paper combs through the development lineage and main features of AI regulations and policies, and conducts a preliminary assessment of their policy effects, and puts forward suggestions for strengthening international cooperation, improving the

regulatory system, and promoting synergy between technological innovation and policies, with the aim of providing healthy development of China's AI industry with The purpose is to provide useful reference for the healthy development of China's AI industry.

Keywords: Artificial Intelligence; Generative Artificial Intelligence; Regulation and Policy; Artificial Intelligence Regulation

Ⅲ Topic Reports

B.3 Analysis of the Development Trends of Artificial Intelligence Industry at Home and Abroad
—*The industrial transition from early stages of artificial intelligence to generative artificial intelligence*

Wu Zhouming, Zhao Zhe, Yang Yan,
Sun Yanpeng and Feng Yajun / 035

Abstract: In recent years, with the continuous advancement of technology and the deep integration of the global economy, the artificial intelligence (AI) industry has become an important engine driving global economic growth, a strategic technology leading a new round of technological revolution and industrial transformation, and an important driving force for new industrialization. Major countries around the world attach great importance to it. With the development of high-performance computing and deep learning algorithms, the field of artificial intelligence has entered a new era of generative artificial intelligence. However, the current artificial intelligence industry in China faces practical problems such as a shortage of datasets and core technologies being controlled by humans, and there is still a significant gap compared to foreign countries. This article conducts a classification analysis of key artificial intelligence enterprises at home and abroad. By analyzing the support and industrial chain layout of the artificial intelligence industry in various countries, it is found that rapidly developing countries all have massive data, specialized algorithms, high-performance computing power, and other driving factors. However, some countries still face serious challenges such as insufficient innovation capabilities in basic algorithms, lack of ethical norms, and insufficient interdisciplinary cooperation. In the future, measures need to be implemented to strengthen data resource integration and sharing, encourage cross industry technology collaboration, enhance computing power resource supply, and improve relevant laws and regulations, in order to achieve comprehensive progress and widespread application of artificial intelligence technology.

Keywords: Generative Artificial Intelligence; Computing Power; Large Model

B.4 Overview of the Development of Core Technologies of Artificial General Intelligence

Yuan Zhihua, Ma Yanjun, Hao Yufeng,
Zou Quanchen and Liu Wei / 053

Abstract: General Artificial Intelligence will change our production, lifestyle and thinking patterns. It becomes a new engine for economic development. In order to accelerate the in-depth application of artificial intelligence, cultivate and expand the artificial intelligence industry, explore a sustainable development path, this report has been compiled together with industry experts. In recent years, artificial intelligence has become a national strategy. The State Council and various ministries and commissions have issued the "New Generation Artificial Intelligence Development Plan", the "Three-Year Action Plan to Promote the Development of the New Generation Artificial Intelligence Industry", and the "Guidelines for the Construction of a New Generation Artificial Intelligence Open Innovation Platform", etc. It is clearly proposed to focus on the independent, controllable and coordinated development of core artificial intelligence technologies, key products, and public support capabilities. The development of artificial intelligence

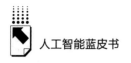

is inseparable from three key elements: computing power, algorithms and data. These are interdependent and mutually reinforcing, and jointly promote the progress of artificial intelligence technology and the expansion of applications. How to break through the bottleneck of computing power, promote algorithm innovation, and broaden the boundaries of data is the route which must be passed for the development of artificial intelligence. Generative artificial Intelligence is the main manifestation of general artificial intelligence at the present stage. This report mainly focuses on the technological development of generative artificial intelligence on the basis of studying the core technologies required by general artificial intelligence.

Keywords: Computing Power; Algorithm; Data; Artificial Intelligence Security

B.5 Current Development Status of Generative Artificial Intelligence Talents

Wu Lei, Li Huan, Ye Jingyun, Qiu Yahui and Yao Hailong / 078

Abstract: With the rapid development of technology and the continuous progress of society, Generative artificial intelligence has become one of the most influential technological fields in the current era. The development of Generative artificial intelligence needs the support and promotion from talents. On the one hand, top scientific and technological talents led by strategic scientists are needed to promote technological innovation and progress. On the other hand, it also requires technical skilled talents represented by outstanding engineers to prompt the implementation of General AI technology in real-world scenarios. In addition, it also requires managerial talents with digital intelligence literacy to promote the industrialization of Generative artificial intelligence. This article aims to analyze the current development status of talents at all levels of Generative artificial intelligence, including the quantity, quality, training methods, and application fields of talents, also to figure out the establishment and implementation of existing talent training systems at all levels. This article suggests that to clarify the talent chain, build a talent training ecosystem, strengthen industry-academia-research cooperation, strengthen ethics and safety, also focus on international cooperation and exchange, in order to provide useful references for the further development of Generative artificial intelligence.

Keywords: Generative Artificial Intelligence; Strategic Scientists; Engineers; Talent Cultivation

B.6 Research on Ethics and Social Impact of New Generation Artificial Intelligence

Liu Zhiyi, Zheng Yejie and Zhang Kai / 111

Abstract: With the rapid development of General Artificial Intelligence (AGI) technology, its application at all levels of society has raised a series of ethical and social issues. This report first analyzes the establishment of a global consensus on AI ethics, including key directions such as respect for individual rights, fairness and justice, and safety and responsibility. By comparing the different positions and methods of China, the European Union, and the United States in formulating AI ethical principles, it reveals the unique contributions and challenges each country faces in promoting the development of AI ethics. Secondly, the report explores five key challenges faced by AI ethics: data privacy breaches, algorithmic bias and discrimination, AI explainability, issues of responsibility attribution, and the redefinition of human-machine relationships. Finally, it provides an in-depth insight into the multidimensional impact of AI on society, including how AI will reshape the structure of all industries, trigger changes in social relations, and affect human role positioning and values. In response to these impacts, suggestions are made to establish a global AI governance framework, reform the education system, and cultivate AI ethics experts. The

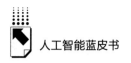
report emphasizes that AI ethics research should be an important task in promoting the sustainable development of human society, ensuring that the development of AI can truly serve society under the guidance of an ethical governance framework, promote economic growth while ensuring social justice and fairness.

Keywords: Artificial Intelligence; AI Ethics; Human-Machine Relationship

Ⅳ　Application Reports

B.7　The Applications of Generative Artificial Intelligence in the Banking Industry

Yang Hongyang, Zhang Xin, Xu Yongjian,

Yang Yan and Feng Xiaoping ∕ 125

Abstract: The financial industry is undergoing a transition from informatization to digitalization and gradually moving towards intelligence. With the multi-dimensional enhancement of data processing capabilities and the deep digital transformation of the business ecosystem, the fintech revolution is rapidly advancing. GPT technology has the potential to reshape traditional business models, significantly reducing reliance on human resources. The integration of big data and high-performance computing suggests that artificial intelligence may completely replace human work in certain areas. In this wave of financial industry innovation, mastering Generative Artificial Intelligence technology means gaining a strategic advantage for the future. The application of Generative AI especially Large Language Model (LLM) in the banking sector not only improves operational efficiency but also brings more personalized and intelligent financial services, thereby driving innovation and development across the entire industry.

Keywords: Large Model Engine; Fintech; Generative Artificial Intelligence; GPT Technology

Contents ⌐⟩

B.8 The Applications of Generative Artificial Intelligence in the
     Medical Field

Wang Liqi, Cao Qin, Huang Xin, Yang Yan and He Yuanzhi / 143

Abstract: The application of artificial intelligence (AI) in the medical field is rapidly developing, with the continuous advancement of its technology bringing revolutionary changes to the medical field. Generative Artificial Intelligence (GAI) is an important branch of AI technology, which uses complex algorithms, models, and rules to learn from large-scale datasets to create new original content. GAI technology shows great potential in health management, disease diagnosis and treatment, and drug development. In the field of health management, GAI optimizes the allocation of medical resources and improves the quality and efficiency of medical services; in the field of disease diagnosis and treatment, GAI models enhance diagnostic accuracy in medical imaging analysis by integrating expert knowledge and multimodal capabilities, medical robots and automated surgeries improve the safety and efficiency of surgeries; in the field of drug development and clinical research, by utilizing big data, machine learning, deep learning, and other technologies, it accelerates the discovery and development of new drugs and optimizes attributes related to pharmacodynamics, pharmacokinetics, and clinical outcomes, thereby accelerating the development of effective treatment methods. Although GAI has a broad application prospect in the medical field, it also faces challenges such as ethics, data quality, algorithmic bias, and laws and regulations. Future research should focus on developing more accurate, efficient, and ethically acceptable GAI medical solutions, establishing data standardization and sharing platforms, strengthening data security and privacy protection, formulating ethical governance frameworks, and promoting the healthy development of GAI technology in the medical field through policy support and guidance.

Keywords: Generative Artificial Intelligence; Medical; Health Management; Disease Diagnosis and Treatment; Drug Development

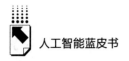

B . 9   The Applications of in Artificial Intelligence Generative Content

Ye Jingyun, Qiao Tingting, Wei Jiankangkai,

An Zhanfu and Zhu Binjie / 163

Abstract: With the continuous improvement and optimization of deep learning models and algoriWith the continuous improvement and optimization of deep learning models and algorithms, AIGC technology, represented by large models, has been developing rapidly. The core technologies of large models include three key elements: data, algorithms, and computing power. High-quality data, diverse algorithms, and robust computing power are crucial for enhancing the quality of content generation. By improving their expressive, learning, and generalization capabilities, large models have achieved high-quality generation of multi-modal content such as text, images, audio, and video. However, we still face numerous challenges, including ethical safety, copyright, and privacy protection. This review presents case studies demonstrating how large model technology supports the practical implementation of tasks such as intelligent agents, text generation, image generation, 3D generation and multi-modal generation. Looking ahead, as large model technology and the industry chain continue to mature, AI content generation will further drive the intelligent transformation of various industries, bringing more opportunities for societal development.

Keywords: Artificial Intelligence Generative Content; Large Model; Generative Pre-trained Transformer

Abstract: Currently, artificial intelligence (AI) technology is rapidly advancing from perceptual intelligence and cognitive intelligence towards Artificial General Intelligence (AGI). AGI is set to become a vital engine of China's new productive forces, providing powerful momentum for the development of China's new-model industrialization. However, the deep integration of AGI with intelligent manufacturing presents a complex challenge, involving numerous issues such as system integration, technology verification, data security, standardization, and talent cultivation. Today, generative AI can be seen as a key technology on the road to artificial general intelligence (AGI). This article examines the empowerment of new-model industrialization through generative AI, elucidating at the technological level how it can bring about profound innovations in China's intelligent manufacturing. On the application level, it explores how AGI technology translates into value within real-world smart manufacturing scenarios. In the context of forging new quality productivity, the article further discusses strategies for establishing standardized research and development paradigms, fostering digital infrastructure, and reinforcing industrial data security—core elements of production—to advance new-model industrialization and drive further achievements in China's industrial evolution.

Keywords: Generative Artificial Intelligence; Intelligent Manufacturing; New-model Industri-alization

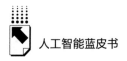人工智能蓝皮书

B.11　The Applications of Generative Artificial Intelligence in the Automotive Field

Hu Wei, Wang Jiaojie, Yang Yan and Song Yiqun / 198

Abstract: This paper conducts a thorough analysis of the application of Generative Artificial Intelligence (GAI) in the domains of intelligent cockpits and autonomous driving, as well as its profound impact on the advancement of vehicular intelligence. The study reveals that the user experience in intelligent cockpits has been significantly enhanced by the GAI's superior expressiveness and comprehension abilities, particularly in the context understanding of voice assistants, offering a more comprehensive service experience to users. In the realm of autonomous driving, GAI has increased the precision and efficiency of data processing, reduced costs, and expedited the optimization and testing of models, facilitating the industry's shift from rule-based to data-driven paradigms. This shift has notably improved the vehicle's capabilities in perception, understanding, and planning within complex road environments. Despite facing challenges in multimodal data fusion, cloud computing power, vehicular hardware deployment, as well as safety and consistency issues, GAI is expected to integrate more deeply into intelligent cockpits and autonomous driving systems in the future. The paper anticipates the continuous improvement of GAI technology and its pivotal role in driving the digital and intelligent transformation of the automotive industry, emphasizing its potential as a key technology.

Keywords: Generative Artificial Intelligence; Large Model; Intelligent Cockpits; Autonomous Driving

B.12 The Applications Generative Artificial Intelligence in

E-commerce *Chai Aixin, Song Yiqun, Qiao Tingting,*

Kong Feifei and Zhang Aihua / 212

Abstract: With the rapid expansion of the e-commerce market and the advent of novel technological opportunities, Artificial Intelligence Generated Content (AIGC) has become increasingly prevalent in the e-commerce sector, contributing to enhanced user experiences, the discovery of consumer potential, the broadening of economic scales, improved customer service, and greater supply chain efficiencies. This chapter delves into the applications of AIGC within the e-commerce landscape, scrutinizing prevailing challenges such as deficiencies in personalization, hurdles to content innovation, the struggles faced by small and medium-sized enterprises (SMEs) in gaining traction, and the high cost of compliance. By harnessing AIGC technologies, we propose solutions to these challenges, advocating for China to foster innovation in AIGC-driven e-commerce applications aimed at reducing costs, refining customer experiences, and driving improvements in service delivery by technology platforms. We investigate further applications in areas like marketing, live streaming, and supply chain optimization, with the goal of achieving more AIGC innovations while upholding safety and compliance standards, thereby unlocking new possibilities and prospects for the e-commerce industry.

Keywords: E-commerce; Generative Artificial Intelligence; Live Streaming; Content Generation

B.13 The Applications of Large Model Applications in

Telecommunication Fields

China Mobile Research Institute / 228

Abstract: With the rapid development of artificial intelligence technology, AI is transitioning from being an auxiliary means of enhancing quality and efficiency

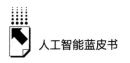
across various sectors, to becoming an indispensable infrastructure and core capability supporting economic and social development. Particularly, the general artificial intelligence technology represented by large models is accelerating the industrial transformation. In the telecommunication fields, operators face numerous challenges in communication network management and information services. The utilization of large model technology can significantly improve quality and efficiency, and realize the transformation and scaling of smart networks and intelligent information services, thereby constructing an intelligent information and communication infrastructure for social and economic development and enhancing the quality of life for the people. In the future, In the future, it needs to further solve the problem of intelligent complex systems in telecommunication fields, which will serve industry upgrading more deeply with AI technology and build a new type of infrastructure in the era of AGI.

Keywords: Large Model; Intelligent Network; Intelligent Information Service; Smart Customer Service; Holistic AI

B.14 The Applications of Computing Optimization in Generative Artificial Intelligence

Liu Longfei, Miao Luwen, Wang Xiangyang,

Tao Zhihua and Dai Wei / 245

Abstract: This chapter analyzes several issues present in the field of Generative artificial intelligence regarding computing optimization, including the complexity of the technology stack, the poor generality of optimization methods, and the difficulty in identifying performance bottlenecks. It proposes solutions such as independent optimization of large model training and inference, cloud-end collaborative optimization, Generative artificial intelligence application system optimization, and infrastructure and algorithm collaborative optimization. By combining software and hardware optimization techniques, the chapter approaches problem analysis and location from the hardware layer to the application layer in a business and scenario-specific manner. It leverages traditional performance optimization experience and, in conjunction with the characteristics of strong computing, high throughput, and multi-modality of the large model industry ecosystem in the Generative artificial intelligence era, conducts overall computing optimization. Computing optimization emphasizes not only the ultimate optimization of individual module but also the resource collaboration between different modules, ultimately achieving end-to-end cost reduction and efficiency enhancement.

Keywords: Computing Optimization; Large Model; Cloud-End Collaboration; Infrastructure Optimization; Generative Artificial Intelligence

社会科学文献出版社

皮 书

智库成果出版与传播平台

❖ 皮书定义 ❖

皮书是对中国与世界发展状况和热点问题进行年度监测，以专业的角度、专家的视野和实证研究方法，针对某一领域或区域现状与发展态势展开分析和预测，具备前沿性、原创性、实证性、连续性、时效性等特点的公开出版物，由一系列权威研究报告组成。

❖ 皮书作者 ❖

皮书系列报告作者以国内外一流研究机构、知名高校等重点智库的研究人员为主，多为相关领域一流专家学者，他们的观点代表了当下学界对中国与世界的现实和未来最高水平的解读与分析。

❖ 皮书荣誉 ❖

皮书作为中国社会科学院基础理论研究与应用对策研究融合发展的代表性成果，不仅是哲学社会科学工作者服务中国特色社会主义现代化建设的重要成果，更是助力中国特色新型智库建设、构建中国特色哲学社会科学"三大体系"的重要平台。皮书系列先后被列入"十二五""十三五""十四五"时期国家重点出版物出版专项规划项目；自2013年起，重点皮书被列入中国社会科学院国家哲学社会科学创新工程项目。

权威报告·连续出版·独家资源

皮书数据库
ANNUAL REPORT(YEARBOOK)
DATABASE

分析解读当下中国发展变迁的高端智库平台

所获荣誉

- 2022年，入选技术赋能"新闻+"推荐案例
- 2020年，入选全国新闻出版深度融合发展创新案例
- 2019年，入选国家新闻出版署数字出版精品遴选推荐计划
- 2016年，入选"十三五"国家重点电子出版物出版规划骨干工程
- 2013年，荣获"中国出版政府奖·网络出版物奖"提名奖

皮书数据库

"社科数托邦"
微信公众号

成为用户

登录网址www.pishu.com.cn访问皮书数据库网站或下载皮书数据库APP，通过手机号码验证或邮箱验证即可成为皮书数据库用户。

用户福利

- 已注册用户购书后可免费获赠100元皮书数据库充值卡。刮开充值卡涂层获取充值密码，登录并进入"会员中心"—"在线充值"—"充值卡充值"，充值成功即可购买和查看数据库内容。
- 用户福利最终解释权归社会科学文献出版社所有。

数据库服务热线：010-59367265
数据库服务QQ：2475522410
数据库服务邮箱：database@ssap.cn
图书销售热线：010-59367070/7028
图书服务QQ：1265056568
图书服务邮箱：duzhe@ssap.cn

社会科学文献出版社 皮书系列
SOCIAL SCIENCES ACADEMIC PRESS (CHINA)
卡号：745195451274
密码：

S 基本子库
UB DATABASE

中国社会发展数据库（下设 12 个专题子库）

紧扣人口、政治、外交、法律、教育、医疗卫生、资源环境等 12 个社会发展领域的前沿和热点，全面整合专业著作、智库报告、学术资讯、调研数据等类型资源，帮助用户追踪中国社会发展动态、研究社会发展战略与政策、了解社会热点问题、分析社会发展趋势。

中国经济发展数据库（下设 12 专题子库）

内容涵盖宏观经济、产业经济、工业经济、农业经济、财政金融、房地产经济、城市经济、商业贸易等 12 个重点经济领域，为把握经济运行态势、洞察经济发展规律、研判经济发展趋势、进行经济调控决策提供参考和依据。

中国行业发展数据库（下设 17 个专题子库）

以中国国民经济行业分类为依据，覆盖金融业、旅游业、交通运输业、能源矿产业、制造业等 100 多个行业，跟踪分析国民经济相关行业市场运行状况和政策导向，汇集行业发展前沿资讯，为投资、从业及各种经济决策提供理论支撑和实践指导。

中国区域发展数据库（下设 4 个专题子库）

对中国特定区域内的经济、社会、文化等领域现状与发展情况进行深度分析和预测，涉及省级行政区、城市群、城市、农村等不同维度，研究层级至县及县以下行政区，为学者研究地方经济社会宏观态势、经验模式、发展案例提供支撑，为地方政府决策提供参考。

中国文化传媒数据库（下设 18 个专题子库）

内容覆盖文化产业、新闻传播、电影娱乐、文学艺术、群众文化、图书情报等 18 个重点研究领域，聚焦文化传媒领域发展前沿、热点话题、行业实践，服务用户的教学科研、文化投资、企业规划等需要。

世界经济与国际关系数据库（下设 6 个专题子库）

整合世界经济、国际政治、世界文化与科技、全球性问题、国际组织与国际法、区域研究 6 大领域研究成果，对世界经济形势、国际形势进行连续性深度分析，对年度热点问题进行专题解读，为研判全球发展趋势提供事实和数据支持。

法律声明

"皮书系列"（含蓝皮书、绿皮书、黄皮书）之品牌由社会科学文献出版社最早使用并持续至今，现已被中国图书行业所熟知。"皮书系列"的相关商标已在国家商标管理部门商标局注册，包括但不限于LOGO（▧）、皮书、Pishu、经济蓝皮书、社会蓝皮书等。"皮书系列"图书的注册商标专用权及封面设计、版式设计的著作权均为社会科学文献出版社所有。未经社会科学文献出版社书面授权许可，任何使用与"皮书系列"图书注册商标、封面设计、版式设计相同或者近似的文字、图形或其组合的行为均系侵权行为。

经作者授权，本书的专有出版权及信息网络传播权等为社会科学文献出版社享有。未经社会科学文献出版社书面授权许可，任何就本书内容的复制、发行或以数字形式进行网络传播的行为均系侵权行为。

社会科学文献出版社将通过法律途径追究上述侵权行为的法律责任，维护自身合法权益。

欢迎社会各界人士对侵犯社会科学文献出版社上述权利的侵权行为进行举报。电话：010-59367121，电子邮箱：fawubu@ssap.cn。

社会科学文献出版社